VENÇA O
DIABETES

O primeiro programa clinicamente
testado que manterá o diabetes
longe de você.

David M. Nathan, M.D.

Linda M. Delahanty, M.S., R.D.

Editora Fundamento

2014, Editora Fundamento Educacional Ltda.
Reimpresso em 2015.

Editor e edição de texto: Editora Fundamento
Editoração eletrônica: Willian Bill
CTP e impressão: SVP - Gráfica Pallotti
Tradução: Koriun Traduções Ltda. (Laís Andrade)

Copyright da versão original em inglês © 2005 President and Fellows of Harvard College.
Copyright em língua portuguesa © 2014 Editora Fundamento Educacional Ltda.
Ilustrações por Scott Leighton e Ed Wiederer.

Todos os direitos reservados. Nenhuma parte deste livro pode ser arquivada, reproduzida ou transmitida de qualquer forma ou por qualquer meio, seja eletrônico ou mecânico, incluindo fotocópia e gravação de backup, sem permissão escrita do proprietário dos direitos.

Dados Internacionais de Catalogação na Publicação (CIP)
(Câmara Brasileira do Livro, SP, Brasil)

Nathan, David M.
   Vença o diabetes / David M. Nathan, Linda M. Delahanty ; [versão brasileira da editora]. – 1ª ed. – São Paulo, SP : Editora Fundamento Educacional Ltda., 2014.

Título original: Beating diabetes.

I. Diabetes – Obra de divulgação
I. Delahanty, Linda M. 1. Título

06-2911   CDD - 616.462   NLM - WK 810

Índice para catálogo sistemático:
1. Diabetes: Obras de divulgação: Medicina 616.462

Fundação Biblioteca Nacional

Depósito legal na Biblioteca Nacional, conforme Decreto nº 1.825, de dezembro de 1907.
Todos os direitos reservados no Brasil por Editora Fundamento Educacional Ltda.

Impresso no Brasil

Telefone: (41) 3015 9700
E-mail: info@editorafundamento.com.br
Site: www.editorafundamento.com.br

Este livro foi impresso em papel pólen soft 80 g/m² e a capa em papel-cartão 250 g/m²

Índice

Introdução	ix

CAPÍTULO 1	12
Noções básicas: diabetes e pré-diabetes - por que eles estão aumentando	
Açúcar no sangue e insulina: conceitos básicos	13
Diabetes tipo 1 e tipo 2	15
Diabetes tipo 2: a epidemia dos séculos XX e XXI	18
Síndrome metabólica: diabetes e alguma coisa mais	20
Por que o diabetes e a síndrome metabólica são importantes?	20
Por que o diabetes tipo 2 vem se tornando mais comum?	21
Como nosso estilo de vida nos tornou vulneráveis ao diabetes	28
Estilo de vida e diabetes tipo 2	30

CAPÍTULO 2	32
Por que ganhamos peso: a aritmética da obesidade	
Como transformamos alimento em combustível	33
Como utilizamos a energia dos alimentos	33
Quando a energia que entra excede a energia que sai	35
Mitos sobre o aumento de peso	36
Por que o peso é importante para a prevenção e o tratamento do diabetes	38

CAPÍTULO 3 — 39

Mudança no estilo de vida realmente funciona: o Programa de Prevenção ao Diabetes

Estudos de observação de casos: os primeiros estudos científicos sobre nutrição e exercícios físicos	40
Por que os estudos clínicos randomizados e controlados são tão importantes	42
O Programa para Prevenção do Diabetes	42
Mudanças no estilo de vida que funcionam na China e na Finlândia	46
Mudanças no estilo de vida também funcionam para outros fatores de risco cardíacos	47
Medicamentos para prevenção do diabetes	50

CAPÍTULO 4 — 52

Como aplicar as mudanças de estilo de vida ao tratamento do diabetes e das doenças associadas

Diabetes tipo 1	54
Como aplicar as mudanças de estilo de vida ao tratamento do diabetes tipo 2 e das doenças associadas	61
Tratamento da hipertensão com mudanças do estilo de vida	67
Mudanças no estilo de vida para controle dos níveis elevados de colesterol e outras gorduras	70

CAPÍTULO 5 — 77

Atividade e exercício físico: mexa-se

A moda da ginástica	78
Atividade ou Exercício?	79
Exercício	84
Aspectos específicos para pessoas com diabetes	88
Como intensificar o exercício	91

CAPÍTULO 6 — 92

Como se preparar para mudar o estilo de vida

O que significa "estar pronto"	92
Como se mede o nível de disposição para mudança	94

CAPÍTULO 7 — 104

Como criar um ambiente de sucesso para a mudança

O ambiente físico	104
Ambiente emocional	111
Contexto cognitivo: como mudar seu poder de autopersuasão	113
Estratégias para melhorar seu monólogo interior	117
Como sepultar velhos hábitos	117
Você está com fome ou está comendo por hábito?	118

CAPÍTULO 8 — 120

Como estabelecer metas de peso, atividade e nutrição, e acompanhar seu progresso

Como definir metas de perda de peso: quanto?	122
Como definir metas de perda de peso: em que ritmo?	123
Mais movimento: metas de atividade	124
Comer bem: metas de nutrição	127
Automonitoramento: como registrar seu progresso em termos de perda de peso	127
Automonitoramento: como registrar sua ingestão alimentar e seu nível de atividade	128

CAPÍTULO 9 — 135
Resolvendo problemas

CAPÍTULO 10 — 139
Como manter seu novo estilo de vida

Acompanhamento	139
Como desenvolver um plano para prestar contas do seu progresso	140
Como montar um sistema de apoio positivo	142
Como se recuperar após um deslize ou falha	145
Passos para evitar recaídas	146
Como reconhecer situações de alto risco	147
Acabe com a "mentalidade de dieta"	150

CAPÍTULO 11 — 152
Os famosos programas de emagrecimento: eles funcionam?

Regras básicas	153
Dietas com muito pouca gordura	155
Dietas com pouco carboidrato	157
Gorduras saudáveis e não saudáveis	162
Proteínas benéficas e não benéficas	165
Dietas com uma certa combinação de alimentos	166
Será que essas dietas realmente funcionam?	169
E as pílulas para emagrecer?	174
E a cirurgia para perder peso?	176
Resumindo	178
Juntando as pontas	179

CAPÍTULO 12 — 182

Como mudar seu padrão alimentar

O programa DPP de estilo de vida — 183

O Programa de Prevenção do Diabetes em dezesseis sessões — 185

CAPÍTULO 13 — 196

Como os participantes do estudo fizeram: três histórias de sucesso

A história de Sandra — 196

A história de Kathy — 200

A história de Bob — 202

Lições aprendidas com as experiências de Sandra, Kathy e Bob — 204

Metas de calorias e gorduras — 204

Substitutos de refeições — 209

Dicas para evitar armadilhas da dieta — 211

O que aconteceu com os participantes do DPP? — 215

CAPÍTULO 14 — 218

Conclusão

Apêndice A – Explicação sobre os estudos científicos sobre nutrição e perda de peso — 222

Apêndice B – Exemplo de lista de compras — 229

Apêndice C – Sugestões de refeição de 1200, 1500, 1800 e 2000 calorias — 230

Apêndice D – Opções e ideias de lanches saudáveis — 239

Apêndice E – Receitas nutritivas — 241

Introdução

Como muitas outras doenças, o diabetes é causado pelos nossos genes e pelo ambiente em que vivemos que, por sua vez, depende do nosso estilo de vida. Ainda não somos capazes de modificar nossos genes, mas podemos modificar nosso estilo de vida. Aqui, na Universidade de Harvard, e em centros médicos espalhados pelo mundo, nós e muitos de nossos colegas já fizemos estudos com milhares de pessoas que têm risco de desenvolverem diabetes ou que já têm diabetes. Essas pesquisas provaram que mudanças no estilo de vida – mudanças que qualquer pessoa pode fazer – têm enorme impacto, tanto para prevenir quanto para ajudar a tratar o diabetes.

Por isso decidimos escrever este livro. Queremos compartilhar as informações obtidas nos estudos científicos com você, para que possa fazer as melhores escolhas para sua saúde, quer você já tenha um diagnóstico de diabetes, esteja em risco de desenvolver esse problema ou, simplesmente, seja alguém que deseja ser o mais saudável possível. Provavelmente, você é bombardeado, todos os dias, por anúncios, propaganda do tipo informativo e outros tipos de conselhos sobre a sua saúde. Nossa mensagem se baseia nos dados científicos mais atualizados disponíveis.

No último século, ocorreram profundas mudanças de estilo de vida. Para a maior parte da população mundial, o estilo de vida de subsistência, caracterizado pela agricultura, caça e outras ocupações que exigiam um gasto substancial de energia para se obter o alimento – ou o dinheiro para comprar alimentos – deu lugar a modos de vida nos quais pouco esforço físico é necessário para que as pessoas obtenham sua nutrição. A agricultura, a caça e a pesca foram substituídas pela eficiente produção em massa de alimentos, que colocou à disposição da maioria das pessoas, em todo o mundo, quantidades praticamente ilimitadas de alimentos, que podem ser consumidos com pouco esforço ou gasto de energia.

À medida que as máquinas e os processos de automação se aperfeiçoaram, o trabalho braçal em fábricas e estabelecimentos comerciais foi substituído, progressivamente, pelos chamados cargos de "colarinho branco". Viagens exigem cada vez menos esforço, a tal ponto que nossos pés vão acabar se tornando órgãos em involução, que só servirão para pressionar os pedais dos nossos carros.

Obviamente, a revolução industrial e a revolução da tecnologia e dos computadores que se seguiu a ela trouxeram benefícios espetaculares para a maioria das pessoas. No entanto, as mudanças de estilo de vida que acompanharam essas revoluções têm um lado negativo que provocou o surgimento da epidemia de obesidade e diabetes. As consequências dessas condições, inclusive a crescente incidência de hipertensão, alterações do metabolismo dos lipídeos e doenças cardiovasculares, tornaram-se os principais problemas de saúde para a maior parte da população mundial no século XX. Em grande parte, essas doenças crônicas tomaram o lugar das grandes infecções, típicas dos dois séculos anteriores – tuberculose, cólera, malária e peste – como principais causas de doença e morte na América do Norte e na Europa e, cada vez mais, na Ásia, África e América do Sul. A pandemia de obesidade, diabetes e doenças cardíacas, resultantes das mudanças de estilo de vida, representa a maior ameaça à nossa sobrevivência no futuro próximo.

Os principais objetivos deste livro são proporcionar a você um entendimento prático sobre o modo como o nosso atual estilo de vida levou a esses problemas e colocar à sua disposição estratégias comprovadas por estudos clínicos e que melhoram a saúde das pessoas com diabetes ou com risco de desenvolver a doença. Nosso foco serão as alternativas práticas que você poderá adotar na compra de alimentos, no planejamento de suas refeições e lanches, ao cozinhar e mesmo na sua forma de encarar a alimentação, bem como alterações nas suas atividades físicas que comprovadamente diminuem o peso e fazem diferença real para pessoas com diabetes, obesidade e doença cardiovascular.

Além disso, abordaremos as complexas interações entre o estilo de vida e o diabetes, e os ajustes nesse estilo de vida e no tratamento clínico que devem ser feitos se você ou alguém de quem você gosta tem diabetes do tipo 1 ou do tipo 2.

Nossas carreiras foram dedicadas ao desenvolvimento, estudo e ensino das mudanças de estilo de vida que são apresentadas neste livro. Acreditamos firmemente que o programa que vamos oferecer a você funciona, e talvez seja uma das melhores coisas que você possa fazer para preservar e melhorar a sua saúde. Todas as nossas recomendações são baseadas em evidências científicas e experiência prática, e são as alternativas que, com maior probabilidade, poderão melhorar suas perspectivas de boa saúde no longo prazo.

A batalha contra os efeitos prejudiciais do seu estilo de vida atual muitas vezes assume a forma de uma guerra cultural contra os fabricantes e vendedores de alimentos industrializados, restaurantes de *fast-food*, bufês do tipo "coma quanto quiser", lanches de tamanho duplo ou triplo, e refeições prontas, ricas em gordura e calorias. A televisão e os computadores também costumam ser os culpados da nossa falta de exercício físico.

É claro que existe uma certa verdade em tudo isso. O marketing pode ser muito poderoso. Mas, no final, somos responsáveis pelas escolhas que fazemos para o nosso modo de viver. Neste livro, apresentaremos a você estratégias de valor comprovado, que você poderá empregar para prevenir e ajudar a tratar o diabetes - sugestões específicas sobre a compra de alimentos, a forma de prepará-los, o hábito de comer e as atividades e exercícios. Essas estratégicas não exigem força de vontade sobre-humana, tempo em excesso ou mais gasto de dinheiro. Elas exigem apenas que você assuma um compromisso consciente com a sua saúde e com a saúde da sua família.

CAPÍTULO 1

Noções básicas: diabetes e pré-diabetes - por que eles estão aumentando

O número de pessoas que sofrem de diabetes tipo 2 e problemas relacionados aumentou muito nos últimos cinquenta anos. Cada vez mais pessoas têm níveis de açúcar no sangue que, embora não sejam suficientes para classificá-las como diabéticos, estão longe de serem saudáveis. Esse quadro é chamado intolerância à glicose ou pré-diabetes.

Se você tem um nível de açúcar normal no sangue ou se você tem pré-diabetes, o programa proposto neste livro irá ajudar você a proteger sua saúde e, talvez, a afastar totalmente o risco de diabetes e de suas graves complicações de longo prazo. E se você já tem diabetes tipo 2, este programa poderá ajudar você a assumir o controle do seu problema, melhorar os níveis de açúcar no seu sangue e, talvez, permitir que tome menos medicamentos. O que você está prestes a aprender é um programa de vida. Ele não se baseia em mudanças drásticas ou recomendações radicais sobre dieta e exercícios. A ideia é reverter a história do seu estilo de vida.

Este capítulo começa com uma explicação sobre o que é diabetes, como lidamos, normalmente, com os nutrientes da nossa alimentação, e como os distúrbios do metabolismo podem afetar a nossa saúde em geral. Em seguida, discutiremos por que estamos enfrentando uma epidemia de obesidade, pré-diabetes, diabetes e doenças cardíacas. Quando você compreender como o estilo de vida é crítico para esses problemas, você entenderá como e por que este programa pode, realmente, fazer diferença.

Açúcar no sangue e insulina: conceitos básicos

Você precisa aprender um pouco sobre o metabolismo normal para compreender como tantas pessoas desenvolvem pré-diabetes e, depois, diabetes. O metabolismo consiste nos processos utilizados pelo organismo para direcionar a energia para os locais de armazenamento, como a gordura, por exemplo, ou para ser usada como combustível no crescimento e desenvolvimento normais ou nas atividades físicas. Carboidratos (amidos complexos e açúcares simples), gorduras e proteínas são os três grupos de nutrientes da dieta que fornecem energia e matéria-prima para o metabolismo e o crescimento. Os carboidratos e gorduras fornecem a maior parte da energia necessária ao funcionamento da engrenagem do nosso organismo, que inclui os músculos da locomoção e órgãos vitais como o cérebro, fígado, coração, pulmões e rins.

Os carboidratos são fragmentados, no intestino, em açúcares menores que podem ser absorvidos para a circulação sanguínea. (ver Figura 1.1) A glicose, um tipo de açúcar, é, então transportada pelo sangue, atravessa a parede das células e entra nas células, onde é novamente fragmentada, constituindo uma das mais importantes fontes de energia. Alternativamente, o açúcar pode ser armazenado no fígado ou nos músculos sob a forma de glicogênio, um carboidrato complexo que serve como reservatório de energia para uso, quando necessário. Os ácidos graxos, resultantes da quebra das gorduras da alimentação, são a outra fonte importante de energia. Assim como a glicose, eles podem fornecer energia instantaneamente às células ou podem ser armazenados, sob a forma de gordura, para liberação de energia posteriormente, quando necessário.

Para que o açúcar penetre na maioria das células, ele deve ser transportado, através da parede celular, por substâncias transportadoras de glicose. É aqui que começa o papel da insulina.

FIGURA 1.1 Digestão

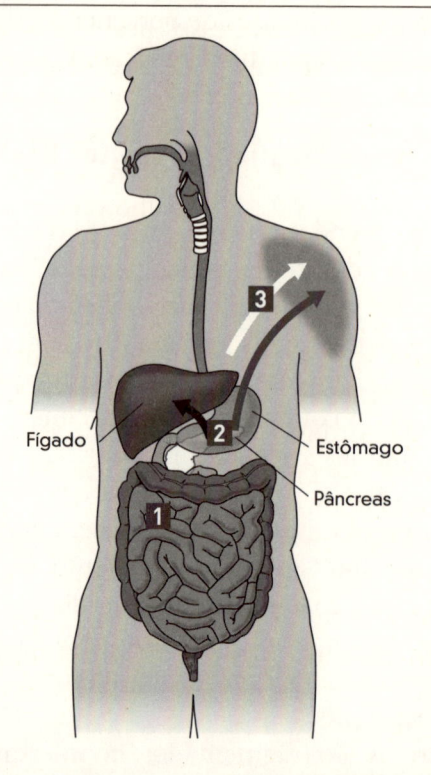

Os alimentos são quebrados nos seus componentes, carboidratos são quebrados em açúcares simples, as gorduras em ácidos graxos e as proteínas em aminoácidos, que são, em seguida, absorvidos para o sangue a partir do intestino delgado (1). A quebra dos diversos grupos de alimentos é auxiliada por substâncias químicas secretadas pelo pâncreas (2). O pâncreas também libera insulina, que ajuda a transportar o açúcar, os ácidos graxos e os aminoácidos para dentro dos músculos, do tecido gorduroso e do fígado (3).

A insulina é um hormônio, o que significa que ela é uma proteína fabricada e secretada por células especializadas, que circula, então, pela corrente sanguínea e exerce efeito sobre outros órgãos e suas funções. A insulina é produzida no pâncreas, um órgão localizado no fundo do abdome. A maior parte do pâncreas fabrica substâncias químicas digestivas, que ajudam a fragmentar os nutrientes presentes nos alimentos, para que eles possam ser absorvidos pelo intestino. O pâncreas contém, ainda, pequenos aglomerados de células chamados "ilhotas". Embora as ilhotas possuam vários tipos de células especializadas, as mais importantes são as células beta, que produzem insulina.

As células beta são capazes de perceber o nível de açúcar no sangue, por exemplo, após uma refeição. Quando o açúcar no sangue começa a aumentar, as células beta produzem e secretam insulina, que aumenta o transporte de açúcar para dentro das células em geral e evita que o nível de açúcar no sangue aumente muito. Mas, nesse ponto, o trabalho da insulina está apenas começando. A insulina também estimula os processos que ocorrem no interior das células e que determinam o armazenamento do açúcar sob a forma de glicogênio, dos ácidos graxos sob a forma de gordura, e o uso dos aminoácidos, que são as unidades formadoras de proteínas. Além disso, a insulina evita a quebra das proteínas, da gordura e do glicogênio. Portanto, a insulina promove o armazenamento de energia e estimula a formação de tecidos e o crescimento. (Ver Figura 1.2)

Quando os níveis de açúcar no sangue diminuem, a produção e secreção de insulina são interrompidas, e todos os processos são revertidos: o açúcar é liberado dos depósitos, em vez de ser armazenado nos músculos e no fígado; a gordura é fragmentada, liberando ácidos graxos; e as proteínas são quebradas, em vez de serem sintetizadas. A insulina é como um guarda de trânsito, que direciona os nutrientes para o armazenamento e o crescimento. Quando os níveis de insulina diminuem, o tráfego se move na direção oposta, com a energia sendo liberada de seus locais de armazenamento.

Isso é o que ocorre na pessoa saudável. Quando algo perturba qualquer etapa desse sistema de sintonia fina, surgem problemas. O diabetes é, sem sombra de dúvida, o mais frequente distúrbio do metabolismo.

Diabetes tipo 1 e tipo 2

As duas formas principais de diabetes são chamadas tipo 1 e tipo 2. Embora eles tenham causas diferentes e, em grande parte, afetem diferentes categorias de pessoas, eles têm três grandes características em comum.

FIGURA 1.2 Absorção normal da glicose

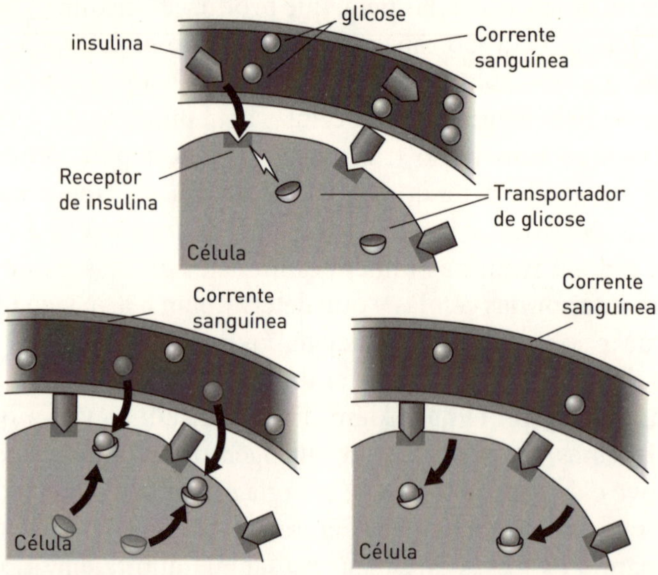

Quando a insulina está presente em quantidade adequada, ela se liga a receptores especializados (assim como uma chave na fechadura). O complexo insulina-receptor faz com que os transportadores de glicose se movimentem do interior da célula até a superfície externa, onde eles se ligam às moléculas de glicose, trazendo-as da corrente sanguínea para o interior da célula.

Primeiramente, o diabetes tipo 1 e o tipo 2 são ambos caracterizados por alterações metabólicas que incluem altos níveis de açúcar na circulação sanguínea, bem como níveis aumentados de outros produtos da quebra dos nutrientes, que são liberados de seus locais de armazenamento. Ver Tabela 1.1. Em segundo lugar, a diminuição da secreção de insulina ou uma menor sensibilidade à ação da insulina são a principal razão para essas alterações metabólicas. No caso do diabetes tipo 1, o organismo produz pouca ou nenhuma insulina, porque as ilhotas que secretam insulina foram danificadas ou destruídas. No diabetes tipo 2, o organismo não consegue atender às necessidades aumentadas de insulina, provocadas por uma condição denominada resistência à insulina.

Em terceiro lugar, ambos os tipos de diabetes podem causar complicações no longo prazo, que afetam os pequenos vasos dos olhos, rins e sistema nervoso. Essas complicações estão

TABELA 1.1 Como é feito o diagnóstico do diabetes

Teste	Nível no diabetes*	Nível no pré-diabetes
Glicose plasmática** em jejum A glicose (açúcar) é medida no plasma após jejum de 8 horas (durante a noite).	≥ 126 mg/dl	100-125 mg/dl
Teste de tolerância à glicose oral Após 8 horas de jejum (durante a noite), o paciente toma uma solução contendo 75 gramas de glicose. A glicose é medida no plasma 2 horas depois.	≥ 200 mg/dl	140-199 mg/dl
Glicose plasmática aleatória*** O açúcar é medido no plasma a qualquer hora do dia.	≥ 200 mg/dl	

*Para fazer o diagnóstico de diabetes, os resultados anormais devem ser confirmados em testes repetidos.
**Glicose plasmática é medida em amostras de sangue.
***O diabetes pode ser diagnosticado pela presença de sintomas típicos.

relacionadas à manutenção, por longo tempo, de altos níveis de açúcar no sangue e podem resultar em graves danos, como cegueira, falência renal, úlceras dos pés e amputações, além de disfunções de outros órgãos. Ambos os tipos de diabetes também aumentam, substancialmente, o risco de desenvolvimento de doenças cardíacas e acidente vascular cerebral (o chamado "derrame"). No curto prazo, níveis muito elevados de açúcar no sangue, se não forem tratados, podem levar a desidratação grave e podem causar confusão mental, coma e até mesmo a morte.

Apesar dessas características comuns, os dois tipos de diabetes são bem diferentes em muitos aspectos. O diabetes tipo 1 ocorre, tipicamente, em crianças e adultos jovens (por isso era chamado, no passado, diabetes infantojuvenil) e requer tratamento com insulina para garantir a sobrevivência do paciente. Também costumava ser chamado de diabetes dependente de insulina ou "insulino-dependente". No diabetes tipo 1, o sistema imunológico do organismo ataca o pâncreas. Esse ataque autoimune destrói as células beta, tornando-as incapazes de produzir insulina.

As causas do diabetes tipo 1 ainda não foram totalmente elucidadas. Não sabemos o que provoca o sistema imunológico fazendo com que ele comece a atacar o pâncreas, embora alguns genes herdados possam tornar o indivíduo mais vulnerável. Mas sabemos que o diabetes tipo 1 não é causado, primariamente, pelo estilo de vida, pelo excesso de peso ou pela obesidade; entretanto, o controle do peso e os exercícios regulares são uma parte importante do tratamento. E manter os níveis de açúcar no sangue o mais próximo possível dos valores da pessoa não diabética é um aspecto essencial para evitar complicações a longo prazo.

Diabetes tipo 2: a epidemia dos séculos XX e XXI

Durante muitos anos, o diabetes tipo 2 foi chamado diabetes do adulto porque geralmente ele começa mais tarde na vida. Recentemente, contudo, como mais e mais crianças começaram a aumentar de peso mais cedo, o diabetes tipo 2 vem sendo observado com frequência cada vez maior em adolescentes e adultos jovens. De todas as pessoas que têm diabetes, mais de 90% têm diabetes tipo 2. Ao contrário do diabetes tipo 1, o desenvolvimento do diabetes tipo 2 é fortemente influenciado pelo estilo de vida.

Há duas causas de base do diabetes tipo 2. Uma é o desenvolvimento de resistência à insulina. Essa condição faz com que os tecidos do organismo se tornem menos sensíveis aos efeitos da insulina. Consequentemente, o açúcar que circula no corpo não tem tanta facilidade para sair do sangue e entrar nas células. Para que o açúcar no sangue diminua efetivamente e para que a insulina possa realizar suas outras "tarefas", passa a ser necessária uma quantidade maior de insulina. A segunda causa do diabetes tipo 2 é a incapacidade de aumentar a produção de insulina para fazer frente a esse aumento de demanda. A resistência à insulina, a queda da secreção de insulina, ou ambas, podem resultar no desenvolvimento do diabetes tipo 2.

Vários fatores contribuem para o aparecimento de resistência à insulina: excesso de peso, idade, vida sedentária, propensão genética e certas doenças que afetam o equilíbrio hormonal, como a síndrome do ovário policístico. Não entendemos completamente por que a resistência à insulina se desenvolve, e provavelmente há mais de uma explicação para isso, mas algumas pesquisas recentes indicam que as células ricas em gordura produzem substâncias químicas que tornam os tecidos resistentes aos efeitos da insulina. Se a quantidade de células de gordura é maior, como no caso da obesidade, mais dessas substâncias químicas são produzidas. O resultado é que o açúcar não consegue entrar nas células e começa a se acumular no sangue, especialmente após as refeições. Os níveis crescentes de açúcar no sangue levam as células beta a produzirem mais e mais insulina, para tentar "empurrar" o açúcar para dentro das células, onde ele é necessário. E, como o aumento dos níveis de açúcar no sangue também piora a resistência à insulina, instala-se um círculo vicioso.

Estima-se que quarenta milhões de pessoas nos Estados Unidos tenham resistência à insulina ou pré-diabetes. Essas pessoas têm níveis de açúcar minimamente elevados, porque o pâncreas ainda é capaz de continuar produzindo insulina suficiente. Entretanto, em 25 a 50% dessas pessoas, o pâncreas, após muitos anos de sobrecarga de trabalho, lentamente vai perdendo a capacidade de manter os altos níveis de insulina. Ele ainda consegue fabricar insulina, mas não em quantidade suficiente para manter os níveis de açúcar no sangue dentro dos limites normais. Com o tempo, o açúcar no sangue se eleva, resultando no diabetes.

Às vezes, os altos níveis de açúcar no sangue provocam os mesmos sintomas habitualmente encontrados nos pacientes com diabetes tipo 1: urinar muito e com frequência, sede aumentada, cansaço ou fadiga e perda de peso. Entretanto, em muitas pessoas que progridem do pré-diabetes para o diabetes tipo 2, a subida dos níveis de açúcar no sangue é insidiosa, ou seja, lenta e silenciosa, e pode não causar qualquer sintoma. Isso ajuda a entender por que um terço das pessoas com diabetes tipo 2 nem mesmo sabem que têm a doença, e por que o diagnóstico frequentemente demora de nove a doze anos para ser feito. É importante identificar os problemas com o nível de açúcar no sangue o mais cedo possível, para que você possa começar um programa de prevenção do diabetes ou, se você já tem o problema, para que possa começar a se cuidar e prevenir as complicações. Assim como ocorre no diabetes tipo 1, é necessário um rigoroso controle dos níveis de açúcar no sangue para prevenir complicações sérias e mesmo potencialmente fatais, ou seja, que trazem risco de morte.

Síndrome metabólica: diabetes e alguma coisa mais

A síndrome metabólica é uma constelação de problemas que, frequentemente, inclui o diabetes ou pré-diabetes. Quais são as outras condições? Excesso de peso (especialmente quando os quilos a mais se acumulam ao redor da cintura), pressão alta ou tendendo para alta, altos níveis de triglicerídeos no sangue e colesterol HDL (o chamado "bom" colesterol) baixo. *Especificamente, uma pessoa tem síndrome metabólica quando tem diabetes ou pré-diabetes e dois ou mais dos elementos abaixo:*

- Cintura de tamanho grande (94 cm ou mais nos homens e 80 cm ou mais nas mulheres*)
- Pressão alta ou tendendo para alta (maior ou igual a 130 x 85 mmHg)
- Alto nível de triglicerídeos (150 mg/ dl ou mais)
- Colesterol HDL baixo (abaixo de 40 mg/ dl nos homens ou abaixo de 50 mg/ dl nas mulheres)

É fácil negligenciar ou ignorar o impacto de alguns quilos a mais sobre a saúde. Ou de uma pressão arterial que tende para ficar no nível mais alto da faixa normal. Ou de níveis de gorduras no sangue que aos poucos vão aumentando. Mas ignorar quando tudo isso ocorre ao mesmo tempo é um grande erro. Ao longo dos anos, esse conjunto de riscos à saúde já foi chamado por vários nomes: "quarteto fatal", síndrome X, síndrome de resistência à insulina, "diabesidade" e síndrome dismetabólica.

O nome "síndrome metabólica", embora não seja tão bombástico ou marcante como alguns dos anteriores, é o termo utilizado atualmente, pela maioria dos médicos e pesquisadores.

Por que o diabetes e a síndrome metabólica são importantes?

Em última análise, o impacto do diabetes tipo 2 e da síndrome metabólica sobre a saúde se faz através das doenças cardiovasculares. O conjunto de fatores associados ao diabetes tipo 2 ou a síndrome metabólica são uma receita explosiva, com grande poder de causar doenças cardíacas e acidente vascular cerebral. As pessoas que têm diabetes tipo 2 ou síndrome metabólica têm risco pelo menos duas a cinco vezes maior de doença cardiovascular. Os riscos relativos são ainda maiores em mulheres com diabetes, quando comparadas a mulheres com as mesmas características, porém não diabéticas. Além disso, nos Estados Unidos, o diabetes tipo 2 é a principal causa de cegueira, falência renal, amputações e complicações neurológicas, como a impotência. O diabetes tipo 2 reduz a expectativa de vida de sete a doze anos, em média.

Por que o diabetes tipo 2 vem se tornando mais comum?

Se toda a história da humanidade fosse representada por um dia de 24 horas, os séculos XIX e XX seriam os últimos vinte minutos desse dia. E, no entanto, nesse piscar de olhos das eras geológicas, nosso estilo de vida se modificou mais do que nos 100 mil anos anteriores. As implicações do ambiente em que vivemos ainda estão se desenrolando, mas já vemos adaptações ao novo estilo de vida pós-industrialização que não são, necessariamente, boas. Em poucas palavras, estamos movimentando menos o nosso corpo, comendo mais e comendo mais dos alimentos errados.

Menos movimento: dos plantadores de batata à batata frita no sofá

A revolução industrial mudou o tipo e a quantidade de trabalho que realizamos. Antes da revolução industrial, a maioria das pessoas trabalhava intensamente, realizando tarefas de grande esforço físico. Progressivamente, as máquinas foram reduzindo a necessidade de realizarmos trabalho braçal. A expressão "Vou trabalhar" tem hoje um significado bem diferente em relação ao que tinha há cem anos. Cada vez menos pessoas fazem trabalhos físicos, e cada vez mais pessoas passam a maior parte do dia sentadas em escritórios.

O exemplo mais claro dessa mudança nas nossas atividades é o da agricultura. Nos anos 1700, a força de trabalho era composta de pessoas que plantavam seu próprio alimento. Duzentos anos mais tarde, a fabricação mecanizada, automatizada, reduziu o número de pessoas que trabalham na agricultura para cerca de 1% da força de trabalho. Em vez de plantar e colher, as pessoas se tornaram operários de fábricas, onde são fabricados tratores e outros equipamentos agrícolas que vão facilitar o trabalho no campo, tornando-o mais eficiente e menos desgastante fisicamente. Assim, não só existem menos pessoas envolvidas na atividade agrícola, como também a própria agricultura se modificou. A imagem do agricultor magro, de feições rudes, foi substituída, até certo ponto, pela do plantador gordo, na cabine refrigerada da colheitadeira automática, "arando", sozinho, muitos hectares de milho ou trigo em um único dia. Embora a parcela da população que trabalha na agricultura tenha diminuído, esses agricultores agora plantam e colhem alimento suficiente para abastecer a maior parte do mundo.

Instrumentos de facilitação do trabalho – tratores, empilhadeiras, linhas de montagem, cortadores de grama motorizados, aspiradores de pó e pistolas para aplicação de tinta – tornaram menos penosas todas as nossas atividades físicas, não apenas a prática agrícola. Naturalmente, esses avanços nos deixaram mais tempo livre para o lazer. Mas, na grande maioria, as pessoas não estão jogando mais bola, ou fazendo mais jardinagem, ou caminhando uma ou duas quadras após o jantar. Em vez disso, vemos televisão, jogamos videogames, e navegamos pela Internet. Para a maioria das pessoas, as atividades sedentárias ocupam muito mais horas do dia do que as atividades físicas.

Uma recente análise do *National Human Activity Pattern Survey* (NHAPS), um instituto de pesquisas sobre padrões de atividades humanas, traçou uma panorama claro, porém surpreendente, da nossa cultura. O NHAPS fez um levantamento com 7515 adultos entre outubro de 1992 e setembro de 1994. Os voluntários que participaram desse estudo foram orientados a registrarem tudo o que faziam e por quanto tempo. Como se esperava, a pesquisa mostrou que as pessoas passam a maior parte do tempo dormindo ou descansando (cerca de oito horas por dia, em média). Porém, durante o período em que estão acordadas, as seis atividades principais (classificadas pelo número de horas que as pessoas dedicam a essas atividades e a quantidade de energia despendida) foram: dirigir veículos, realizar tarefas de escritório (arquivo, digitação), assistir a programas de televisão ou filmes, cuidar dos filhos (alimentação, banho, vestir), fazer atividades em posição sentada, sem movimento, e comer. Tomando-se qualquer dia ao acaso, somente 14% das pessoas pesquisadas utilizava alguma parte do seu tempo para atividades de lazer físicas (por exemplo, natação ou exercícios físicos programados).

Os níveis de atividade variam de pessoa para pessoa, mas está claro que a nossa civilização não convida ao movimento. No período entre 1990 e 2000, o número de pessoas que passam mais de trinta minutos por dia no trânsito aumentou de aproximadamente 20% para quase 34%. Mesmo quando temos algum tempo livre, tendemos a utilizá-lo de modo passivo. Segundo o NHAPS, os adultos passam quase três horas por dia assistindo a programas de televisão ou filmes, e quase uma hora e meia por dia desenvolvendo "atividades realizadas em posição sentada, sem movimento". Nossa cultura está nos levando a criar raízes no sofá.

Comemos mais do que necessitamos: dos tempos de fome aos bufês

Com a mecanização da agricultura, os alimentos se tornaram mais abundantes e mais baratos do que nunca. Por exemplo, a produção de pescado e a oferta de vegetais *per capita* dobraram nos últimos trinta anos, excedendo o ritmo de crescimento populacional. Apesar da abundância de alimentos frescos, a fração das calorias totais que é derivada de gorduras e o consumo de gorduras saturadas, ambos associados às doenças cardíacas, continuam sendo os mais elevados do mundo na América do Norte e na Europa.

Embora a abundância de alimento não seja, obviamente, por si só um fator negativo, ela criou as condições para a chamada supernutrição. Ou seja, a maioria das pessoas ingere mais calorias do que gasta. Não apenas temos bastante alimento à nossa disposição, mas também não precisamos despender muita energia para conseguir uma refeição. O estilo de vida do agricultor, em que cada caloria consumida era contrabalançada por um

O que é uma caloria?

> Os termos "isento de carboidratos", "teor reduzido de carboidratos", "teor reduzido de gorduras" e "rico em proteínas" acabaram por relegar o termo "caloria" a um segundo plano em nosso vocabulário. Na verdade, poucas pessoas sequer sabem o que essa palavra significa. A caloria é uma medida de calor e reflete a quantidade ou o dispêndio de energia. A quantidade de energia contida nos alimentos é expressa em calorias. Da mesma forma, a quantidade de calor que o seu corpo libera é expressa em calorias despendidas ou "queimadas". O uso desse termo comum para expressar calor ou energia permite calcular o equilíbrio entre a quantidade de energia contida nos alimentos que comemos e a quantidade de energia que utilizamos em cada atividade física específica - ou mesmo quando ficamos sem fazer nada.

gasto de energia semelhante para cultivar o alimento, praticamente desapareceu.

Em outras palavras, o problema não é apenas o *fast-food*. A maior parte do esforço e da dificuldade inerente à obtenção e ao preparo dos alimentos foi reduzida. Muito poucas pessoas caçam ou plantam seu próprio alimento. Um número ainda menor de pessoas precisa acender e manter o fogo para cozinhar, bombear água manualmente ou mesmo lavar a louça com as próprias mãos. Os supermercados tornaram tudo mais fácil para quem vai comprar alimentos. Temos lojas expressas, onde os itens que escolhemos vão diretamente para a mala do carro, em uma esteira rolante, ou serviços de entrega que trazem os alimentos diretamente à nossa casa. Os *freezers* de grande capacidade diminuem a frequência de ida às compras, o micro-ondas torna mais fácil e mais rápido preparar uma refeição e as lava-louças praticamente eliminam qualquer esforço na hora da limpeza. As máquinas onde você escolhe o que comer apenas apertando um botão e as lojas de conveniência facilitam totalmente o acesso ao alimento, com um gasto mínimo de calorias. Já não precisamos trabalhar – entenda-se, fazer esforço físico – para obter ou para preparar nossos alimentos.

Mas tudo isso é apenas metade da história. Estamos comendo mais do que nunca. (ver Tabela 1.2) De onde vem esse excesso de calorias? Não se trata apenas do que comemos, mas de quanto comemos. O tamanho das porções aumentou, tanto em casa, quanto, e especialmente, nos restaurantes e lanchonetes. Refeições prontas que apenas aquecemos e comemos em frente à TV (uma das mais perigosas combinações já inventadas) e alimentos preparados em porções individuais, como sopas prontas, por exemplo, quase dobraram de tamanho. Nos últimos vinte anos, o tamanho e o teor de calorias de um ovo, pão, bolinho ou hambúrguer aumentaram cerca de 20 a 50%. Acabamos nos acostumando aos alimentos apresentados em embalagens gigantes, "econômicas".

Muitos fazem uma de cada três refeições diárias fora de casa, e a competição pelo consumidor resultou virtualmente em uma guerra para oferecer grandes quantidades de refeições relativamente baratas, nas lanchonetes e restaurantes. Nos estabelecimentos de *fast-food* – invenção americana da década de 50 –, predominam as refeições com alto teor de calorias. Os hambúrgueres se transformaram em *cheeseburguers*, *cheeseburguers* duplos, duplos com bacon, e super *cheeseburguers* (com um ovo frito, ou outros complementos). Os restaurantes especializados em carnes oferecem filés cada vez maiores – 450g, 700g ou mesmo 900g – e generosas porções de costela. Uma típica porção de costela de primeira (a famosa *prime rib*) fornece 3410 calorias, das quais 2200 calorias (e, portanto, 65%) são provenientes da gordura. Essa quantidade de calorias é praticamente o total necessário para que você sobreviva confortavelmente por dois dias

TABELA 1.2 Variações na ingestão de alimentos entre 1971 e 2000

	1971	2000
Ingestão diária média de calorias (homens)	2450	2618
Ingestão diária média de calorias (mulheres)	1542	1877
Percentagem das calorias derivadas de carboidratos (homens)	42,4%	49,0%
Percentagem das calorias derivadas de carboidratos (mulheres)	45,4%	51,6%
Percentagem das calorias derivadas de gorduras (homens)	36,9%	32,8%
Percentagem das calorias derivadas de gorduras (mulheres)	36,1%	32,8%

Fonte: CDC – Centro de Controle e Prevenção de Doença (USA).

sem comer mais nada. Os bufês onde se pode comer à vontade por um preço único, as pizzas com borda recheada acompanhadas de uma torta de sobremesa, como brinde, e os refrigerantes de quase 3 litros (o que excede até mesmo a capacidade do estômago normal) são apenas alguns exemplos. (ver Tabela 1.3)

Comemos os alimentos errados

Não estamos apenas comendo demais, mas muitas das nossas refeições contêm os alimentos errados. Alimentos processados, com alto teor de gordura, pouca fibra, feitos com açúcar refinado, são baratos e fáceis de encontrar praticamente em qualquer lugar. Infelizmente, muitas vezes, eles representam a maior parte da nossa dieta e são ricos em gorduras saturadas e nas chamadas gorduras "trans", ambas associadas à aterosclerose e às doenças cardíacas. Até mesmo as embalagens individuais de batatas chips, castanhas e salgadinhos de queijo costumam ter 250 a 400 calorias, sendo 35 a 50% derivadas de gorduras. Recentemente,

TABELA 1.3 O que há dentro de uma refeição do tipo *fast-food*?

Refeição *fast-food*	Calorias	Gorduras	Proteínas	Carboidratos
Refeição *fast-food* McDonald's® - hambúrguer, batata frita pequena e Coca-Cola® de 500 ml	690	24	18	103
Domino's ® - 2 fatias de pizza pepperoni clássica artesanal e 2 *dipps* de canela	824	32	28	106
Kentucky Fried Chicken® - peito de frango Original Recipe, salada de batatas de acompanhamento e Pepsi® de 600 ml	860	28	42	119
Subway® - sanduíche de 15 cm de peru, rosbife e presunto e pacote de 30 g de batata chips	470	16	26	62
Starbucks - *Cappuccino* grande com leite integral (500 ml) e bolo tipo *muffin* de amora ou framboesa	530	27	13	62

Seu peso é saudável? Como medir seu IMC?

O índice de massa corporal ou IMC é uma forma prática de verificar se o seu peso é apropriado para a sua altura. Como as pessoas altas pesam mais que as pessoas baixas, o cálculo toma o seu peso (em quilos), divide pela sua altura (em metros ao quadrado) e dá como resultado uma medida em kg/m².

O IMC é uma medida de peso em relação a altura; ele não fornece uma indicação direta de obesidade, ou seja, não indica quem tem excesso de gordura corporal. Mas, para a grande maioria das pessoas, um IMC elevado (um valor entre 25 e 30 significa excesso de peso, e um valor igual ou maior que 30 é considerado obesidade) é sinônimo de excesso de gordura corporal.

Raramente, halterofilistas e outros atletas que treinam para desenvolver o corpo poderão ter um "excesso" de peso e um IMC elevado, porém não derivado de gordura e sim de massa muscular. Mas para a maioria de nós, não é esse o caso.

em um vôo doméstico de quatro horas, recebi uma caixinha de lanche que continha um pacote de 15 g de batatas chips, cerca de 40 g de salgadinhos de queijo, um pacote de passas de 15 g, cerca de 20 g de bolachas doces e uma barra de chocolate. No total, esse lanche tinha 500 calorias, 45% derivadas de gorduras (25 gramas de gordura, dos quais 6 gramas de gordura saturada) e 48% (sessenta gramas) derivadas de carboidratos. Meu gasto total de energia durante o vôo foi de aproximadamente 350 calorias (fiquei sentado na poltrona sem qualquer atividade física, exceto o "trabalho" de trocar o canal dos filmes).

Muitas pessoas comem *fast-food* pelo menos várias vezes por semana. A Tabela 1.3 dá uma ideia do que você está realmente comprando com seu dinheiro.

Como estimar seu Índice de Massa Corporal (IMC)

Você poderá usar a tabela 1.4 para descobrir o seu índice de massa corporal. Primeiramente, procure na tabela o seu peso (arredondando para a dezena mais próxima, a seguir) na linha de número sobre cada coluna. Em seguida, desça pela coluna do seu peso até encontrar a linha que corresponde à sua altura. Nesse ponto da tabela, onde o seu peso e a sua altura se encontram, está o número que representa uma estimativa do seu IMC. Por exemplo, se você pesa 68kg e tem 1,65m de altura, seu IMC é 25.

TABELA 1.4 Como estimar seu IMC

Altura (m)	Peso (kg)																
	45	50	55	60	65	70	75	80	85	90	95	100	105	110	115	120	125	130
1,50	20	22,2	24,4	26,7	28,9	31		33,3	35,5	37,8	40		42,2	44,4	46,7	48,9	51,1	53,3	55,5	57,7
1,55	18,7	20,8	22,9	25		27		29		31,2	33,3	35,4	37,5	39,5	41,6	43,7	45,8	47,9	49,9	52		54,1
1,60	17,6	19,5	21,5	23,4	25,4	27,3	29,3	31,3	33,2	35,1	37,1	39		41		42,9	44,9	46,8	48,8	50,7
1,65	16,5	18,4	20,2	22		23,8	25,7	27,5	29,3	31,2	33		34,9	36,7	38,5	40,4	42,2	44		45,9	47,7
1,70	15,5	17,3	19		20,7	22,5	24,2	25,9	27,6	29,4	31,1	32,8	34,6	36,3	38		39,7	41,5	43,2	44,9
1,75	14,6	16,3	17,9	19,5	21,2	22,8	24,5	26,1	27,7	29,4	31		32,6	34,2	35,9	37,5	39,1	40,8	42,5
1,80	13,9	15,4	16,9	18,5	20		21,6	23,1	24,7	26,2	27,7	29,3	30,8	32,4	33,9	35,4	37		38,5	40,1
1,85	13,1	14,6	16		17,5	18,9	20,5	21,9	23,3	24,8	26,3	27,7	29,2	30,6	32,1	33,6	35		36,5	37,9
1,90	12,4	13,8	15,2	16,6	18		19,4	20,7	22,1	23,5	24,9	26,3	27,7	29		30,4	31,8	33,2	34,6	36
1,95	11,8	13,1	14,4	15,7	17		18,4	19,7	21		22,3	23,6	24,5	26,3	27,6	28,9	30,2	31,5	32,8	34,1
2,00	11,2	12,5	13,7	15		16,2	17,5	18,7	20		21,2	22,5	23,7	25		26,2	27,5	28,7	30		31,2	32,5

Como nosso estilo de vida nos tornou vulneráveis ao diabetes

Em 1985, estimava-se que havia 30 milhões de diabéticos em todo o mundo. Esse número aumentou para 177 milhões no ano 2000, e a previsão é de que chegue a 370 milhões no ano 2030, quase todos de diabetes tipo 2, associado à idade, à obesidade e à inatividade. Os números do diabetes e da obesidade aumentaram em paralelo. Nos Estados Unidos, o diabetes e o pré-diabetes afetam 18 milhões e 40 milhões de pessoas, respectivamente, e a síndrome metabólica afeta quase 25% da população americana.

É muito fácil atribuir essas estatísticas alarmantes aos números crescentes de pessoas muito obesas e muito idosas. Mas somente 2,3% da população são pessoas gravemente obesas e somente 3,3% têm mais de oitenta anos de idade - percentuais muito pequenos. O grande problema de saúde pública não são as pessoas muito obesas ou muito idosas. A maioria dos casos de diabetes e pré-diabetes tem relação com o número cada vez maior de pessoas que estão acima do peso ou apenas discretamente obesas. No ano 2000, a fração da população americana que estava acima do peso (condição definida por um índice de massa corporal, ou IMC, entre 25 e 30) havia aumentado para quase 35%, e a fração de pessoas obesas (IMC de 30 ou mais) havia aumentado de 13% em 1960 para quase 31% em 2000. (ver no destaque como medir o IMC). A conclusão é que a fração da população americana que está acima do peso ou obesa alcançou a cifra surpreendente de 65%.

Uma doença do mundo industrializado no "Terceiro Mundo"

As mudanças no estilo de vida da América do Norte e da Europa ocorreram lentamente, ao longo dos séculos, mas hoje podemos obter uma "fotografia", como se fosse um instantâneo, dessas mudanças. Vejamos o exemplo da ilha de Nauru, no Pacífico Central. Até os anos 1950, o estilo de vida na ilha de Nauru girava em torno de uma agricultura de subsistência muito limitada e da pesca. A alimentação consistia de peixe, vegetais da própria ilha e bananas. A população não tinha contato com o mundo exterior, e havia muito pouco o que se pudesse chamar de indústria.

Por volta de 1960, alguns investidores descobriram que o solo de Nauru era rico em fosfato, um fertilizante de grande potencial financeiro. Em 1976, a pequena população de Nauru já era uma das mais ricas do mundo. As tarefas de plantar, colher e pescar desapareceram no período de uma geração. Motocicletas e carros substituíram o velho hábito de caminhar, alimentos importados passaram a ser vendidos nas mercearias locais, e eletrodomésticos e televisões se tornaram lugar-comum.

Foi profundo o impacto dessa mudança súbita e dramática no estilo de vida dos cidadãos de Nauru. Antes da industrialização, a obesidade e o diabetes eram virtualmente desconhecidos;

entretanto, em 1976, o habitante médio de Nauru era obeso. A obesidade e a inatividade formaram uma poderosa combinação: 34,4% da população haviam desenvolvido diabetes.

Estilo de vida e diabetes tipo 2

Agora você já sabe por que o estilo de vida é tão importante como causa (e possível prevenção) do diabetes tipo 2. Ao mesmo tempo em que o nosso estilo de vida se alterava, o diabetes tipo 2 se transformava, de uma doença pouco reconhecida em um problema que afeta 8% da população adulta em todo o mundo: 13% das pessoas acima dos quarenta anos e 20% das pessoas acima de sessenta e cinco anos. A obesidade aumenta substancialmente o risco de desenvolver diabetes, mas, mesmo um pouquinho de peso a mais, já contribui para aumentar a probabilidade de aparecimento do diabetes.

Da mesma forma, a vida sedentária, de modo independente da obesidade, também aumenta o risco de diabetes tipo 2. A inatividade provoca resistência à insulina e pré-diabetes e ambos levam ao diabetes tipo 2. Alguns dos efeitos perniciosos da inatividade são secundários à obesidade, mas a inatividade também torna nossos músculos menos sensíveis à ação da insulina.

Além da idade, do excesso de peso ou obesidade, e da inatividade, a herança genética também tem um papel importante no diabetes. Embora nem todos os genes específicos associados à obesidade, à síndrome metabólica e ao diabetes tenham sido identificados, está claro que o risco de desenvolver essas doenças é um fator herdado. Mas como explicar que doenças cujos efeitos são tão prejudiciais sejam herdadas por tantas pessoas? Como Darwin explicaria o processo de seleção natural que leva ao diabetes? A herança tão disseminada dos genes que determinam o risco de obesidade, diabetes e resistência à insulina e que estão na origem do diabetes tipo 2 faz sentido quando se leva em conta uma teoria chamada de "hipótese do gen econômico". Até há alguns séculos, o ser humano vivia ameaçado pelo perigo da fome. Nos tempos de fome, genes "econômicos", que diminuíam o consumo de energia, eram extremamente vantajosos para a sobrevivência da espécie humana: como as pessoas ingeriam pouca energia e tinham dificuldade para encontrar alimento, queimar menos energia protegia essas pessoas do risco de morrer de inanição.

Entretanto, segundo a hipótese do gen econômico, os genes que nos protegem durante períodos de fome também nos tornam vulneráveis quando o alimento é abundante. O mecanismo de adaptação se tornou mal adaptado. Visto por outro ângulo, os genes que protegeram nossos ancestrais primatas durante quase um milhão de anos tornaram nossa espécie vulnerável nos últimos séculos porque, para a maioria de nós, o alimento se tornou facilmente disponível, e a necessidade de trabalho físico pesado foi reduzida.

Essa resposta mal adaptada teve profundas consequências. A obesidade, o diabetes, a síndrome metabólica – e as doenças cardiovasculares que os acompanham – representam o principal problema de saúde pública, não apenas no mundo ocidental mas, cada vez mais, também na Ásia, África e América do Sul. A propensão herdada para desenvolver diabetes tipo 2 se revela quando entram em cena os hábitos de vida pouco saudáveis e a obesidade. Se uma pessoa com risco genético de desenvolver diabetes tipo 2 não se tornar obesa, a doença poderá nunca chegar a se manifestar.

Não podemos mudar nossos genes "econômicos", mas podemos mudar nosso estilo de vida. Além disso, existem agora dados comprovados – principalmente do estudo do Programa de Prevenção do Diabetes – que mostram que as mudanças de estilo de vida realmente funcionam. Você não precisa comer apenas certos tipos de alimentos nem treinar para correr a maratona. Mudanças muito simples, que praticamente qualquer pessoa pode fazer, têm o efeito, clinicamente comprovado, de proteger a pessoa contra a síndrome metabólica, o pré-diabetes e o diabetes. No restante deste livro você saberá quais são essas mudanças e como você pode incorporá-las à sua vida.

CAPÍTULO 2

Por que ganhamos peso: a aritmética da obesidade

Com mais de 60% da população acima do peso ou obesa, o aumento de peso aparentemente é um problema que afeta a maioria de nós. As explicações habituais para aqueles poucos – ou muitos – quilos a mais variam de "As férias acabaram com a minha dieta" ou "Não pude fazer ginástica essa semana" até "Minha balança deve estar quebrada".

No entanto, existe uma razão simples (embora, às vezes, difícil de aceitar) para o aumento de peso: as calorias!

Nosso combustível é o alimento. A energia que extraímos dos alimentos movimenta a engrenagem das nossas funções biológicas básicas e nos dá a força de que necessitamos para o trabalho, a diversão, o raciocínio e para nos mantermos vivos. Mas o que ocorre quando ingerimos mais combustível do que utilizamos? No carro, a gasolina não utilizada fica parada no tanque até que seja necessária. No organismo, o combustível não utilizado é armazenado para uso futuro sob a forma de gordura. Qualquer desequilíbrio entre a energia que entra e a energia que sai resulta em ganho ou perda de peso. Essa equação simples explica praticamente tudo o que precisamos entender sobre a razão pela qual ganhamos ou perdemos peso.

Como transformamos alimento em combustível

Os tecidos do nosso corpo não distinguem um filé de uma maçã, já que todos os alimentos são digeridos e convertidos em seus elementos básicos: açúcares, dos carboidratos, triglicerídeos e ácidos graxos, das gorduras alimentares, e aminoácidos das proteínas. Esses elementos, resultantes da quebra dos alimentos, circulam no sangue até serem utilizados para gerar energia ou crescimento, ou são armazenados. A parte do açúcar que não é imediatamente usada para gerar energia pode ser rapidamente guardada no fígado, sob a forma de um carboidrato chamado glicogênio. Quando o corpo necessita de energia, ele recorre a esses reservatórios. Porém as reservas de glicogênio do fígado são pequenas e fornecem apenas a energia suficiente para suprir as necessidades durante seis a oito horas.

O glicogênio armazenado no músculo é outra fonte de energia, mas só está disponível durante o exercício e não pode ser utilizado para fornecer energia a outros órgãos. A proteína, presente nos músculos, no coração e no diafragma, também pode ser utilizada como fonte de combustível, mas só é mobilizada durante períodos prolongados de jejum ou inanição. O risco da digestão das proteínas do corpo para gerar energia é que a pessoa não pode viver muito tempo após perder uma parte importante dos músculos que compõem essas estruturas vitais. Tudo isso nos leva à conclusão de que a gordura é nossa principal reserva de energia, representando mais de 75% de toda a energia armazenada no organismo. A gordura é um elemento muito apropriado para esse papel, já que representa uma fonte de energia de alta densidade. Grama por grama, a gordura contém duas vezes mais energia que o açúcar que circula no sangue ou o glicogênio.

Como utilizamos a energia dos alimentos

Boa parte (cerca de 75%) da energia que "queimamos" diariamente é usada apenas para manter nosso organismo funcionando – ou seja, para manter a temperatura normal do corpo, o coração batendo, para que os rins, o fígado, o cérebro, o sistema nervoso periférico e outros órgãos vitais façam seu trabalho; ela

Energia para sobreviver

> Uma pessoa de peso e estatura médios necessita de aproximadamente duas mil calorias por dia para manter as funções basais do organismo. Os reservatórios habituais de gordura podem fornecer energia para manter a pessoa viva durante quase dois meses sem alimento.

é usada também para alimentar os processos que permitem o crescimento e a reposição de células. Os cientistas chamam essa necessidade basal de energia de "gasto energético basal" (GEB) ou metabolismo basal. O GEB é definido como a energia de que uma pessoa necessita quando não está realizando nenhum trabalho físico significativo (por exemplo, quando você está sentado no sofá assistindo à TV ou quando está dormindo).

Também precisamos de energia para comer e digerir os alimentos. Esse processo se chama termogênese alimentar e gasta de cinquenta a cem calorias por dia. Se combinarmos o GEB com a termogênese alimentar, veremos que uma pessoa de peso e estatura médios (por exemplo, 1,70 m e 70 kg), que passe boa parte do tempo no sofá, precisará de cerca de 1600 a 2000 calorias por dia, apenas para viver e comer.

O outro emprego importante da energia é nas atividades físicas. Cada vez que movimentamos nossos braços ou nossas pernas, precisamos de energia para acionar os músculos. Atividades diárias comuns, como caminhar, levantar objetos, ou dirigir o carro, gastam quantidades relativamente pequenas de energia. Atividades físicas mais exigentes, como correr, jogar bola ou nadar, gastam mais calorias. Entretanto, mesmo atividades relativamente triviais contribuem para o gasto de energia. Ficar de pé, em vez de sentar, caminhar até a geladeira, em vez de manter um isopor com gelo e refrigerantes ao lado do sofá, ou subir as escadas até o quarto, em vez de dormir no próprio sofá – com sacos de batata frita como travesseiro –, tudo isso contribui para queimar calorias. Até mesmo agitar-se, mexer o corpo ou balançar as pernas requer energia, e, embora nenhuma dessas atividades ou pequenos movimentos queime muitas calorias, de modo geral, as pessoas que se agitam, que mexem o corpo ou que ficam de pé a maior parte do dia, ou que sempre preferem subir as escadas em vez de usar o elevador, usam mais calorias em suas atividades diárias do que as pessoas calmas, que ficam sempre sentadas e que sempre preferem o elevador.

Quando a energia que entra excede a energia que sai

Quando ingerimos mais calorias do que utilizamos, ganhamos peso; ou seja, armazenamos o excesso de energia sob a forma de gordura. Ao contrário, quando utilizamos mais calorias do que ingerimos, perdemos peso; ou seja, acionamos nossos depósitos energéticos, começando pelos reservatórios de gordura.

Se considerarmos a grande quantidade de calorias ingerida por um adulto médio (1,70 m, 70 kg) ao longo de um ano, para manter o peso constante – 2600 calorias por dia, o que significa quase um milhão de calorias por ano – qualquer pequeno desequilíbrio entre a energia consumida e a energia gasta poderá resultar em variações no peso. Veja o exemplo a seguir.

Um homem adulto, de 1,77 m de altura e 79 kg, com nível moderado de atividade, gasta aproximadamente 2600 calorias por dia (cerca de 1800 calorias como GEB e 800 calorias nas atividades físicas). Se ele comer dois biscoitos por dia (120 calorias) além das calorias necessárias para suprir suas necessidades, ao final de um ano terá desequilibrado seu balanço energético em quase 44000 calorias. Essa energia não utilizada será armazenada, aumentando seu peso em quase cinco quilos.

Agora, vamos supor que esse mesmo homem não coma as calorias extras diariamente. Em vez disso, ele decide ir de carro até o ponto de ônibus, que fica a 1500 m da sua casa (ele poderia caminhar até lá ou ir de bicicleta), ou decide usar o elevador, em vez de subir os três lances de escada até o escritório. Ele não está comendo mais, porém está se movimentando um pouco menos, o que significa que está utilizando cerca de cem calorias a menos por dia. Ao final de um ano, essas calorias extras também terão sido armazenadas na forma de quase 5 kg de gordura.

À primeira vista, você não pensaria que os inocentes biscoitos ou uma pequena caminhada teriam tanto impacto sobre o ganho ou a perda de peso. Mas a matemática nos mostra que eles têm.

Mitos sobre o aumento de peso

Agora que você já entendeu a questão do equilíbrio energético do organismo, vamos ver alguns dos mitos mais comuns sobre as causas do aumento e da perda de peso, analisando quanto há de verdade em cada um deles.

"Não sei por que o meu peso aumenta; eu como feito um passarinho."

Depois do famoso "Abra – você tirou a sorte grande!", essa é talvez uma das afirmativas mais frequentes e enganosas que existem – a menos que o pássaro em questão seja uma águia gigante. A única forma de ganhar peso é comer alimentos que contenham mais energia do que gastamos. Lembre-se de que nosso gasto de energia em repouso significa que uma pessoa de peso e estatura médios utiliza aproximadamente 1600 a 2000 calorias por dia, mesmo que não saia da cama. Pessoas maiores gastam mais calorias em repouso e necessitam de mais calorias para manter o peso. Isso significa que precisamos ingerir pelo menos 1600 a 2000 calorias, apenas para manter o peso. Portanto, não é possível "comer como um passarinho" e aumentar de peso. Vários estudos demonstram que pessoas obesas ou com excesso de peso costumam subestimar o que comem.

"Tenho metabolismo lento; é por isso que eu não consigo perder peso."

Em geral, nosso metabolismo basal (a energia que utilizamos em repouso) é afetado pela idade e pelo peso. Pessoas maiores têm metabolismo mais acelerado, não menos. É como aquecer uma casa – casas maiores necessitam de mais energia para mantê-las aquecidas. À medida que envelhecemos, nosso metabolismo tende a diminuir, já que perdemos massa muscular e, frequentemente, reduzimos a atividade.

Dito isso, realmente algumas pessoas têm metabolismo um tanto preguiçoso – embora isso seja muito raro – o que poderia explicar por que elas ganham peso ou têm dificuldade para perder peso. Por exemplo, quando a tireóide é menos ativa que o normal, o gasto de energia diminui. (Se a tireóide for hiperativa, o gasto energético aumenta, o que explica, em parte, por que as pessoas com esse problema perdem peso). Mas se a sua tireóide é normal, e você acha que um pouquinho a mais de hormônio da tireóide vai ajudar você a perder peso, nem pense nisso. Não só é perigoso, como simplesmente não funciona.

Talvez você se surpreenda ao saber que a perda de peso pode reduzir o metabolismo. Mas isso faz todo sentido. Os carros pequenos, econômicos, gastam menos combustível, assim como um corpo humano menor requer menos alimento. O lado desanimador dessa história é que, à medida que seu peso diminui com a dieta e o metabolismo basal é reduzido, a mesma dieta que ajudou você a perder peso inicialmente talvez já não seja suficiente para alcançar a meta de peso planejada. Você terá de reduzir ainda mais as calorias ou aumentar seu gasto de energia. Muitos programas recomendam o aumento da atividade para vencer essa barreira e promover perda adicional de peso.

"Desenvolva músculos abdominais firmes e bonitos com apenas quatro minutos de exercício por dia!"

As roupas modernas, que deixam a barriga à mostra, tornaram as pessoas mais atentas à aparência dos seus músculos abdominais. Uma musculatura abdominal bem firme é a última moda, e o comércio de aparelhos e técnicas para alcançar esse objetivo está tirando vantagem disso. A maioria de nós já viu anúncios de aparatos para esculpir uma musculatura abdominal perfeita em "apenas alguns minutos por dia". Ou, para aqueles que estão muito ocupados, existem os dispositivos de exercício passivo, que aplicam pequenos choques elétricos aos músculos abdominais, prometendo um abdome perfeito sem esforço.

Mas a verdade irrefutável por trás dos abdominais "esculturais" é que, não importa quanto trabalhe esses músculos (ou que aparelho compre, em "quatro suaves prestações"), você não conseguirá ver seus abdominais se houver uma camada de gordura sobre eles. E é preciso chegar a um nível muito baixo de gordura corporal antes de chegar ao aspecto do "depois" que vemos nas fotos desses anúncios. A gordura corporal total precisa estar abaixo de 12%, e provavelmente abaixo de 10%, antes que você possa ver seus músculos abdominais, mesmo que eles tenham sido muito fortalecidos. Não há nenhum método comprovado para redução da gordura abdominal "localizada", portanto, você pode fazer ginástica, usar cintas ou qualquer outro aparelho durante quarenta minutos por dia, mas, se não perder a gordura – o que geralmente significa perder peso – seus músculos abdominais continuarão escondidos.

Por que o peso é importante para a prevenção e tratamento do diabetes

Agora você já conhece a matemática implacável do equilíbrio energético. Na verdade, provavelmente você já "sabia" disso o tempo todo. A boa notícia é que você pode utilizar essa matemática em seu próprio benefício, desenvolvendo maneiras eficazes de alcançar e manter um peso saudável. No Capítulo 1, descrevemos resumidamente como o excesso de peso altera o metabolismo dos alimentos, o que pode levar a níveis elevados de açúcar no sangue. Portanto, o cuidado com o peso é um fator chave de qualquer programa de prevenção ou tratamento do diabetes.

Este livro apresenta um programa comprovadamente eficaz para manutenção do peso saudável. Por que sabemos que funciona? Porque é baseado em princípios testados e comprovados por um importante estudo clínico chamado Programa de Prevenção do Diabetes (DPP). Vamos compartilhar com você não apenas o que aprendemos durante o desenvolvimento e a condução desse estudo e de outras pesquisas, mas também as histórias de pessoas que usaram o programa com sucesso. A seguir, vamos mostrar, resumidamente, como evoluiu a ciência da prevenção e do controle do diabetes. Depois mostraremos como poderá fazer esses princípios trabalharem para você.

CAPÍTULO 3

Mudança no estilo de vida realmente funciona: o Programa de Prevenção ao Diabetes

Você já deve saber muita coisa sobre dietas e programas de exercícios, não é mesmo? Provavelmente sim, a menos que você tenha vivido todo esse tempo em uma caverna, isolado de qualquer comunicação com o mundo. Como todos nós, você também deve ter sido bombardeado por anúncios e conversas de vizinhos sobre como "ter uma alimentação saudável" e perder peso. Existe uma enorme quantidade de programas para perder peso. Além disso, os benefícios potenciais para a saúde e as vantagens cosméticas da perda de peso alimentam uma indústria multibilionária que inclui a venda de livros e manuais sobre dieta, suplementos alimentares, medicamentos de prescrição e de venda livre, cirurgia para redução do estômago e cirurgias plásticas. O mercado oferece também livros, fitas, vídeos, CDs e programas de televisão sobre exercícios físicos e os equipamentos correspondentes; as academias oferecem dança aeróbica, *step*, bicicleta, vários tipos de ioga, malhação e Tae Bo. Afinal de contas, as academias de ginástica cresceram paralelamente ao tamanho da nossa cintura.

Esse entusiasmo por tantos recursos diferentes para perder peso provavelmente se deve ao fato de que nenhum deles é totalmente eficaz. O fracasso recorrente desses programas levou a população, cada vez mais obesa, a buscar, em desespero, qualquer saída. Não há resposta para a pergunta tão simples: será que os programas funcionam? Essa pergunta deve ser respondida não apenas no curto prazo, quando praticamente qualquer programa funciona, mas no longo prazo: não sabemos se os programas são eficazes por um período suficientemente longo para melhorar a saúde. Neste, e nos capítulos seguintes, faremos um resumo dos conhecimentos científicos sobre o que funciona – e o que não funciona – para perder peso e ter mais saúde. Entre as várias metas de saúde que podem ser alcançadas com a perda de peso e o aumento da atividade física, talvez a mais importante seja a prevenção do diabetes.

Como descrevemos nos Capítulos 1 e 2, a origem da epidemia de diabetes pode ser claramente relacionada a mudanças de estilo de vida. Se não fosse pelo nosso estilo de vida atual, mal adaptado, o diabetes e suas complicações seriam, com muita probabilidade, relativamente raras. Se for assim, será que um programa que revertesse nosso estilo de vida atual, mal adaptado, poderia prevenir o diabetes? Se pudéssemos recuperar pelo menos alguns dos elementos da "vida no campo", será que poderíamos reduzir o risco de desenvolver diabetes? As respostas exigem uma pesquisa científica.

Nos últimos anos, várias dessas pesquisas provaram que você pode se proteger contra o diabetes mudando seu estilo de vida, e que a maioria das pessoas consegue fazer essa mudança com sucesso. Como membros do Grupo de Pesquisa do Programa para Prevenção do Diabetes, ajudamos a coordenar um dos maiores estudos nessa área. Para explicar o que esses estudos mostram, primeiramente temos de explicar os tipos de pesquisas que levaram ao desenvolvimento do programa descrito neste livro.

Estudos de observação de casos: os primeiros estudos científicos sobre nutrição e exercícios físicos

Até o século XX, programas de dieta e exercícios físicos, eram recomendados sem qualquer comprovação científica de sua eficácia. O autor do programa talvez tivesse observado os resultados de diferentes regimes alimentares ou programas de exercícios e tirado suas próprias conclusões. Em certos casos, esse autor tinha boa capacidade de observação e, por isso, quando os estudos científicos adequados eram conduzidos, acabavam demonstrando que ele estava correto. Outras vezes, os autores desses programas estavam errados, mas não tinham como saber. Sem um método científico de comparação entre uma e outra abordagem, os entusiastas de cada proposta podiam concluir, basicamente, o que quisessem. O filósofo inglês Roger Bacon disse: "O homem está pronto a acreditar naquilo que ele deseja que seja verdade". Curandeiros, xamãs, gurus e médicos podem realmente passar a acreditar nas suas panaceias ineficazes.

As primeiras pesquisas científicas sobre nutrição e exercício físico começaram em meados do século XX.

Nesses estudos, o pesquisador pode se fazer algumas perguntas: por exemplo, se pessoas que comem certo tipo de alimento (como dietas com alto teor de gordura e de calorias) ou que fazem um certo grau de atividade física (uma hora ou menos por semana) têm maior tendência a desenvolverem uma doença do que os membros da população que se comportam de modo diferente (por exemplo, têm uma alimentação com pouca gordura e baixa caloria). Se houver um determinado padrão de dieta ou exercício associado a um maior risco de desenvolver certas doenças, então é *possível* que esse padrão alimentar e de exercícios aumente o risco dessas doenças - possível, mas não comprovado.

Por que o estudo de observação não comprova a ligação direta entre um tipo específico de dieta ou nível de atividade e uma doença? A razão é que o fato de duas coisas estarem associadas não comprova sua relação de causa e efeito. Por exemplo, se um estudo de observação mostrar que as pessoas que comem muita gordura e muitas calorias têm maior probabilidade de desenvolverem diabetes, não necessariamente foi a dieta que causou o diabetes. Outros fatores podem ter atuado nas pessoas que escolheram esse tipo de dieta – talvez elas tenham pensado que tinham alto risco de diabetes e que uma dieta rica em gorduras seria boa para elas. Ou talvez as pessoas que comem muita gordura e muitas calorias sejam também adeptas de outros hábitos, como fumar ou tomar certo tipo de medicamentos que, na verdade, causem diabetes. Os estudos de observação foram muito válidos para apontar fatores (como um padrão específico de alimentação e de exercício físico) associados a um maior risco de doença. Mas eles não podem provar que esses padrões causam a doença.

Por que os estudos clínicos randomizados e controlados são tão importantes

Um estudo clínico randomizado e controlado é um verdadeiro experimento. Para realizar um estudo clínico controlado acerca de um programa de dieta e exercícios, o pesquisador inicialmente precisa recrutar voluntários para o estudo. A escolha dos voluntários a serem recrutados dependerá das metas do estudo. Por exemplo, no Programa para Prevenção do Diabetes, nossa equipe de trabalho escolheu pessoas que apresentavam alto risco de desenvolver diabetes.

O que distingue um estudo clínico randomizado e controlado de um estudo de observação é que as pessoas recrutadas para participarem do estudo são designadas ao acaso para integrarem o grupo que irá receber a intervenção experimental ou o grupo que irá receber o tratamento padrão ou, em alguns casos, nenhum tratamento (o chamado "grupo controle"). Todos os participantes do estudo são, então, acompanhados, às vezes durante vários anos, para se verificar se há alguma diferença no aparecimento de doenças entre os dois – ou mais – grupos. A repartição das pessoas entre os grupos é aleatória (ou randômica) – ou seja, feita ao acaso –, o que significa que, no momento inicial do estudo, antes do início da experimentação, os dois grupos, muito provavelmente, serão semelhantes. Portanto, se uma doença específica surgir com menor frequência entre os indivíduos designados para receberem o programa experimental, em comparação aos indivíduos de controle, então os pesquisadores poderão concluir que o programa testado quase certamente *foi a causa* da redução do risco da doença.

O Programa para Prevenção do Diabetes

Com apoio do Instituto Nacional de Diabetes, Doenças Renais e Digestivas dos *National Institutes of Health* dos Estados

Unidos, um grupo de pesquisadores clínicos espalhados por todo o território americano desenvolveu um programa cuja meta é a prevenção do diabetes e testou cientificamente esse programa. O Programa para Prevenção do Diabetes ou DPP, como é chamado pela sigla em inglês, envolveu 3234 pessoas que não tinham diabetes, mas que apresentavam alto risco de desenvolverem a doença. O DPP foi o maior estudo já realizado com o intuito de prevenir o diabetes por meio de mudanças no estilo de vida. Todos os participantes do estudo eram adultos (acima dos vinte e cinco anos de idade) e apresentavam sobrepeso ou obesidade, e todos tinham diminuição da tolerância à glicose. A diminuição da tolerância à glicose é uma condição em que os níveis de açúcar no sangue se elevam após um teste padrão chamado teste de tolerância à glicose oral, mas não são considerados suficientemente altos para definir que o paciente é diabético. As pessoas que têm essa condição estão a caminho de desenvolverem diabetes, e, por isso, a diminuição da tolerância à glicose é chamada pré-diabetes. Os voluntários que participaram do DPP eram de diversas etnias, sendo 50% brancos e 50% de vários outros grupos raciais que sabidamente apresentam alto risco de diabetes, como os afro-americanos, hispânicos, asiáticos, habitantes das ilhas do Pacífico e índios americanos.

O DPP foi patrocinado por meio de verbas do governo, da Associação Americana de Diabetes e de várias empresas que fabricam produtos ligados ao tratamento do diabetes.

O programa de estilo de vida do DPP foi idealizado para alcançar mudanças de longo prazo nos padrões de comportamento que levam a aumento de peso e sedentarismo. Embora as metas de alteração do estilo de vida não fossem emergenciais, o treinamento para modificar comportamentos enraizados ao longo de toda a vida foi intensivo. As pessoas designadas para fazerem parte do grupo no qual seriam implementadas mudanças do estilo de vida deveriam perder 7% do seu peso inicial. Isso significava, em média, apenas 7 quilos por pessoa. Além disso, elas deveriam se tornar mais ativas, fisicamente, realizando 150 minutos semanais de atividade moderadamente intensa. Para alcançar essas metas, os participantes recebiam orientação individual segundo um programa desenhado para reeducá-los em um estilo de vida que levaria a perda de peso e aumento da atividade física.

O DPP não foi um programa do tipo "tamanho único". Em vez disso, trabalhamos com as pessoas do grupo experimental, no sentido de encontrar rotinas específicas de nutrição e exercícios físicos que funcionassem para cada uma delas. Identificamos e atacamos as barreiras específicas à mudança de comportamento - fossem elas os hábitos de compra, o modo de cozinhar, de comer, ou as atividades físicas. Essa abordagem comportamental abrangente surtiu efeito. Ela resultou em perda de peso sustentada e aumento dos níveis de atividade física, que, em consequência, levaram menos dessas pessoas a desenvolverem diabetes. Neste livro, apresentamos alguns exemplos das opções básicas empregadas no DPP, para que você tenha as mesmas informações e alternativas que foram oferecidas aos participantes do estudo. E realmente esperamos que tenha o mesmo sucesso.

As mudanças específicas de estilo de vida necessárias para alcançar as metas de peso e de atividade foram tão variadas quanto a população estudada; no entanto, o grande objetivo foi o de reduzir a quantidade de gordura na alimentação. Escolhemos essa estratégia porque a gordura contém mais calorias por grama do que os carboidratos ou as proteínas, e porque é realmente fácil para qualquer pessoa identificar alimentos gordurosos e limitar seu consumo. Os participantes do programa foram orientados a comprar, cozinhar e comer alimentos com menos gordura. A meta de aumento da atividade física visava a auxiliar na perda e na manutenção da perda de peso, por meio do aumento do gasto de energia. Os exercícios também podem ajudar a prevenir o diabetes, aumentando a sensibilidade dos músculos à insulina (como explicamos no Capítulo 2).

A meta de estilo de vida especificamente relacionada à atividade era realizar atividades de intensidade moderada durante pelo menos 30 minutos por dia, cinco dias por semana. Alguns dos voluntários do DPP do grupo de mudança no estilo de vida escolheram participar de esportes competitivos, dança de salão ou natação, porém, na maioria dos casos, a atividade física consistiu em caminhar a passos rápidos. Essa atividade podia ser realizada ao ar livre, em shoppings, no horário de almoço, ao levar o cachorro para passear, empurrando um carrinho de bebê, ou caminhando após o jantar.

O programa funcionou: a maioria das pessoas reduziu a gordura, e, portanto, as calorias, da alimentação; a maioria fez exercícios durante trinta minutos por dia, em média; a maioria perdeu peso (7 quilos, em média) e manteve esse peso menor durante os três anos do estudo. Mais importante ainda foi que a mudança no estilo de vida foi eficaz na prevenção do diabetes. As pessoas que participaram do grupo com intervenção sobre o estilo de vida tiveram 58% menos probabilidade de desenvolverem diabetes ao longo do período de três anos do que as pessoas do grupo controle. Nos Estados Unidos, se esses resultados fossem aplicados à população de alto risco de diabetes (como as pessoas que foram recrutadas para o DPP), que totaliza mais de dez milhões de pessoas, significaria reduzir a ocorrência anual de novos casos de diabetes de 800 mil para menos de 400 mil casos por ano.

Como o DPP combinou mudanças da dieta e exercícios físicos, não pudemos medir os efeitos da dieta isoladamente ou dos exercícios isoladamente. Entretanto, outras análises dos resultados do estudo indicam que as alterações da dieta que resultaram em perda de peso tiveram um papel preponderante na prevenção do diabetes, enquanto o programa de exercícios foi importante na manutenção da perda de peso.

Assim, ao atacar os fatores do estilo de vida que contribuem para o desenvolvimento do diabetes, o DPP mostrou que a doença pode ser prevenida – ou seja, que ela não é inevitável. Os resultados de dois estudos menores, mas semelhantes, conduzidos na China e na Finlândia, foram comparáveis aos resultados do DPP. Esses estudos – conduzidos em sociedades diferentes, com pessoas que têm diferentes estilos de vida e heranças genéticas – reforçam a mensagem universal do DPP: as mudanças no estilo de vida funcionam para prevenir o diabetes.

Falaremos mais sobre o DPP nos próximos capítulos.

Mudanças no estilo de vida que funcionam na China e na Finlândia

Antes de concluírem que os resultados de um estudo são universais, os pesquisadores costumam aguardar para ver se outros estudos semelhantes chegam aos mesmos resultados. Dois estudos semelhantes ao DPP foram publicados recentemente e chegaram a conclusões parecidas.

O Estudo DaQing, na China

Em comparação com os Estados Unidos, a prevalência de diabetes tipo 2 na China é baixa. Entretanto, a sociedade chinesa está passando por um processo de "ocidentalização", e a população da China vem apresentando mudanças de estilo de vida semelhantes às que ocorreram nos Estados Unidos no século XX. Estima-se que o número de chineses que abandonaram o trabalho braçal no campo ao longo das últimas décadas ultrapasse o total da população dos Estados Unidos. Como se podia prever, a prevalência de diabetes aumentou quase quatro vezes – de 1,2% para 4,5% da população – em menos de vinte anos. Como a população da China excede um bilhão de pessoas, isso significa um número imenso de novos casos de diabetes.

Para fazer face ao aumento do diabetes, foi realizado, na China, um estudo clínico randomizado e controlado. O estudo DaQing foi diferente do DPP pelo fato de ter testado as estratégias de dieta e exercícios físicos, tanto separadamente quanto combinadas. Assim como o DPP, o estudo DaQing incluiu pessoas que apresentavam maior risco de desenvolverem diabetes.

Os resultados do estudo DaQing mostraram que os grupos em que houve intervenção sobre o estilo de vida tiveram muito menor probabilidade de desenvolverem diabetes ao longo de um período de estudo de seis anos. Na parte do estudo DaQing que avaliou separadamente o impacto das mudanças alimentares isoladamente e do exercício isoladamente, observou-se que tanto a dieta quanto os exercícios foram eficazes na redução do aparecimento de diabetes.

O Estudo de Prevenção do Diabetes na Finlândia (FDPS)

Esse estudo, conduzido em um país ocidentalizado e desenvolvido (assim como os Estados Unidos), empregou um programa combinado de dieta e exercícios (assim como o DPP). A meta de perda de peso era de pelo menos 5% do peso inicial, a ser alcançada com uma dieta rica em fibras e com baixo teor de gordura. A meta de atividade física eram trinta minutos diários de atividade moderadamente intensa. Assim como no DPP, os participantes do estudo recebiam orientação individualizada para modificarem seu estilo de vida. Novamente, os participantes do estudo conseguiram, de modo geral, seguir o programa e perderam peso – embora não tanto quanto os participantes do DPP – e mantiveram o peso perdido. Eles tiveram exatamente a mesma redução do risco de diabetes observada no DPP: 58%.

Juntos, os estudos DaQing e FDPS reforçam a mensagem do estudo DPP: se você tem risco de desenvolver diabetes, existe um programa para mudança de estilo de vida, em termos de dieta e exercícios físicos, que você pode seguir com sucesso e que irá diminuir em mais da metade o seu risco de ter diabetes. O programa pode ser adaptado aos seus gostos e preferências e para atender às necessidades reais do seu dia a dia. E funciona para pessoas de todas as partes do mundo.

Mudanças no estilo de vida também funcionam para outros fatores de risco cardíacos

Uma das razões pelas quais é tão importante prevenir o diabetes é que as pessoas com diabetes têm maior risco de apresentarem doenças cardíacas. Os estudos de observação identificaram vários fatores do estilo de vida associados ao aumento do risco de doença cardíaca, e muitos deles coincidem com os fatores que aumentam o risco de diabetes.
- Baixos níveis de atividade física estão associados a um maior risco de aterosclerose e morte por doença cardíaca e acidente vascular.
- Maiores níveis de atividade estão associados a menor risco de doença cardiovascular e morte. Na maioria dos

estudos, há uma redução de 23 a 29% na ocorrência de mortes entre as pessoas que fazem exercícios regularmente, quando comparadas às que fazem menos exercício.
- Melhor forma física – uma medida direta das condições físicas e da capacidade de realizar exercícios – está associada a 46% de redução na ocorrência de mortes, quando se comparam os 25% de pessoas em melhor forma física com os 25% em pior forma física.
- Qualquer combinação dos fatores obesidade, vida sedentária, fumo e dieta com alto teor de gordura e pobre em fibras aumenta o risco aparente de desenvolvimento de diabetes e doença cardíaca.
- O padrão alimentar ocidental, que inclui mais carne vermelha, batatas fritas, alto consumo de gorduras, grãos refinados e doces, está associado a um maior nível de risco, enquanto uma alimentação com mais frutas, mais legumes, menos gordura, mais carne de ave ou peixe, e óleos de peixe está associada a um menor risco de aterosclerose.
- Alguns tipos de gordura, como as gorduras poli-insaturadas e monoinsaturadas, diminuem o risco de aterosclerose, enquanto o alto consumo de gorduras saturadas e ácidos graxos do tipo *trans* (gerados no processo de hidrogenação parcial, utilizado para aumentar o tempo de validade dos ácidos graxos poli-insaturados, como os da margarina) aumenta o risco.
- O consumo moderado de álcool está associado a um menor risco de aterosclerose.
- O fumo aumenta o risco de doença cardíaca, acidente vascular (derrame) e, especialmente, das doenças vasculares que afetam as extremidades, principalmente as pernas.

Estudos clínicos randomizados e controlados

Com base nos resultados dos estudos de observação já mencionados, foram feitos vários estudos clínicos randomizados e controlados, com o objetivo de verificar se as mudanças no estilo de vida podem reduzir os fatores de risco de doença cardíaca ou o risco da própria doença cardíaca, além de outras doenças

causadas pela aterosclerose. Essas pesquisas apresentam estes resultados.
- O uso de dieta e exercícios para perda de peso, a redução do sal na alimentação, ou ambos, ao longo de três a quatro anos, diminuiu o aparecimento de hipertensão em aproximadamente 20%.
- Uma dieta com pouco sal (menos de 1800 miligramas por dia) e o consumo moderado de álcool, aliados a uma meta de perda de peso de 5 quilos, permitiu que 39% das pessoas que tinham pressão alta suspendessem sua medicação para hipertensão (comparados a apenas 5% das pessoas do grupo controle).
- Uma dieta com maiores quantidades de frutas e legumes, alimentos com baixo teor de gordura, ou ambos, diminuiu a pressão arterial quase tanto quanto um comprimido de medicamento para hipertensão (ou seja, diminuiu a pressão sistólica em 11 mmHg e a pressão diastólica em 6 mmHg).
- Duas refeições de peixe por semana, ou o consumo diário de cápsulas de óleo de peixe, reduzem o risco de morte súbita em pacientes que já tiveram um ataque cardíaco, sendo recomendadas para pacientes com fatores de risco de doença cardíaca (como, por exemplo, pressão arterial elevada, colesterol total e LDL aumentados, diabetes ou fumantes, ou pessoas cujos pais ou irmãos tiveram doença cardíaca antes dos cinquenta e cinco anos de idade, ou cujas mães ou irmãs tiveram doença cardíaca antes dos sessenta e cinco anos de idade). No Programa de Controle de Lipídeos do Reino Unido, uma redução de apenas 2% do peso corporal foi associada a uma redução de 5 a 7% nos níveis de colesterol LDL.

A lição que fica desses e de outros estudos é que, para as pessoas que têm a pressão arterial ou o colesterol um pouco aumentados – o que, na verdade, ocorre em 50% da população – mudanças simples no estilo de vida funcionam: reduzem a necessidade de medicamentos e provavelmente diminuem a ocorrência de doenças cardíacas e acidentes vasculares, como o derrame, por exemplo. Existem estudos em andamento, como o chamado estudo *Look: AHEAD*, para pesquisar se um programa de mudança do estilo de vida, semelhante ao que foi utilizado no DPP, poderá reduzir as doenças cardíacas e os derrames em pessoas com diabetes.

As mudanças no estilo de vida não devem ser vistas como substituto da medicação. Muitos estudos controlados já comprovaram a eficácia dos medicamentos que reduzem o colesterol e daqueles que reduzem a pressão arterial no controle do aparecimento ou da repetição de problemas cardíacos. Algumas pessoas necessitam tanto das mudanças no estilo de vida quanto dos medicamentos.

Medicamentos para prevenção do diabetes

O estudo do Programa para Prevenção do Diabetes testou não apenas o impacto do estilo de vida. Ele também avaliou a importância do uso de um medicamento, a metformina, na prevenção do diabetes. A metformina é um medicamento utilizado com frequência no tratamento do diabetes. Ela funciona, basicamente, diminuindo a quantidade de açúcar produzida pelo fígado e reduzindo a resistência à insulina.

Como vimos no Capítulo 2, o diabetes tipo 2 se instala gradativamente. Durante os anos em que a doença vai se desenvolvendo, mas antes que ela cause sintomas ou alterações dos exames de sangue que levam ao diagnóstico, ocorre um lento aumento da resistência à insulina. A resistência dos tecidos do corpo à insulina faz com que os níveis de açúcar no sangue aumentem, especialmente após as refeições. Esse fenômeno, por sua vez, faz com que o pâncreas produza mais insulina. Finalmente, o pâncreas se cansa com esse excesso de trabalho, a secreção de insulina diminui e daí resulta o diabetes tipo 2 completo.

Como o desenvolvimento de resistência à insulina está na base do aparecimento do diabetes tipo 2, faz sentido pensar que um medicamento que diminui a resistência à insulina possa prevenir o diabetes. Verificamos que a metformina realmente funcionou. Ela reduziu o risco de aparecimento do diabetes em 31%, uma queda significativa. Mas ela não funcionou tão bem quanto as mudanças no estilo de vida, que reduziram o risco de diabetes em 58%. Como qualquer outro medicamento, a metformina pode ter alguns efeitos colaterais. A modificação do estilo de vida, ao contrário, tem muito poucos efeitos colaterais. Não testamos a combinação das mudanças no estilo de vida com a metformina para ver se o risco de diabetes teria sido reduzido em mais de 58%.

Na realidade, para tratamento (em vez de prevenção) de várias doenças crônicas importantes, geralmente se prescreve uma mudança no estilo de vida aliada ao uso de medicamentos. Em alguns casos, a intervenção no estilo de vida consegue eliminar, ou pelo menos reduzir, a necessidade de medicamentos.

Em suma, o estudo DPP mostrou que as mudanças do estilo de vida foram mais eficazes para prevenir o diabetes do que o medicamento utilizado. O programa de mudança de estilo de vida recomendado às pessoas que participaram do nosso estudo foi viável para essas pessoas. Esse programa talvez seja viável para você também. Esperamos, com este livro, apresentar a você não apenas boas razões, mas também orientação cientificamente comprovada sobre *como* você poderá mudar para um estilo de vida mais saudável, que possa prevenir o aparecimento do diabetes e suas complicações.

CAPÍTULO 4

Como aplicar as mudanças de estilo de vida ao tratamento do diabetes e das doenças associadas

Infelizmente não temos o dom do Super-Homem, que é capaz de reverter os acontecimentos se voar muito rápido, e por isso não podemos voltar o tempo para trás. Assim, se você já tem diabetes tipo 2, talvez você se pergunte se as mudanças de estilo de vida que poderiam ter evitado a doença terão alguma utilidade agora. A resposta é "sim": as mesmas mudanças de estilo de vida que poderiam ter prevenido o seu diabetes podem ajudar você a tratar a doença.

O estilo de vida é muito importante como fator causador do diabetes tipo 2, mas pode ser ainda mais importante no tratamento da doença, e também do diabetes tipo 1. O diabetes é um doença crônica muito peculiar, que sofre interferência de praticamente todas as atividades da nossa vida – hábitos alimentares, atividades físicas, escola, trabalho e viagens. Por outro lado, todas essas atividades são afetadas pelo diabetes. Muitas doenças exigem, por exemplo, atenção e vigilância constantes sobre o uso dos medicamentos prescritos, mas o diabetes requer atenção e vigilância com respeito ao horário e conteúdo das refeições, atividades físicas, monitoramento da glicemia, uso de diversos medicamentos, inclusive insulina, cuidados com os pés e uma gama de outras exigências de cuidados pessoais. E o diabetes pode ser um companheiro petulante e ciumento: se você ignora esses cuidados, mesmo que seja por um curto período, o diabetes fará com que você pague pelo seu erro causando hiperglicemia ou hipoglicemia – consequências desconfortáveis e potencialmente perigosas. E se você negligenciar os diversos pequenos detalhes por muito tempo, a punição será muito mais severa: perda da visão, falência dos rins, úlceras dos pés, amputação e doença cardíaca.

A boa notícia é que, nas últimas duas décadas, os estudos clínicos mostraram que pessoas com diabetes podem ter vida longa, produtiva e livre de complicações. Os estudos realizados, tanto no diabetes tipo 1 quanto no tipo 2, demonstraram como alcançar níveis quase normais de glicose no sangue (e de hemoglobina A_{1c} ou hemoglobina glicosilada – que avalia o valor médio da glicose sanguínea, no longo prazo). Além disso, foram desenvolvidos tratamentos que diminuem, efetivamente, a pressão arterial e os níveis de colesterol nas pessoas que têm diabetes. O resultado desse controle "cerrado" da glicose, da pressão arterial e do colesterol é um melhor estado geral de saúde, no longo prazo. Mantendo-se os níveis de açúcar no sangue próximo da faixa normal ao longo do tempo, pode-se efetivamente reduzir o aparecimento e a progressão das complicações nervosas, renais e oculares que, de outra forma, teriam o risco de privar as pessoas de sua visão, do funcionamento dos rins e dos membros. Além disso, um controle rigoroso da pressão arterial traz benefícios para os olhos e para os rins e reduz o risco de doença cardíaca e derrame. Da mesma forma, a redução do colesterol LDL (colesterol "ruim") diminuiu a ocorrência de doença cardíaca.

Como é que o estilo de vida participa do tratamento do diabetes? Neste capítulo, vamos descrever o papel do estilo de vida no controle dos níveis de açúcar no sangue, em pessoas com diabetes tipo 1 e tipo 2, e a importância do estilo de vida no combate a outros importantes fatores de risco, como hipertensão e dislipidemia (níveis anormais de colesterol e de outras gorduras no sangue). Ou seja, vamos mostrar como aplicar as mudanças de estilo de vida para atuar sobre os três pilares do tratamento do diabetes: hemoglobina A_{1c}, pressão arterial e colesterol.

Diabetes tipo 1

Tradicionalmente, os médicos sempre consideraram que era mais difícil tratar o diabetes tipo 1, porque o pâncreas já não produz mais nenhuma insulina (ver, no Capítulo 1, a explicação sobre diabetes tipo 1 e tipo 2). A pessoa que tem diabetes tipo 1 precisa ajustar, várias vezes por dia, suas injeções de insulina, o horário e a quantidade das refeições e suas atividades físicas, para fazer face às variações do nível de glicose no sangue. (Ao contrário, as pessoas com diabetes tipo 2 ainda produzem alguma insulina própria e, por isso, não necessitam de tantos ajustes finos e frequentes da dose de insulina).

Nos últimos anos, tornou-se mais fácil administrar a quantidade certa de insulina, na hora certa, graças à disponibilidade no mercado de insulinas com diversos tipos de atividade. Algumas agem muito rapidamente, e sua ação dura pouco, enquanto outras atuam por longo tempo. Utilizando-se combinações de insulinas diferentes, ou pequenos aparelhos chamados bombas de insulina, que injetam insulina continuamente sob a pele através de pequenos tubos, os pacientes com diabetes tipo 1 podem receber insulina de forma muito parecida ao que ocorreria se o pâncreas estivesse saudável. No entanto, para que tudo isso funcione – a escolha da dose certa de insulina acompanhando o ritmo da vida – é de suma importância que as pessoas compreendam o impacto do estilo de vida sobre os níveis de açúcar no sangue.

No passado, costumávamos orientar os pacientes para manter as doses de insulina estáveis e moldar suas atividades diárias e sua dieta de modo a acompanhar a atuação da insulina. Por exemplo, se o pico do efeito da insulina fosse às 3 horas da tarde, a pessoa deveria fazer um pequeno lanche naquele horário para evitar a queda do nível de açúcar no sangue ("hipoglicemia"). Em outras palavras: a rigidez do esquema de doses de insulina determinava o melhor horário do dia em que a pessoa com diabetes deveria fazer suas refeições e exercícios. Era a cauda abanando o cão.

Nos últimos vinte anos, entretanto, o cão passou a abanar a cauda. A filosofia do tratamento do diabetes mudou: o automonitoramento da glicose no sangue, os novos tipos, mais flexíveis, de insulina, e os novos sistemas de injeção de insulina tornaram possível ajustar as doses de insulina ao estilo de vida da pessoa. Os esquemas de tratamento não são apenas mais flexíveis, são mais fáceis de serem cumpridos. Por exemplo, quando os horários de escola ou trabalho mudam, os horários e doses de insulina são ajustados para acomodar a mudança. Se houver uma mudança definitiva do tipo de alimentação, ou mesmo em uma refeição isolada, a insulina pode ser ajustada para compensar a variação – refeições maiores, com mais carboidratos, exigem doses maiores de insulina; refeições menores ou mais exercício físico geralmente indicam a necessidade de doses menores. Existem aparelhos para automonitoramento da glicose sanguínea, que permitem que as pessoas com diabetes tipo 1 ajustem suas doses de insulina para acompanhar as variações dos níveis de açúcar no sangue. Com certeza tudo isso exige que a pessoa com diabetes aprenda, com a equipe de saúde, como fazer esses ajustes. Ela precisa aprender como funciona o pâncreas não diabético, a fim de repetir o mesmo padrão.

Hábitos que ajudam a manter níveis normais de glicose no sangue

São estas as medidas prioritárias, do ponto de vista do padrão alimentar, para alcançar níveis de glicose no sangue o mais próximo possível dos níveis normais, e uma hemoglobina A_{1c} abaixo de 7%, no caso das pessoas tratadas com insulina (diabetes tipo 1 ou tipo 2).
- **Fazer refeições e lanches sempre nos mesmos horários, diariamente, procurando comer quantidades semelhantes de carboidratos de cada vez**. Uma das formas de controlar os níveis de açúcar no sangue é a chamada contagem de carboidratos, que significa contar a quantidade total, em gramas, de carboidratos ingeridos em cada refeição, ou as porções de carboidratos (uma porção contém cerca de 15 gramas de carboidratos). Esse método é diferente da contagem de calorias ou de gramas de gordura, que você conta em relação ao dia todo, para verificar se está alcançando as metas. Quando se contam carboidratos, é preciso saber que quantidade total se consome,

geralmente, em cada refeição ou lanche (e não no dia todo), porque, habitualmente, o efeito máximo dos carboidratos sobre os níveis de açúcar no sangue ocorre 90 a 120 minutos após a refeição. Portanto, no café da manhã, você deve tentar comer, todos os dias, aproximadamente a mesma quantidade de carboidratos, para manter estáveis seus níveis de glicose no sangue (nem muito altos, nem muito baixos) no período entre o café e o almoço. Da mesma forma, você deve tentar consumir a mesma quantidade de carboidratos, todos os dias, no almoço, no jantar e nos lanches.

Quanto mais variável for a sua ingestão diária de carboidratos, mais erráticos serão os seus níveis sanguíneos de glicose (a menos que você saiba como ajustar as doses de insulina às variações da ingestão de carboidratos). Por exemplo, como vemos na Tabela 4.1, se você comeu 55 gramas de carboidratos no jantar de um dia e, no dia seguinte, você jantou um prato de massa, com 130 gramas de carboidratos, o seu nível sanguíneo de glicose ao deitar será menor depois da refeição de 55 gramas de carboidratos e maior depois da refeição de 130 gramas. O médico

TABELA 4.1 Como a carga de carboidratos das refeições pode afetar seu nível de açúcar no sangue

Jantar 1	Carboidratos (gramas)	Nível de açúcar no sangue
150 g de frango	0	100 (antes da refeição)
1 batata média	30	
1 xícara de brócolis	10	
1 fatia de pão	15	
1 colher de chá de margarina	0	
Refrigerante *diet*	0	
Total	55	175 (após a refeição)

Jantar 1	Carboidratos (gramas)	Nível de açúcar no sangue
2 xícaras de espaguete	90	100 (antes da refeição)
1 xícara de molho	10	
1 fatia de pão	15	
1 colher de chá de margarina	0	
1/2 xícara de fruta	15	
Café	0	
Total	130	275 (após a refeição)

ou a equipe que cuida do seu diabetes poderá ensinar a você quanta insulina a mais é necessária para compensar a quantidade extra de carboidratos da macarronada, a fim de manter seu nível de glicose pós-prandial (ou seja, depois da refeição) dentro da faixa desejada (menos de 180); entretanto, um consumo mais homogêneo de carboidratos ajudará a obter um controle mais fácil do açúcar no sangue.

- **Reduzir ou eliminar bebidas naturalmente doces ou com adição de açúcar.** Evitar refrigerante "normal" (não *diet*) e sucos de frutas industrializados adoçados e limitar os sucos de frutas naturais a 120 gramas por dia, porque os carboidratos na forma líquida rapidamente provocam picos de açúcar no sangue.
- **Adequar o uso da insulina ao horário das refeições.** Algumas insulinas de ação rápida precisam ser aplicadas trinta minutos antes da refeição e as insulinas de ação ultrarrápida podem ser aplicadas imediatamente antes de comer. Consulte o seu médico ou a equipe que cuida do seu diabetes para verificar qual é o melhor esquema no seu caso.
- **Tratar corretamente a hipoglicemia.** Hipoglicemia é a baixa da glicose no sangue (geralmente abaixo de 70), que pode causar suores, tremores, fraqueza, sensação de fome intensa, irritabilidade, confusão mental ou mesmo perda da consciência. O tratamento recomendado da hipoglicemia é ingerir cerca de 15 gramas de um carboidrato de ação rápida (ver Tabela 4.2), aguardar 15 minutos e testar novamente a glicose no sangue para ver se voltou ao normal (acima de 70 mg/dl). Essa quantidade de carboidratos geralmente eleva o nível de glicose no sangue em pelo menos 50 mg/dl, dentro de quinze a trinta minutos. Porém a resposta pode variar de uma pessoa para outra e pode ser influenciada pelo valor e pela causa da hipoglicemia. Se a glicose no sangue ainda ficar abaixo de 70 mg/dl após o tratamento inicial, deve-se repetir a dose de 15 gramas de carboidrato de ação rápida e verificar novamente o nível de glicose no sangue. Se você usar a baixa do açúcar no sangue como desculpa para comer tudo o

que estiver ao seu alcance, mais tarde, ao longo do dia, você terá níveis altos de glicose no sangue, que poderão contribuir para aumentar o seu peso. A Tabela 4.2 mostra o que comer quando você tiver hipoglicemia, dependendo do nível de açúcar no seu sangue.

TABELA 4.2 Tratamento da hipoglicemia

	Se o açúcar no sangue for		
	51-70 mg/dl	41-50 mg/dl	∠ 40 mg/dl
Quantidade de carboidrato recomendada para tratamento	15 gramas	20 gramas	30 gramas
Suco de maçã ou de laranja	120 mililitros	180 mililitros	240 mililitros
Refrigerante normal	120 mililitros	180 mililitros	240 mililitros
Suco de uva ou de groselha	90 mililitros	120 mililitros	180 mililitros
Balas de frutas	5	7	10
Tabletes de açúcar (5 gramas de carboidrato cada)	3	4	6
Passas	30 gramas	45 gramas	60 gramas

* Adaptado de Powers, MA, *Handbook of Diabetes Medical Nutrition Therapy*, 1996, Aspen Publishers, Gaithersburg, MA. (término da tabela)

– **Aprender os efeitos dos alimentos, da insulina e da atividade física sobre os seus níveis individuais de glicose no sangue**. Um educador ou nutricionista especializado em diabetes poderá ajudar você a aprender como interpretar o impacto que os seus hábitos alimentares, atividades físicas e doses de insulina têm sobre a glicose no seu sangue, e como ajustar suas doses de insulina para compensar as variações da sua ingestão habitual de carboidratos.

Hábitos de vida que ajudam a manter níveis mais baixos de hemoglobina glicosilada (HbA_{1c}).

A pesquisa denominada Estudo de Controle do Diabetes e suas Complicações (DCCT), que avaliou o tratamento intensivo do diabetes (três a quatro injeções de insulina por dia, ou bomba de insulina, testando os níveis de glicose no sangue pelo menos quatro vezes ao dia, e tentando alcançar níveis de glicemia o mais próximo possível do normal), mostrou que houve quatro hábitos associados com níveis mais baixos de hemoglobina A_{1c}.

- **Seguir uma dieta regular, semelhante a cada dia.** Procurar comer aproximadamente a mesma quantidade de carboidratos em cada refeição (dentro de uma faixa de variação de 10 g – por exemplo, de 40 a 50 gramas de carboidratos, diariamente, no almoço). Assim, será mais fácil adaptar a dose de insulina à ingestão de alimentos e controlar os níveis de glicose no sangue.
- **Ajustar a dose de insulina de acordo com as variações da alimentação.** Se você aprender a dosar a insulina de acordo com a sua ingestão habitual de carboidratos, nas refeições e lanches, poderá também aprender a ajustar a dose de insulina para aqueles momentos em que comer mais ou menos carboidratos do que o habitual.
- **Corrigir níveis elevados de glicose no sangue com menos alimento ou com uma dose menor de insulina.** É o que se chama "fator de correção" da insulina. O médico e a equipe que cuidam do seu diabetes poderão lhe explicar qual é a redução da glicose sanguínea conseguida com uma unidade de insulina. Em algumas pessoas, uma unidade de insulina baixa a glicose em cinquenta pontos, em outras pessoas, o fator de correção é diferente.
- **Fazer sempre um lanche antes de deitar.** Se você fizer, todos os dias, um lanche antes de ir dormir, seus níveis de glicose no sangue ficarão mais estáveis durante a noite, e isso ajudará a manter níveis mais baixos de HbA_{1c}. Lembre-se de que as oito horas de sono correspondem a 1/3 do dia. Se os níveis de glicose durante a noite forem elevados, a sua média será mais alta.

Nesse mesmo estudo, DCCT, dois hábitos foram associados a um aumento de um ponto no nível de hemoglobina A_{1c}.
- **Exagerar no tratamento da hipoglicemia.** Continuando a comer até se sentir melhor: isso resultará em níveis mais altos de hemoglobina A_{1c}. Por isso, não se esqueça de seguir a orientação para tratamento adequado da hipoglicemia, a fim de evitar grandes variações, de um nível baixo para um nível muito alto após o tratamento.
- **Comer muito antes de dormir.** Esse foi um fator associado a níveis mais altos de hemoglobina A_{1c}. Não se esqueça de manter uma rotina no lanche da noite, com relação à quantidade de carboidratos, pelas razões que já discutimos anteriormente.

Como as pessoas com diabetes tipo 1 conseguem controlar seu diabetes

Os segredos do sucesso no controle do diabetes tipo 1 e na manutenção de níveis de glicose no sangue quase normais, necessários para que você continue saudável, são o cuidado com a rotina diária, a compreensão dos efeitos do estilo de vida sobre o nível de açúcar no sangue e o ajuste das doses de insulina para que a glicemia fique dentro da faixa que você e seu médico definiram como a melhor para o seu caso.

Fazer refeições em horários regulares e com quantidades semelhantes ajuda na fase inicial de ajuste; entretanto, com o tempo, você aprenderá como fazer esses ajustes, mesmo quando a sua alimentação variar muito. Por exemplo, se você preparou para o domingo um café da manhã mais caprichado, com cereal, ovos, torradas, suco de laranja, deve medir sua glicemia antes de comer. Se ela estiver mais para o lado elevado – digamos, 150 mg/dl – talvez você deva usar uma insulina de ação rápida ou aumentar a dose habitual de insulina, já que sua glicemia está um pouco elevada, vai comer uma refeição com muitos carboidratos.

Outro exemplo: se você programou uma partida de tênis para às 10 horas da manhã, sabendo que o exercício diminui os níveis de açúcar no sangue, deveria diminuir a dose habitual de insulina em várias unidades. Esse tipo de cuidado com os hábitos de vida deve ser diário, constante. Há vinte anos, o diabetes dominava a vida das pessoas. Agora, milhões de pessoas com diabetes tipo 1 são capazes de controlar seu estilo de vida e dominar o diabetes.

Como aplicar as mudanças de estilo de vida ao tratamento do diabetes tipo 2 e das doenças associadas

Se você tem diabetes tipo 2, não deve ser surpresa para você que o estilo de vida tenha enorme impacto sobre o seu diabetes – especialmente sobre o controle da sua glicemia – e que as mudanças de estilo de vida tenham efeito positivo.

Como explicamos no Capítulo 1, o diabetes tipo 2 representa o final de um longo e, às vezes, tortuoso caminho ao longo do qual a resistência à insulina, ou a menor sensibilidade à insulina, e a incapacidade de fabricar insulina suficiente contribuem para o aumento do nível de açúcar no sangue. No começo, o nível de açúcar no sangue sobe um pouco após as refeições porque, nos casos de resistência à insulina, os produtos resultantes da digestão dos alimentos não são armazenados normalmente no músculo e no fígado. Durante essa fase pré-diabética, não existem sintomas, e os níveis de açúcar no sangue, em jejum, permanecem praticamente normais. O pré-diabetes pode, às vezes, ser detectado com um simples teste de glicose em jejum, mas geralmente é necessário um teste de estresse, o chamado teste de tolerância à glicose. A maioria das pessoas que estão destinadas a desenvolverem diabetes, passarão a apresentar, ao longo dos cinco a dez anos seguintes, um aumento gradual da resistência à insulina e uma diminuição da secreção de insulina.

O diabetes tipo 2 é, em essência, um problema de desequilíbrio entre a oferta e a demanda. O organismo exige mais insulina para fazer o seu trabalho, e o pâncreas, ao longo do tempo, não consegue mais suprir a insulina necessária. Quando o diabetes finalmente aparece, é porque há muito pouca insulina sendo secretada para fazer o que precisa ser feito. Os níveis de açúcar no sangue sobem mais dramaticamente, inclusive o nível de açúcar em jejum, e as complicações associadas à hiperglicemia começam a aparecer.

E onde entra a questão do estilo de vida? A causa mais comum de aumento da resistência à insulina é o excesso de peso e a redução da atividade física. Além disso, como já foi mencionado no Capítulo 3, a mudança dos hábitos de vida que levam ao excesso de peso e à obesidade pode reverter, em grande parte, seus efeitos nocivos. Os mesmos benefícios podem ser observados depois que o diabetes já se instalou. Por isso, as mudanças de estilo de vida que levam a um maior nível de atividade física e à redução do peso podem melhorar o diabetes tipo 2, mesmo depois que ele já está estabelecido.

Como é possível voltar o tempo atrás, no diabetes tipo 2, depois que a doença já começou? Isso é possível porque a resistência à insulina que contribuiu para causar o diabetes tipo 2 pode ser revertida por mudanças no estilo de vida. Isso é possível também porque o pâncreas exausto – que desistiu de funcionar depois de vários anos produzindo grandes quantidades de insulina para compensar a resistência à insulina – pode se recuperar, se tiver uma chance. As células beta, produtoras de insulina, estão cansadas, mas não estão mortas, principalmente no início da evolução do diabetes tipo 2. Há doenças que, uma vez instaladas, são irreversíveis. Quando alguém tem um ataque cardíaco, ou infarto, por exemplo, a parte do músculo cardíaco afetada morre para sempre. Mas, no caso do diabetes tipo 2, há um intervalo, uma espécie de janela no tempo, durante o qual a doença pode ser revertida com mudanças nos hábitos de vida. Quanto mais cedo essas mudanças forem implementadas, maior será a chance de melhora.

A primeira estratégia de tratamento, aplicada em 90% das pessoas com diabetes tipo 2 que têm excesso de peso ou que estão obesas é iniciar um programa de emagrecimento, que inclua tanto alterações da dieta quanto aumento da atividade ou dos exercícios físicos. As mudanças desse programa podem ter resultados quase milagrosos em relação aos níveis de açúcar no sangue – mesmo antes de ocorrer uma perda de peso importante!

Com alguns dias de uma dieta com menos calorias, os níveis de açúcar no sangue frequentemente baixam drasticamente, o que torna desnecessário o uso de medicamentos. Esse fato já foi comprovado por diversos estudos. Não é totalmente claro por que a diminuição das calorias, mesmo antes de qualquer efeito sobre o peso, melhora tão dramaticamente os níveis de açúcar no sangue, mas a explicação mais provável é que haveria uma rápida melhora da secreção de insulina, enquanto os níveis de resistência à insulina cairiam mais lentamente.

O aumento da atividade física também pode diminuir o açúcar no sangue antes que você emagreça de modo substancial, porque torna seus músculos mais sensíveis à insulina, o que retira o açúcar do sangue e o leva para os músculos. Com o passar do tempo, o aumento da atividade física também contribuirá para alcançar e manter a perda de peso. As mudanças de estilo de vida de mais longo prazo, que resultam em perda de peso, também terão o efeito de diminuir a resistência à insulina, com efeito ainda mais positivo sobre a secreção de insulina.

Muitos profissionais de saúde e pessoas que têm diabetes são céticos em relação ao valor das mudanças na dieta como recurso para tratamento do diabetes tipo 2. Isso é porque eles sabem como é difícil para as pessoas manterem uma alimentação adequada no longo prazo. Entretanto, nós verificamos que a dieta e o programa de exercícios utilizados no Programa de Prevenção do Diabetes puderam ser cumpridos, pela maioria dos participantes, ao longo de vários anos. O mesmo vale para você.

Estudos recentes mostraram claramente que a perda de peso – um objetivo que pode ser alcançado de várias maneiras – pode tornar o diabetes tipo 2 muito menos grave e até mesmo fazê-lo desaparecer. Um exemplo extremo é o que ocorre com pessoas exageradamente obesas – geralmente com 50 kg de excesso de peso, no mínimo – que são submetidas à chamada cirurgia bariátrica ou redutora de peso. Essas pessoas geralmente perdem 40 a 60 kg de peso no primeiro ano após a cirurgia, e quase 90% delas têm reversão do diabetes. Na pior das hipóteses, elas conseguem suspender quase todos os medicamentos, e muitas são capazes de interromper toda a medicação para diabetes e ainda manter normais os níveis de açúcar no sangue.

Portanto, se a perda de peso for efetiva e sustentada, o diabetes poderá ser revertido. Na maioria dos casos em que não há excesso de peso extremo, não se indica a cirurgia bariátrica, devido aos seus riscos. Para a maioria das pessoas, a resposta não está na cirurgia, mas em um estilo de vida como o que foi implementado no Programa de Prevenção do Diabetes, e que é descrito neste livro. Nossa experiência preliminar mostra que as pessoas com diabetes tipo 2 conseguem perfeitamente seguir esse programa, o mesmo ocorrendo com pessoas que têm risco de desenvolver diabetes. Em nossa opinião, é possível que o tratamento do diabetes tipo 2 recém-diagnosticado com um programa eficaz de mudança de hábitos de vida possa, não apenas, ser bem-sucedido, mas até mesmo *melhor* que o tratamento convencional com medicamentos.

O que nos leva a pensar dessa maneira? É o fato de que os medicamentos podem baixar o açúcar no sangue, o que é importante, mas esses medicamentos não têm efeito direto sobre outros problemas cruciais que caminham junto com o diabetes: pressão alta, colesterol elevado, doença cardíaca, derrame e outras doenças relacionadas. Por outro lado, o programa de hábitos de vida descrito neste livro *pode* reduzir a probabilidade (e até ajudar a tratar) da maioria, ou mesmo de todos esses fatores de risco, ao mesmo tempo em que ajuda a tratar o diabetes.

Na verdade, um programa de estilo de vida semelhante ao que foi utilizado no DPP e que é descrito neste livro está sendo testado, nesse momento, no amplo estudo *Look: AHEAD*, patrocinado pelo *National Institutes of Health (NIH)*, dos Estados Unidos. Esse estudo está testando a teoria de que, em pessoas que já desenvolveram diabetes tipo 2, uma intervenção efetiva no estilo de vida melhora o diabetes e outros fatores de risco cardiovasculares e, em última análise, reduz a doença cardíaca, em comparação com o tratamento clássico do diabetes. Esse estudo não teria sido possível sem o programa desenvolvido pelo DPP.

Assim como ocorre no caso da prevenção do diabetes em pessoas que têm pré-diabetes, o sucesso do tratamento do diabetes já estabelecido não requer mudanças inatingíveis do estilo de vida. Você não precisa emagrecer exageradamente nem se tornar um maratonista. Muitos estudos já demonstraram que uma perda de peso de 5 a 10 kg é suficiente para reduzir a resistência à insulina, aumentar a secreção de insulina e diminuir os níveis de açúcar no sangue.

A seguir, descrevemos as prioridades para as pessoas com diabetes tipo 2 que desejam alcançar níveis de glicose no sangue muito próximos do normal e níveis de hemoglobina A_{1c} abaixo de 7%.

- **Perder, para começar, 2,5 a 5 kg de peso.** Veja se você consegue continuar perdendo 7 a 10% do seu peso inicial (ver explicação no Capítulo 8). A redução da ingestão de calorias para perder peso é a mudança mais poderosa de estilo de vida que você poderá fazer para diminuir a glicose no seu sangue. As recomendações para perda de peso que serão apresentadas para a prevenção do diabetes também podem servir para o tratamento do diabetes tipo 2. Se você já é magro e não tem nenhum peso extra para perder, então concentre-se nessas outras sugestões. Elas ajudarão você a controlar sua glicemia, mantendo uma ingestão moderada de carboidratos em cada refeição ou lanche, ingerindo o mínimo de carboidratos líquidos, distribuindo os carboidratos sólidos em três refeições e dois ou três lanches, e incorporando mais fibra à dieta.
- **Reduzir ou eliminar bebidas adoçadas ou naturalmente doces.** Essas bebidas são os refrigerantes "normais", sucos e néctares de frutas naturais. Os carboidratos em forma líquida são absorvidos mais rapidamente que os carboidratos sólidos (os sólidos geralmente contêm fibras, que tornam mais lenta a digestão dos açúcares), podendo elevar muito o nível de açúcar no seu sangue. Em vez do refrigerante normal, utilize refrigerantes "diet", que não têm calorias. Também é melhor limitar os sucos de frutas a cerca de 100 ml por dia, ou, melhor ainda, comer frutas frescas. As frutas frescas contêm fibras, "alimentam" mais do que o suco e são absorvidas e digeridas mais lentamente.
- **Procurar fazer várias refeições pequenas, em intervalos regulares, em vez de refeições grandes e menos frequentes.** É melhor dividir suas refeições e lanches ao longo do dia do que pular horários e fazer uma ou duas refeições grandes apenas. Cada vez que você come, o seu pâncreas precisa produzir a quantidade de insulina compatível com o que você ingeriu. Se você comer grandes quantidades de alimento contendo muitos carboidratos em uma refeição, seu pâncreas terá de se esforçar para produzir mais insulina, e você terá, logo depois, níveis de açúcar mais altos no sangue. Se, por outro lado, você

distribuir as calorias em três refeições e um ou dois lanches por dia, seu pâncreas terá mais facilidade para produzir a insulina necessária para lidar com menores quantidades de alimento e carboidrato de cada refeição ou lanche.
- **Incluir mais fibra nas suas escolhas alimentares.** As fibras têm diversos efeitos positivos. Elas saciam a fome, evitam picos de açúcar no sangue e diminuem os níveis de colesterol. Escolha frutas frescas em vez de sucos, pão e cereais integrais em vez de grãos refinados e maiores quantidades de legumes frescos ou mesmo congelados.
- **Aumentar o nível de atividade física.** Procure alcançar, gradativamente, a meta de pelo menos trinta minutos de atividade (equivalentes a uma rápida caminhada), cinco a seis vezes por semana (veja no próximo capítulo). Esse nível de atividade geralmente reduziu a glicose no sangue em 50 pontos ou mais. Quando você faz exercícios físicos, ajuda a insulina produzida pelo seu pâncreas a trabalhar de modo mais eficiente.

A história de Peter

Peter era um homem de 79 anos, com diabetes tipo 2. Na primeira consulta com nutricionista, ele tinha uma glicemia de jejum de 246 e hemoglobina A_{1c} de 10,5%. Ele precisava levantar para urinar três a quatro vezes por noite, o que atrapalhava o seu sono. Ele media 1,63 m e pesava 76 kg (seu IMC era 29). Seu peso ideal seria 70 kg. Ele fez um diário com suas refeições e lanches durante a semana anterior à consulta. Esse diário mostrava que ele havia consumido cerca de 240 ml de suco de frutas uma a duas vezes por dia, e que havia comido muitas castanhas, nozes, amendoins e alimentos fritos. Ele ficou surpreso ao saber que 50% das calorias que ingeria vinham de alimentos gordurosos. Ele concordou em evitar frituras, e passar a assar os alimentos, ou cozinhar na água ou no vapor; concordou também em evitar nozes, castanhas e amendoim e em passar a comer pipoca com baixo teor de gordura; reduzir o consumo de óleo, e limitar os sucos de frutas a 120 ml por dia. Após quatro consultas de acompanhamento, em quatro meses, Peter havia perdido quase 3 kg, sua glicemia de jejum era de 122 e a hemoglobina A_{1c} era de 6,9. Quatro anos depois, Peter foi capaz de controlar seu diabetes, mantendo a hemoglobina A_{1c} abaixo de 7%, sem medicamentos. A história de Peter mostra que uma pequena perda de peso pode fazer uma grande diferença nos níveis de glicose no sangue.

Tratamento da hipertensão com mudanças do estilo de vida

A pressão alta, ou hipertensão, caminha de mãos dadas com o diabetes e a obesidade, e afeta cerca de 75% das pessoas que têm diabetes tipo 2. A combinação dessas duas doenças aumenta o risco de aparecimento de doenças nos olhos, nos rins, no coração e de derrame ou acidente vascular cerebral. Se você acrescentar a isso níveis anormais de colesterol, que serão abordados mais adiante, neste capítulo, você terá uma combinação potencialmente letal, que aumenta ainda mais o risco de doenças cardíacas e derrame.

Os três fatores – hipertensão, obesidade e níveis anormais de colesterol e outras gorduras no sangue – estão ligados ao estado pré-diabético e ao diabetes, e todos os três podem ser melhorados com mudanças do estilo de vida. A pressão alta responde bem às medidas tomadas para perder peso e ao aumento da atividade física, como já mencionamos. Por exemplo, uma perda de 2,5 a 7kg de peso como a que foi obtida em estudos como o Programa de Prevenção do Diabetes e nos Estudos de Prevenção da Hipertensão, pode baixar a pressão arterial em dois a cinco pontos (por exemplo, de 135/80 para 130/76). Embora não pareça uma grande mudança, ela é suficiente para diminuir, substancialmente, o risco de hipertensão e, no longo prazo, o risco de doença cardíaca ou derrame. Lembre-se de que, ao mesmo tempo, você estará reduzindo o risco de desenvolver diabetes ou diminuindo seu nível de açúcar no sangue, se você já tiver diabetes, e seu risco de doença cardíaca estará sendo diminuído também por meio de outros mecanismos. A perda de peso e o aumento da atividade física também farão com que você tenha melhor aparência e se sinta melhor.

Outros hábitos já tiveram sua eficácia comprovada na redução da pressão arterial. A redução do sal na alimentação, em aproximadamente uma colher de chá por dia – como foi feito no estudo DASH (*Dietary Approaches to Stop Hypertension* [Abordagem Dietética contra a Hipertensão]) e no estudo TONE (*Trial of Nonpharmacologic Interventions in Elderly* [Tratamentos Não-farmacológicos no Idoso]) – também reduz a pressão arterial em dois a cinco pontos. A combinação da perda de peso com a redução do sal na dieta é ainda mais eficaz e pode diminuir em até 50% o risco de desenvolver pressão alta ou a necessidade de medicamentos.

A dieta DASH diminui a pressão arterial privilegiando uma alimentação rica em frutas, legumes e grãos, com teor reduzido de gorduras saturadas e de gordura total. As reduções da pressão arterial foram alcançadas com ingestão de 3g de sódio por dia, manutenção de um peso corporal estável e consumo moderado de bebida alcoólica ao dia. Conforme resumido na Tabela 4.3, a dieta DASH recomenda um certo número diário de porções de cada grupo de alimentos.

Para manter a ingestão diária de sódio abaixo de 3 gramas, você deve evitar o sal de mesa, aperitivos e acompanhamentos muito salgados, e evitar ou consumir o mínimo possível dos alimentos a seguir, ricos em sal.

- Alimentos enlatados ou desidratados
- Alimentos com coberturas salgadas
- Carnes de vaca, de ave ou peixe curadas, secas, defumadas ou processadas (bacon, frios, salsichas, presunto, carne de porco salgada, linguiça, anchovas, sardinhas, bacalhau, arenque defumado, carne seca, peru defumado, frango a milanesa ou em salgadinhos)
- Queijo processado, parmesão, roquefort, gorgonzola, feta, queijo derretido
- Vegetais enlatados, chucrute, qualquer tipo de vegetal preparado em salmoura, picles, azeitonas, beterraba em conserva, suco de tomate ou semelhante
- Salgadinhos industrializados, pipoca salgada, biscoitos e salgadinhos de queijo, batata chips, flocos salgados de milho, amendoins salgados, pretzel

TABELA 4.3 Porções da dieta DASH

Grupo alimentar	Porções diárias	1 porção corresponde a
Grãos	7 - 8	1 fatia de pão; 1 xícara de cereal seco; 1/2 xícara de arroz, cereal ou massa, já cozidos
Vegetais	4 - 5	1 xícara de vegetais folhosos crus; 1/2 xícara de legumes cozidos
Frutas	4 - 5	1 fruta média; 1/2 xícara de salada de frutas
Leite e derivados desnatados ou semidesnatados	2 - 3	230 g de leite ou iogurte desnatado ou com 1% de gordura; 50 g de queijo desnatado ou magro
Carnes, ave, peixe	2 ou menos	90 g de carne magra, frango ou peixe cozidos (sem pele ou gordura visível)
Castanhas, nozes, amendoim	4 - 5 por semana	50 g ou 1/3 de xícara de nozes, castanhas, amendoim; 2 colheres de sopa ou 15 g de sementes; 1/2 xícara de feijões ou vagens cozidos
Óleos e gorduras	2 - 3	1 colher de chá de óleo ou azeite, margarina, maionese; 1 colher de sopa de molho para salada normal ou 2 colheres de sopa de molho com baixo teor de gordura
Doces	5 por semana	1 colher de sopa de geleia ou mel (ou correspondentes "diet" para diabéticos)

Adaptado de: *A Clinical Trial of the Effects of Dietary Patterns on Blood Pressure*. New England Journal of Medicine 336 (1997): 1117.

- Misturas prontas de alho, cebola, aipo com sal, molho chili, sal grosso, molho de soja, amaciantes de carne, glutamato monossódico, caldo de carne, misturas prontas para recheios, molhos e temperos prontos, alguns molhos de salada.

Se você aumentar seu nível de atividade e comer o menor número de porções de cada categoria de alimento, você perderá peso e poderá alcançar o máximo de redução possível da sua pressão arterial com mudanças do estilo de vida.

A diminuição da pressão arterial com mudanças dos hábitos de vida pode parecer pequena se comparada aos resultados obtidos com alguns medicamentos potentes que existem atualmente; entretanto, em muitas pessoas que têm pressão apenas um pouco elevada, essas mudanças no estilo de vida reduzem a pressão arterial e trazem benefícios comprovados para a saúde, no longo prazo. A mudança dos hábitos de vida é também muito mais barata que os medicamentos. Além disso, embora essas mudanças possam ter alguns efeitos colaterais, como lesões ortopédicas pelo aumento da atividade física, geralmente estes efeitos são pouco frequentes, de pequena gravidade e temporários.

Mudanças no estilo de vida para controle dos níveis elevados de colesterol e outras gorduras

Há várias gorduras circulando no sangue e que são frequentemente medidas pelos médicos: colesterol total, coles-terol LDL ("ruim"), colesterol HDL ("bom") e triglicerídeos. Nas pessoas com diabetes, o colesterol total e o colesterol LDL podem estar elevados. No entanto, as alterações mais características do diabetes são a elevação dos níveis de triglicerídeos (outro tipo de gordura que circula no sangue) e a queda do colesterol HDL. De todos os tipos de gordura que circulam no sangue, o colesterol HDL e o LDL parecem ser os mais importantes em relação ao risco futuro de doença cardíaca. Embora os níveis de LDL em pessoas diabéticas tendam a ser semelhantes aos das pessoas que não têm diabetes, as partículas de LDL são pequenas e têm maior probabilidade de causarem doença vascular. A combinação de níveis baixos de HDL e pequenas partículas de LDL contribui para o maior risco de doença cardíaca no diabetes.

A partir do final dos anos 1980, surgiram drogas novas e potentes para reduzir o colesterol, chamadas "estatinas", o que possibilitou a redução drástica dos níveis de colesterol e permitiu testar se esse efeito melhorava a saúde das pessoas. Na verdade, os estudos feitos com as estatinas demonstraram uma diminuição notável dos ataques cardíacos recorrentes, nas pessoas que já haviam tido um infarto no passado, além de uma diminuição da ocorrência de doença cardíaca nova. Embora pessoas com diabetes tenham sido inicialmente excluídos desses testes, os estudos mais recentes mostraram que também nessas pessoas são obtidas reduções semelhantes, de aproximadamente 25%, na ocorrência de doença cardíaca, quando se utilizam essas drogas.

Infelizmente, embora as pessoas com diabetes evoluam melhor quando usam estatinas para reduzir os níveis de colesterol, elas continuam a ter mais doenças cardíacas que as pessoas que não têm diabetes. Na maioria dos estudo, as pessoas com diabetes tratadas com estatinas ainda têm pior evolução do que as pessoas sem diabetes, que recebem apenas um placebo. A conclusão desses estudos é que os diabéticos precisam de um tratamento mais agressivo contra o colesterol do que os não-diabéticos. Recomenda-se, para adultos diabéticos, um nível de colesterol LDL abaixo de 100 mg/dl. A recomendação mais recente do Programa Nacional de Educação sobre Colesterol (NCEP) é que as pessoas com diabetes que já tenham doença cardíaca reduzam seus níveis de colesterol LDL para menos de 70 mg/dl. Mesmo que o seu nível de colesterol LDL esteja entre 80 e 100 – o que seria considerado "normal" até meados de 2004 – as últimas evidências mostram que há benefícios em baixar ainda mais esse nível.

E onde entra o estilo de vida nessa história? Assim como ocorre com a pressão alta, na maioria dos casos, os medicamentos são mais potentes do que as mudanças de estilo de vida que podem ser implementadas. Entretanto, vale ressaltar que em populações que praticam o vegetarianismo e onde a ingestão diária de derivados de leite é relativamente baixa, os níveis de LDL podem ficar apenas entre 40 e 60 – sem medicamentos. Falando de modo realista: a maioria de nós não está disposta a abrir mão de todos os tipos de carne, ovos e derivados de leite que fazem parte da nossa alimentação, mas, se esse for o seu caso, você talvez não precise das estatinas.

Que mudanças na alimentação são mais importantes para baixar o colesterol LDL? Para surpresa de muitas pessoas, a redução da ingestão de gorduras saturadas e gorduras *trans* é mais eficiente para reduzir o nível de colesterol LDL do que a própria redução do consumo de colesterol. Isso ocorre porque a maior parte do colesterol presente no sangue é fabricado pelo nosso organismo, e não obtido da alimentação: uma ingestão alimentar elevada de gorduras saturadas e *trans* leva o fígado a produzir mais colesterol. Mudanças no teor de gordura saturada na alimentação – redução da gordura total de 35-40% para 30% ou menos, e redução da gordura saturada para 7% das calorias – geralmente baixa o colesterol em 5 a 10%. A substituição de gorduras saturadas e trans por gorduras mono ou poli-insaturadas também tem efeito positivo. Finalmente, reduzir a ingestão de colesterol também ajuda: se o colesterol da dieta for reduzido de 300 a 600 mg por dia, quantidade típica na dieta de um americano, para menos de 300 mg, haverá um benefício adicional.

Os níveis de colesterol HDL dificilmente podem ser modificados com mudanças no estilo de vida ou com medicamentos. Embora existam alguns medicamentos que elevam discretamente o colesterol HDL, a substância mais eficaz, o ácido nicotínico (ou niacina) tem efeitos colaterais que desanimam muitos médicos e pacientes. Além disso, o tratamento com altas doses de ácido nicotínico, muitas vezes necessárias para melhorar os níveis de HDL, pode, na verdade, piorar os níveis de glicose no sangue, especialmente em pessoas diabéticas. (Existem alguns medicamentos experimentais em estudo que podem fazer subir drasticamente os níveis de HDL, mas não se pode dizer se, ou quando, eles serão aprovados para uso geral).

Há certos hábitos que podem melhorar (elevar) os níveis de HDL. A perda de peso aumenta os níveis de HDL, depois que o peso se estabiliza. O aumento da atividade física também aumenta ligeiramente os níveis de HDL. Para alcançar um aumento clinicamente significativo do HDL é necessária *muita* atividade física – provavelmente mais do que seria possível para a maioria das pessoas. Por outro lado, o consumo moderado de álcool, por exemplo, um copo de vinho todas as noites, aumenta o HDL. (Este é um hábito que, geralmente, estamos mais dispostos a adotar do que correr 70 km por semana).

Talvez você esteja pensando em quanto benefício real você teria se adotasse alguns hábitos para baixar o colesterol. Já foi calculado que uma redução de 10% no colesterol LDL resulta em uma diminuição de 10% na ocorrência de doença cardíaca. Como o efeito médio de um programa de estilo de vida voltado para o colesterol LDL é uma redução de 5 a 10%, essas mudanças provavelmente terão efeito positivo sobre a doença cardíaca. E, se você estiver disposto a se engajar em um programa radical, um estudo recente indicou que podem ser alcançadas reduções de 25 a 30% do colesterol LDL.

De qualquer modo, a ideia de que os medicamentos redutores de colesterol oferecem os mesmos benefícios que as mudanças de estilo de vida é incorreta. As mudanças de estilo de vida têm enormes benefícios além de reduzir o colesterol LDL, como aumentar o colesterol HDL, reduzir os triglicerídeos, melhorar o diabetes e reduzir a inflamação, sem os gastos e efeitos colaterais associados ao uso de mais medicamentos que o necessário.

As metas nutricionais do Programa de Alterações Terapêuticas do Estilo de Vida recomendadas pelo Painel de Especialistas para Detecção, Avaliação e Tratamento do Colesterol Elevado em Adultos, do Programa Nacional de Educação sobre Colesterol (NCEP), são apresentadas na Tabela 4.4. Essas recomendações nutricionais são baseadas em uma detalhada revisão das evidências obtidas em pesquisas nesse campo e são uma parte importante do esforço para redução do colesterol, quer você esteja utilizando medicamentos redutores de lipídeos ou não.

A seguir, resumimos os principais pontos da abordagem do estilo de vida como método de redução dos níveis de lipídeos e do risco de doença cardíaca e acidente vascular cerebral.

TABELA 4.4 Composição dos nutrientes no Programa de Mudança Terapêutica do Estilo de Vida (TLC)

Nutriente	Ingestão recomendada
Gordura saturada	$\leq$ 7% das calorias totais
Gordura poli-insaturada	Até 10% das calorias totais
Gordura monoinsaturada	Até 20% das calorias totais
Gorduras totais	25-35% das calorias totais
Carboidratos	50-60% das calorias totais
Fibras	20-30 g por dia
Proteínas	Aproximadamente 15% das calorias totais
Colesterol	$\leq$ 200 mg por dia
Calorias totais	Equilibrar o consumo e o gasto energético para manter o peso corporal desejado e evitar o ganho de peso

*Sumário executivo do 3º Relatório do Painel de Especialistas para Detecção, Avaliação e Tratamento do Colesterol Elevado em Adultos, do Programa Nacional de Educação sobre Colesterol (NCEP)" (Painel 111 de Tratamento de Adultos) *JAMA* (2001); 285 (19): 2486-97.

- **Reduzir a ingestão de gorduras saturadas** a menos de 7% das calorias totais e a ingestão de colesterol a menos de 200 mg por dia, por meio das mudanças descritas a seguir.
- **Limitar a ingestão de proteína animal** (carne, peixe e ave) a 150-170 g por dia ou menos; escolher carnes vermelhas magras (fraldinha, costela, carne assada, lombo ou lombo de porco magro, perna de cordeiro, carne branca de ave), limitando seu consumo a uma ou duas vezes por semana.
- **Limitar o consumo de queijo** o máximo possível porque o queijo integral tem seis vezes mais gordura saturada que a carne vermelha. (Se você consumir queijo, prefira os tipos magros, que contêm de zero a 10% de gordura.)
- **Diminuir o consumo de sorvetes** feitos com leite, e preferir as variedades desnatadas ou semidesnatadas (sorvete de creme ou de iogurte magro ou sem gordura, feitos com leite totalmente desnatado ou até 1% de gordura).
- **Procurar fazer mais refeições sem carne.** Substituir 100 g de proteína animal por uma xícara de leguminosas ou feijão de vários tipos, ou tofu.
- **Limitar o consumo de ovos a uma gema por semana.** No restante da semana, utilizar substitutos de ovo sem colesterol ou somente clara de ovo. (Duas claras equivalem a um ovo inteiro nas receitas culinárias).
- **Diminuir o consumo de manteiga, chocolate ao leite, óleo de coco e molhos de salada feitos com ovos ou queijo**. Trocar por pequenas quantidades (três a quatro colheres de chá por dia) de gorduras vegetais insaturadas, como óleo de milho, azeite de oliva, óleo de canola, de açafrão, de gergelim, de soja ou de girassol.
- **Diminuir o consumo de alimentos prontos, como tortas, bolos, *donuts*, *croissants*, doces, bolinhos, biscoitos, bolachas salgadas gordurosas ou *cookies*.** Substituir esses itens por doces e biscoitos feitos em casa, com gordura insaturada e por pães e cereais integrais.
- **Aumentar o consumo de frutas e vegetais.** Consumir cinco porções ou mais por dia.

- **Reduzir ao mínimo possível a ingestão de ácidos graxos trans ou gorduras trans (que também aumentam o LDL).** Você poderá alcançar esse objetivo se ler os rótulos dos alimentos e evitar os que contêm gorduras "hidrogenadas" ou "parcialmente hidrogenadas". A partir de 2006, as Informações Nutricionais que você encontra nos rótulos dos alimentos terão de mencionar, especificamente, os níveis de gorduras trans. Batatas fritas e *donuts* são exemplos típicos de alimentos feitos com gordura hidrogenada.
- **Preferir carboidratos ricos em fibras.** Estes incluem os pães e cereais integrais, frutas e vegetais.

E para aumentar ainda mais as suas chances de baixar o LDL, você também pode fazer isto.

- **Incorporar à sua dieta produtos que contenham estanóis/ esteróis de plantas (dois gramas por dia).** Você poderá fazer isso utilizando duas ou três colheres de sopa por dia de uma margarina à base de estanóis/ esteróis de plantas, como, por exemplo, Becel Pro-Active®. Se você estiver tentando perder peso, você poderá usar as versões "light", que têm menos calorias (cerca de 45 calorias em vez de 70 a 80 calorias por colher de sopa).
- **Aumentar o conteúdo de fibras solúveis da sua dieta para 10 a 25 gramas por dia.** As fibras solúveis são encontradas na aveia, na cevada, maçãs, laranjas, feijões secos e ervilhas. As fibras solúveis também ajudam a reduzir os níveis de glicose no sangue. As fibras insolúveis em água são encontradas no trigo integral, no centeio, e vegetais em geral e ajudam mais nos casos de constipação intestinal.
- **Reduzir o peso procurando chegar ao ideal.** Essa meta pode ser alcançada aplicando as sugestões do programa de mudança de estilo de vida do DPP que discutiremos a seguir.
- **Aumentar o nível diário de atividade física.** Você pode incluir na sua rotina atividades físicas moderadas que gastem aproximadamente duzentas calorias por

dia (caminhar cerca de trinta minutos por dia, a passos rápidos).
- **Reduzir os níveis sanguíneos de glicose.** Quando seus níveis de glicose no sangue estão acima do normal, isso pode elevar também seus níveis de colesterol, colesterol LDL e triglicerídeos. À medida que você reduz a glicose no sangue para o nível normal, isso costuma melhorar também seus níveis de lipídeos.

Você poderá talvez buscar ajuda de um profissional da área de nutrição, que avaliará a composição da sua dieta atual em termos de calorias totais, percentual de gordura total e de gordura saturada, colesterol e fibras que está consumindo. Os nutricionistas poderão lhe mostrar a comparação entre a sua alimentação e as metas de um programa terapêutico de mudança de estilo de vida e poderão lhe mostrar alternativas personalizadas para que você possa aumentar suas chances de diminuir os lipídeos com o mínimo de medicamentos.

Sob o ângulo da saúde pública, essas mudanças de estilo de vida são necessárias se quisermos deter os efeitos de longo prazo do diabetes. Sem essas mudanças, a população irá, certamente, necessitar de mais medicamentos, em doses cada vez mais altas e a custos cada vez maiores, com mais efeitos colaterais, para conseguir tratar toda a gama de problemas e doenças que acompanham o diabetes tipo 2. As mudanças nos hábitos de vida têm a vantagem de serem relativamente baratas e disponíveis para quem quiser aplicá-las. Elas têm efeito benéfico sobre várias fatores de risco que acompanham o diabetes tipo 2. Embora uma parte importante da população ainda necessite de medicamentos para tratar a pressão alta e os lipídeos anormais, que não podem ser tratados apenas com as mudanças de estilo de vida, essas mudanças que acabamos de discutir podem reduzir a quantidade de produtos e/ou a dose dos medicamentos necessários. Em pessoas que têm apenas uma pequena elevação do açúcar no sangue, da pressão arterial ou dos lipídeos, as mudanças podem fazer o serviço sozinhas, sem medicamentos.

CAPÍTULO 5

Atividade e exercício físico: mexa-se

Já comentamos como é fácil comer demais. Agora vamos falar sobre como é fácil fazer exercício de menos – e o que você pode fazer a esse respeito.
Como discutimos no Capítulo 3, mudanças no nível de atividade física fizeram parte do programa de três dos quatro principais estudos que alcançaram sucesso na prevenção do desenvolvimento do diabetes em populações vulneráveis à doença. Somente um desses estudos incluía o exercício físico como um componente individual; os outros dois combinavam um programa de aumento da atividade física com um programa de mudança de hábitos de vida no tocante à dieta e ao comportamento alimentar.
Veja o que sabemos hoje sobre o impacto do aumento da atividade física.
- A atividade física melhora quase imediatamente a sensibilidade dos músculos à insulina, tornando mais fácil armazenar açúcar nos músculos e evitando, assim, que o nível de açúcar na circulação aumente

- O impacto da atividade física é maior quando ela é realizada com frequência - pelo menos três a quatro vezes por semana (cinco ou seis vezes seria o ideal).
- Embora o exercício aeróbico provavelmente seja o que traz maior benefício para o metabolismo e para o condicionamento cardiovascular, ajuda acrescentar alguns exercícios de desenvolvimento de força muscular.
- Além dos efeitos diretos, a atividade física pode ajudar as pessoas a emagrecerem e tem especial importância como recurso para auxiliar as pessoas as manterem a perda de peso que alcançaram com as mudanças na dieta.
- Os programas de prevenção e tratamento do diabetes que tiveram mais sucesso foram aqueles que incorporaram um aumento da atividade física na rotina diária de vida.
- A maneira mais sensata de aumentar a atividade física é incorporá-la à rotina do dia a dia e não definir momentos específicos para fazer exercícios físicos.

A moda da ginástica

O apelo das ginásticas da moda é tão grande quanto o das dietas da moda. Uma verdadeira indústria do exercício físico acabou se desenvolvendo. São fitas, livros, programas para fazer em casa, centros especializados em ioga (de várias modalidades), musculação, halterofilismo, jazz, *step*, *spinning* e todo tipo de equipamento que se possa imaginar para ginástica em casa e durante viagens.

O problema é que tudo isso exige um período específico dedicado ao exercício físico, e, para muitos de nós, esse tempo não está disponível em meio às várias obrigações do dia a dia. Com frequência, acabamos reduzindo, gradativamente, aquelas três horas por semana que havíamos planejado, inicialmente, que seriam dedicadas a "malhar" e a equilibrar nosso consumo e nosso gasto de energia. Exigências do trabalho e da vida familiar, viagens e frequentes mudanças em uma agenda cheia de compromissos interferem com o tempo destinado ao exercício físico. E assim as pessoas acabam fazendo uma hora ou menos de ginástica por semana, em vez das duas ou três horas que haviam sido planejadas. Quarenta por cento da população não fazem nenhuma atividade física de lazer com frequência semanal.

Outro problema dos programas de exercício intensivo é que as lesões causadas pelo esforço podem realmente interferir com o tempo dedicado ao exercício, devido à necessidade de curar a lesão. Finalmente, um dos problemas das academias de ginástica é que o ambiente pode ser assustador ou pouco amigável para muitas pessoas. Quantas vezes você já viu alguém de 50 anos ou mais fazendo ginástica na academia? Se você tem mais de 50 anos vai a uma academia típica e não encontra ninguém como você, isso poderá fazer com que você fique desconfortável.

Montar uma sala de ginástica em casa – se você puder arcar com os custos e tiver espaço disponível – pode eliminar o problema de você se sentir um alienígena na academia. Mas você ainda terá de dedicar um tempo específico para trocar de roupa, fazer os exercícios, tomar banho. Nem sempre é fácil achar esse tempo.

Atividade ou Exercício?

Existe uma alternativa muito concreta e eficaz para substituir os exercícios padronizados. Diariamente, você pode fazer pequenas mudanças em suas atividades e passar a queimar calorias de modo surpreendente – e melhorar seu equilíbrio energético – incorporando mais atividade ao esquema de vida que, de outro modo, seria totalmente sedentário.

Como mudar o estilo de vida para aumentar a quantidade de esforço físico quando tudo à nossa volta foi feito para nos poupar do esforço? Embora existam muitos manuais, programas de TV e fitas que ensinam a fazer ginástica em casa, há poucos materiais que orientem como queimar pequenas quantidades de calorias, repetidamente, ao longo do dia.

No entanto, isso não é assim tão difícil. Certas atividades podem ser realizadas de modo quase imperceptível no seu dia a dia e não exigem que você dedique meia hora diária ou uma hora três vezes por semana para fazer os exercícios recomendados. Com certeza, não temos a intenção de desencorajar as pessoas que possam seguir um programa regular de ginástica e assim se manterem em forma e saudáveis obedecendo ao esquema traçado, mas as orientações que apresentamos aqui podem ser aplicadas por qualquer pessoa, diariamente, e poderão fazer diferença.

Lembre-se: a maioria das pessoas só está um pouco fora do equilíbrio energético ideal, o que explica o lento, porém constante aumento de peso da população em geral. Ajustes, mesmo que discretos, no consumo e no gasto de energia podem fazer muito para reduzir o desenvolvimento do excesso de peso e da obesidade e para diminuir seu ônus, em termos do diabetes e, talvez, das doenças cardíacas.

Mudanças sutis na atividade física diária podem ter vantagens práticas substanciais em relação a um programa formal de exercícios. Veja a Tabela 5.1.

As duas próximas seções destinam-se a ajudar você a melhorar seu nível de atividade a cada hora e a cada dia, procurando também fazer com que você compreenda as estratégias de exercício que podem ser utilizadas e quantas calorias você poderá perder com cada uma das abordagens (ou com ambas).

TABELA 5.1 Vantagens e desvantagens das atividades *versus* exercícios padrão

Atividade	Exercício
Pode ser parte da nossa rotina diária de vida	Requer tempo dedicado
Pode melhorar o equilíbrio energético, prevenir ou limitar o ganho de peso e promover a perda de peso	Pode melhorar o equilíbrio energético, prevenir ou limitar o ganho de peso, promover a perda de peso e melhorar o condicionamento cardiovascular
Pode ser feita em casa ou no trabalho	Geralmente requer uma academia ou local específico
Não requer nenhum equipamento especial	Geralmente requer equipamento e roupas especiais
Custo virtualmente zero	Custos da academia ou equivalente
Queima pequenas quantidades de calorias com frequência	Queima grandes quantidades de calorias, porém com menor frequência
Pouco ou nenhum risco de lesão	Pode causar entorses no tornozelo, distensões e outras lesões que podem interferir com a continuidade do exercício

Como mudar o estilo de vida para aumentar a atividade física a cada dia

Todas as invenções do século passado destinadas a poupar o homem do esforço físico, os estudos de ergonomia e muitos produtos anunciados pela TV ou em catálogos foram desenvolvidos para facilitar nossa vida. O efeito colateral de tudo isso foi nos tornar menos ativos em tudo que fazemos. Um dos maiores entraves ao gasto de energia, como fator isolado, foram os avanços na área do transporte. A invenção, o aperfeiçoamento e a disponibilidade generalizada do automóvel e a pavimentação de boa parte das vias trafegáveis do mundo nos permite hoje dirigir para praticamente qualquer lugar e chegar tão próximo ao destino, que o ato de caminhar se tornou estranho à nossa rotina de vida. E, como se não bastasse o carro para arruinar com o nosso equilíbrio energético, temos também elevadores, escadas rolantes, esteiras, carrinhos elétricos, motos, estacionamento com manobrista e outras formas de transporte individual. Logicamente, a primeira medida para tentar melhorar o equilíbrio energético seria restabelecer a caminhada como meio de locomoção. Essa abordagem é racional e faz sentido, e já foi adotada por diversos programas.

Com exceção de algumas pessoas que não podem sair de casa por problemas médicos ou outras razões, todos nós precisamos ir a algum lugar durante um dia normal. Vamos ao trabalho, à escola, às compras, visitamos amigos e parentes. Se, nesses deslocamentos, nós caminharmos mais e utilizarmos menos o carro, poderemos subtrair um pequeno número de calorias, diariamente. As calorias que gastamos quando caminhamos não são muitas; entretanto, lembre-se que esta é uma atividade muito frequente ao longo do dia. A Tabela 5.2 mostra o número de calorias utilizadas em atividades comuns, seja em termos de distância ou de tempo. Diversos programas já recomendaram aumentar a atividade de caminhada em dois mil passos por dia. Em terreno plano, isso chega a quase 1,5 km e queima aproximadamente 100 calorias. Mesmo que você só consiga caminhar mil passos a mais por dia, isso significa queimar mais 50 calorias. Não parece muito, mas, ao final de um ano, você terá queimado

TABELA 5.2 Calorias gastas por minuto durante diferentes atividades*

Atividades ocupacionais	Atividades recreativas	Calorias gastas
Ficar de pé em vez de sentar		7 por hora
Subir um lance de escadas em vez de usar o elevador ou a escada rolante		11 por minuto
	Levantar para trocar o canal da TV em vez de usar o controle remoto	1 caloria
Fazer trabalho de escritório, dirigir carro, digitar, conversar	Ficar parado, andar sem ritmo definido, jogar cartas, costurar, tricotar	2-2,5 por minuto
Consertar o carro, varrer, limpar a casa	Caminhar em terreno plano, a 1 km/h, andar de bicicleta em terreno plano a 2,5 km/h, guiar o cortador de grama, jogar boliche, jogar golfe usando carrinho, tocar instrumentos musicais	2,5-4 por minuto
Rebocar uma parede, assentar tijolos, empurrar um carrinho de mão com peso de 50 kg, limpar janelas	Caminhar a 1,25 km/h, andar de bicicleta a 3 km/h, jogar golfe com carrinho manual, usar cortador de grama manual leve	4-5 por minuto
Fazer trabalho de pintura, marcenaria, colocar papel de parede, carpintaria leve	Caminhar a 1,5 km/h, andar de bicicleta a 4 km/h, jogar golfe carregando os tacos, dançar (dança de salão), jogar tênis em dupla, rastelar folhas mortas, fazer ginástica calistênica	5-6 por minuto
Fazer jardinagem (cavando), retirar sujeira com pá 10 vezes por minuto	Caminhar a 1,75 km/h, andar de bicicleta a 5 km/h, jogar hóquei ou patinar no gelo a 4,5 km/h	6-7 por minuto
Retirar 5 kg de sujeira por movimento com a pá, 10 vezes por minuto	Caminhar a 2 km/h, andar de bicicleta a 5,5 km/h, jogar tênis individual, limpar neve	7-8 por minuto
Cavar covas, carregar peso de 40 kg, serrar madeira	Caminhar/ fazer *jogging* a 2,5 km/h, andar de bicicleta a 6 km/h, jogar basquete de meia quadra, caminhar na montanha, esquiar em descida	8-10 por minuto
Retirar 7 kg de sujeira por movimento com a pá, 10 vezes por minuto	Correr a 2,75 km/h, andar de bicicleta a 6,5 km/h, jogar basquete em quadra inteira	10-11 por minuto
Retirar 8 kg de sujeira por movimento com a pá, 10 vezes por minuto	Correr pelo menos a 3 km/h, esquiar em *cross-country*	11 ou mais por minuto

* Número de calorias queimadas depende de diversos fatores, inclusive do tamanho da pessoa.

aproximadamente 18 mil calorias. Mesmo sem mudar a dieta, isso significa uma perda de 2,5 kg por ano. Se preferir, você pode pensar nesse aumento de atividade como algo que lhe permite comer um biscoito a mais, por dia, sem ganhar peso.

Andar, andar, andar: aumentar sua atividade física é algo que realmente funciona

A ideia de que o aumento da atividade possa trazer muitos dos benefícios de um programa regular de exercícios, em tese, parece atraente, mas será que existem provas de que realmente funciona? No Programa de Prevenção do Diabetes (DPP), a maioria das pessoas do grupo que teve uma intervenção marcante no estilo de vida combinou mudanças na dieta com mudanças de hábitos, inclusive aumento da caminhada. Os voluntários costumavam usar podômetros – aparelhos pequenos e baratos que medem o número de passos dados em um determinado dia. No programa intensivo de estilo de vida do DPP, às vezes, pedíamos aos voluntários que tentassem aumentar a caminhada para mais de dez mil passos por dia, ou seja, aproximadamente 8 km, e muitos o fizeram. Mas qualquer aumento da caminhada queima mais calorias.

Dois mil passos por dia, em média, que significam caminhar 1,5 km após o jantar ou no intervalo do almoço, podem ser um recurso prático para muitas pessoas, mas se assemelham aos "surtos" de exercício de que falamos anteriormente, já que exigem um período de tempo específico, dedicado a essa atividade. Mas e se você pudesse aumentar cinquenta ou cem passos por dia, dez a vinte vezes ao longo do dia? O impacto seria semelhante, desde que, naturalmente, esses passos a mais não sejam apenas para ir mais à geladeira ou ao micro-ondas. Cada passo consome energia. Se você incorporar dois mil passos adicionais por dia, isso poderá ajudar a equilibrar seu consumo e seu gasto de calorias, evitando o ganho de peso e o diabetes.

A Tabela 5.2 faz um resumo de quantas calorias você consegue queimar nas diversas atividades, inclusive muitas atividades que pode incorporar à sua rotina diária. Ao optar por essas atividades no seu dia a dia, você poderá mudar seu equilíbrio calórico. Você não precisará comprar nenhum equipamento especial, nem entrar para uma academia, nem se expor aos riscos de lesão física que frequentemente se associam aos exercícios.

Aplicadas em conjunto, todas essas pequenas mudanças, embora não nos levem de volta à "vida no campo", certamente nos aproximam do que precisamos para melhorar nosso equilíbrio energético e diminuir o risco de sobrepeso. E para as pessoas que já estão com excesso de peso, essas mudanças ajudarão a emagrecer e a diminuir o risco de diabetes e suas complicações.

Exercício

As pessoas que vivem no campo e outros trabalhadores braçais não incluem – e geralmente não precisam incluir – exercícios físicos em sua rotina diária de vida. Após um dia de trabalho braçal intensivo, trabalhadores rurais ou da construção civil certamente não vão querer fazer abdominais ou ginástica aeróbica. A prática de exercícios físicos e a multiplicação dos programas de ginástica são coisas novas na história da humanidade. Embora seja difícil, para a maioria das pessoas, encaixar a prática regular de exercícios em sua rotina de vida, aqueles que conseguem fazê-lo certamente obtêm benefícios.

Condicionamento cardiovascular aeróbico *versus* treinamento anaeróbico

Os exercícios se dividem em dois tipos – condicionamento cardiovascular e treinamento de força muscular. O condicionamento cardiovascular, ou exercício aeróbico, utiliza grandes grupos musculares (e não músculos isolados) com intensidade moderada (por exemplo, você consegue conversar com alguém enquanto faz o exercício), tem duração de pelo menos trinta minutos, é dinâmico e pressupõe movimentos livres. Os exemplos mais comuns são caminhar, andar de bicicleta, nadar e remar. Halterofilismo ou exercícios musculares que envolvem esforço concentrado não são aeróbicos. *Aeróbico* significa "que usa oxigênio" e por isso envolve necessariamente uma respiração tranquila e não uma respiração ofegante ou a necessidade de prender ou forçar a respiração. O exercício aeróbico causa um aumento da frequência cardíaca e, geralmente, um aumento moderado da pressão arterial, ambos contribuindo para melhorar, ao longo do tempo, a eficiência do coração.

Ao contrário, o exercício anaeróbico pode ser de grande intensidade (como uma corrida de curta distância), fazendo com que a respiração, a pressão arterial e a frequência cardíaca aumentem muito, ou pode ser um exercício isométrico, com parada da respiração, como o levantamento de peso ou práticas de esforço muscular concentrado (por exemplo, cabo de guerra). Esse tipo de exercício também queima calorias, mas não traz benefícios para o coração como o exercício aeróbico. É possível fazer exercícios de força muscular com pesos moderados, em um programa dinâmico. Esses programas criam um estímulo aeróbico, proporcionando, ao mesmo tempo, alguns dos benefícios do fortalecimento muscular, inclusive aumento do tônus e modelagem, e combatem o desenvolvimento da osteoporose.

Considerando as atividades do dia a dia, carregar sacolas de supermercado pesadas demais por uma longa distância é uma atividade que se aproxima mais de um exercício anaeróbico, mas carregar menos sacolas mais frequentemente (três vezes por semana), teria o benefício de uma ginástica aeróbica.

A prescrição de exercícios aeróbicos

Para ter certeza de estar fazendo a quantidade adequada de exercício, você pode seguir uma prescrição específica para você, e que deverá levar em conta os fatores a seguir.
- Tipo de exercício
- Duração
- Frequência
- Intensidade

A intensidade do exercício costuma ser medida em unidades chamadas "METS". Entretanto, para a maioria das pessoas, um exercício "leve" é aquele que pode ser feito em ritmo confortável e que, segundo a própria pessoa, ela "poderia continuar fazendo isso o dia inteiro". É possível conversar durante esse tipo de atividade. O exercício de intensidade moderada é "confortável durante algum tempo, mas, após uma hora, eu começo a suar". O exercício pesado pode ser mantido por dez a quinze minutos, sempre causa sudorese, e você não consegue conversar ao mesmo tempo. O exercício muito pesado causa sudorese, dificuldade para respirar e só pode ser mantido por três a cinco minutos.

Em geral, a prescrição de exercício aeróbico é esta.

- **Tipo:** dinâmico, movimentos livres, respiração normal, movimentos de grandes massas musculares. Exemplos: caminhada (esteira ou na rua), andar de bicicleta (ergométrica ou na rua), nadar, remar (em equipamento simulado ou em barco), esqui do tipo *cross-country* (em equipamento ou na neve).
- **Duração:** trinta minutos ou mais, de cada vez.
- **Frequência:** pelo menos três dias na semana, não consecutivos no início.
- **Intensidade:** bem leve até relativamente pesado, com frequência cardíaca de 70 a 85% da frequência máxima da pessoa, de modo que ela possa conversar, mas não cantar, enquanto faz o exercício.

À medida que a você se acostuma com um certo nível de exercício, ou seja, começa a sentir que o exercício está muito fácil (parece "leve" ou "muito leve"), você pode aumentar a intensidade, de modo que ele se aproxime novamente do "relativamente pesado". Esse é um bom sinal e significa que você está progredindo e obtendo um efeito de condicionamento. Para progredir ainda mais, você terá de aumentar a intensidade ou a duração, para até 45 a 50 minutos por sessão. Após um a dois meses, poderá aumentar a frequência de exercícios para cinco ou seis dias por semana.

Programa de treinamento muscular anaeróbico

Para a maioria das pessoas, e provavelmente também para você, o exercício aeróbico regular ajuda a controlar o peso e a reduzir o risco de diabetes. No entanto, se quiser acrescentar à sua rotina de exercícios um programa de musculação anaeróbica, comece com pesos relativamente leves, de 1 a 2 kg, dependendo do seu tamanho e força. Use os pesos pequenos e aumente o número de repetições de cada movimento (como a flexão do bíceps, por exemplo).

Os programas de musculação costumam ser descritos em termos de repetições e sequências. As repetições são o número de vezes que se faz um mesmo exercício, como, por exemplo, levantar um peso de 1,5 kg acima da cabeça. A sequência engloba dez a vinte repetições de um mesmo exercício. Quando você conseguir fazer vinte repetições e mais de cinco sequências, você poderá aumentar o peso (por exemplo, de 1,5 para 2 kg).

Dicas de segurança para atividades e exercícios

Antes de fazer qualquer mudança no seu nível de atividade física ou antes de iniciar um novo programa de exercício, consulte o médico. Pessoas que têm doença cardíaca ou risco de doença cardíaca, inclusive aquelas acima dos 50 anos ou diabéticas, podem ter dor no peito ou mesmo um ataque cardíaco ao aumentarem o exercício ou a atividade. Embora caminhar seja uma atividade segura para todas as pessoas, ainda assim é importante conversar com o médico sobre o seu programa de exercício. (Ver a seção intitulada "Seu coração", mais adiante, neste capítulo).

Em geral, é melhor começar cada sessão de exercício com um aquecimento de cinco a dez minutos, seguido de uma caminhada de baixa intensidade ou uma volta de bicicleta (dependendo do programa traçado) e alongamento dos músculos que serão utilizados (panturrilha, região lombar e joelho, geralmente). Ao final da sessão de exercício, é importante fazer pelo menos cinco minutos de caminhada para desaquecimento, o que ajuda na adaptação ao exercício. Esses passos a mais contribuirão para evitar dores nas articulações, dores musculares e lesões.

Para caminhar, use sempre calçado do tipo tênis, confortável e bem adaptado aos pés, e compre um novo par com alguma frequência para proteger seus pés e articulações. Esse é o único equipamento de que você irá necessitar, a menos que use uma esteira. Procure evitar exercícios de alto impacto, para o bem das suas articulações.

Para andar de bicicleta, procure um local plano, a fim de manter a intensidade constante. Pedalar na subida pode ser anaeróbico, e, na descida, não é necessário pedalar. A bicicleta ergométrica é mais confiável, nesse aspecto.

Estabeleça um programa com metas progressivas: mesmo atletas treinados ajustam lentamente a intensidade e duração dos exercícios. Procure reavaliar como você se sente a cada quatro semanas do programa de exercício e ajuste a prescrição se tiver feito um progresso significativo.

Aspectos específicos para pessoas com diabetes

Se você tem diabetes, deverá tomar alguns cuidados.

Seus pés

Todas as pessoas que têm diabetes devem ter um cuidado mais do que especial com os pés. A neuropatia (uma das complicações de longo prazo do diabetes, que afeta os nervos dos pés) pode alterar sua sensibilidade para pequenos traumatismos. Esse fenômeno pode se associar a uma circulação sanguínea deficiente e a alterações estruturais dos pés. Mesmo pequenos traumatismos, repetitivos, causados por excesso de peso ou por sapatos largos ou apertados podem causar abrasões, bolhas e formação de calos. Infecções penetrantes podem se espalhar, a partir da pele, para os ossos, levando, às vezes, à necessidade de amputação.

Para proteger seus pés, você deverá inspecioná-los antes e depois do exercício. Se você sofre de neuropatia, saiba que poderá não sentir o atrito de um calçado mal adaptado ao seus pés ou uma pedrinha dentro do seu tênis. Por isso, a inspeção visual é fundamental. Use meias retas, sem costura, e tênis com palmilha amortecedora de impacto. Com calçados adequados e um pouco de cuidado, a maioria das pessoas diabéticas pode realizar diversos tipos de exercício.

Seus olhos

Se você sofre de retinopatia (doença diabética ocular), certos exercícios de alto impacto (boxe, futebol ou mergulho) podem causar sangramento no fundo do olho e não devem ser feitos. Embora esta seja uma situação rara, fale com o seu médico, se você pretende praticar luta ou outros esportes nos quais possa levar pancadas na cabeça.

Seu coração

Nas pessoas que têm diabetes, as doenças cardíacas, o derrame cerebral e a doença vascular periférica (que pode levar a amputação) ocorrem com o dobro da frequência, ou mais, observada em pessoas não diabéticas. A frequência de doença cardíaca em pré-diabéticos fica entre a das pessoas com diabetes e a das pessoas sem diabetes. Infelizmente, além de terem maior risco de doença cardíaca, as pessoas diabéticas têm menos sintomas de alerta de um ataque cardíaco iminente. Muitas pessoas sem diabetes e que têm um estreitamento das artérias coronárias (que levam sangue ao músculo cardíaco) sentem dor no peito ou angina quando fazem algum exercício físico, o que constitui um aviso de que o fluxo sanguíneo ao coração diminuiu. Ao contrário, as pessoas com diabetes não costumam ter sintomas de alerta. Muitas vezes, elas descobrem que têm um problema cardíaco quando têm um infarto.

Por que incentivamos a prática de exercício físico – que se destina, em última análise, a proteger o coração – se ele pode precipitar um ataque cardíaco? A questão é que você poderá ter de fazer um teste de tolerância ao estresse, ou prova de esforço, para ter certeza de que você pode fazer exercícios físicos com segurança, sem correr o risco de sofrer uma lesão no coração. A prova de esforço é uma prova com esteira, durante a qual o seu eletrocardiograma é monitorizado. Às vezes, a prova de esforço inclui também uma técnica para fotografar o coração, como um exame de ultrassom ou um exame de "medicina nuclear". Esses recursos para medir a função do coração ou o fluxo de sangue que chega ao coração podem revelar problemas que não aparecem no eletrocardiograma.

De posse dos resultados da prova de esforço, o médico poderá garantir a segurança da sua prática de exercício físico e definir uma frequência cardíaca que você não deverá ultrapassar durante o exercício. Os testes de estresse costumam ser recomendados a pessoas de mais idade e adultos com diabetes, antes de começarem um novo programa de exercício ou antes de aumentarem a intensidade do programa atual.

A intensidade é um componente muito importante do seu programa de exercício físico, tanto para proteger seu coração quanto para melhorar sua função cardíaca.

Para maior proteção, siga estas orientações.

- Faça aquecimento e desaquecimento.
- Não exceda a intensidade prescrita.
- Utilize um monitor de pulso, se necessário, mas não ultrapasse um nível de esforço "relativamente pesado". Lembre-se: você deve ser capaz de manter uma conversa com alguém durante o exercício.
- Aumente lentamente a intensidade do exercício e não tente fazer nada muito pesado subitamente.

Hipoglicemia

Se você usa insulina ou uma das sulfonilureias por via oral, o exercício físico ou o aumento da atividade poderão diminuir sua necessidade de medicação. Isso é bom, mas se você e seu médico não ajustarem a dose dos medicamentos – ou acrescentarem uma pequena refeição em horário adequado – você poderá ter um episódio de hipoglicemia (queda do nível de açúcar no sangue) durante o exercício ou mesmo quatro a oito horas depois. Por via das dúvidas, leve sempre com você algum alimento que contenha açúcar. E converse com o médico sobre qualquer mudança na sua rotina, antes de implementá-la.

Como intensificar o exercício

À medida que você se sentir mais e mais confortável com seu programa de exercício físico – menor dificuldade para respirar, esforço menos que "relativamente pesado" ou "bem pesado" – e observar que sua frequência cardíaca está mais baixa, tanto durante o exercício quanto em repouso, significa que chegou o momento de aumentar a intensidade, a duração ou a frequência dos seus exercícios. Seja qual for o ajuste que você decida fazer, faça-o gradativamente. Use o período de aquecimento para ajudar a determinar quanto mais intenso pode ser o seu exercício. Comece com o nível habitual e aumente a intensidade aos poucos, até exceder esse nível; em seguida, mantenha o novo nível até verificar como se sente.

Preste atenção ao seu corpo. Geralmente, ele sabe lhe dizer quando você está indo depressa demais, ou muito longe ou exagerando no esforço. Um sinal comum é a maior dificuldade para respirar do que você costumava ter anteriormente. Diminua o ritmo do exercício. Se a respiração não se acalmar, ou se você tiver dor no peito, isso é uma emergência. Outros sintomas de alerta que também devem ser tratados como emergência são a sensação de aperto no peito, um certo desconforto na região da mandíbula, braços ou pescoço com duração de mais de cinco minutos, uma sensação de vazio na cabeça ou tonteira e batimentos cardíacos irregulares. Pare de fazer o exercício e procure imediatamente atendimento médico.

O aumento do nível de atividade e do exercício é um fator crítico se quisermos tentar reverter os efeitos perniciosos do nosso atual estilo de vida sedentário. Essas mudanças de hábitos de vida contribuem para a perda de peso e para a manutenção de um peso mais baixo e têm efeitos benéficos, independentes destes, sobre a sensibilidade à insulina e o condicionamento cardiovascular. Níveis de atividade aumentados podem ser facilmente incorporados à nossa rotina diária, ajudando a equilibrar nosso consumo e gasto de energia. Além disso, o exercício físico é algo que pode ser praticado de modo seguro e prazeroso.

CAPÍTULO 6

Como se preparar para mudar o estilo de vida

Você está realmente pronto para perder peso? Quase todas as pessoas que estão com excesso de peso, se questionadas, dirão: "Eu realmente quero emagrecer". A maioria dessas pessoas também é capaz de enumerar diversas razões pelas quais elas querem perder peso. Mas as perguntas mais difíceis de responder são: Você está pronto para fazer o que é preciso para perder peso? Você está realmente pronto e disposto a mudar seus hábitos alimentares e de exercício físico? A avaliação da sua disposição para mudanças e dos fatores de "motivação" e "desmotivação" para perder peso é uma etapa inicial fundamental no processo de mudanças duradouras do estilo de vida.

O que significa "estar pronto"

Cientistas que estudam mudanças comportamentais identificaram cinco estágios pelos quais as pessoas passam ao tentarem mudar seus hábitos: pré-intenção, intenção, preparação, ação e manutenção.

No estágio pré-intenção, as pessoas não estão interessadas ou não estão pensando em mudar hábitos de vida pelos próximos seis meses. Elas podem não ver seu peso como uma ameaça à saúde, ou podem ter muitas outras prioridades competindo com esta e podem não estar prontas para focalizar sua atenção em mudanças de estilo de vida.

Quando você passa ao estágio da intenção, isso significa que você tenciona fazer mudanças em seu estilo de vida dentro dos próximos seis meses. Provavelmente, você está pesando as vantagens e desvantagens de mudar seus hábitos de alimentação e exercício físico. No estágio de intenção, as pessoas geralmente buscam motivação e costumam dizer: "Eu sei que eu deveria querer emagrecer", ou "Preciso de um programa que me dê motivação". Quase sempre, elas ficam esperando aquele momento mágico para começar, ou procuram uma receita milagrosa – a dieta da moda ou um truque qualquer que prometa resultados rápidos com pouco esforço. O modo como elas se referem aos planos de perder peso ou de mudar o estilo de vida inclui expressões como "Eu sei que eu deveria, mas..." ou "É preciso muito esforço".

O estágio seguinte é o da preparação. As pessoas nesse estágio planejam fazer mudanças no estilo de vida dentro do próximo mês. Talvez elas já tenham começado a fazer pequenas alterações nos seus hábitos alimentares e de exercício e estejam interessadas em adotar novas mudanças. Elas podem se mostrar dispostas a entrar para uma academia de ginástica ou a manter um registro de sua alimentação. Geralmente, essas pessoas demonstram motivação interior para fazer mudanças e não procuram por (nem confiam em) motivadores externos, como um programa ou alguém que lhes dê inspiração.

O estágio de ação é aquele em que a vontade e o planejamento se manifestam através de claras mudanças de comportamento. Se você estiver no estágio da ação, isso significa que você já mudou seu comportamento com respeito à alimentação e aos exercícios físicos nos últimos seis meses, e está tentando seguir com mais regularidade seus novos hábitos de vida. Pessoas que se encontram nesse estágio dizem: "Estou achando mais fácil agora controlar minhas escolhas alimentares e encaixar os exercícios na minha rotina de vida". Ou dizem: "Estou conseguindo perder peso, mas, às vezes, saio da linha".

O estágio de manutenção significa que você conseguiu manter seus novos hábitos alimentares e de exercício físico por mais de seis meses. As mudanças se tornaram parte da sua rotina diária. Você tenta ativamente evitar um retorno aos velhos hábitos e também se torna cada vez mais confiante em sua capacidade de manter o novo estilo de vida. Seus comentários são: "Agora, eu simplesmente vivo assim", ou "Meu novo estilo de vida simplesmente faz parte da minha vida".

Então, onde você está neste momento? Em que estágio de mudança? Como você pode se tornar alguém cujo estilo de vida se fixa no estágio de manutenção, em termos de perda de peso, hábitos alimentares e atividade física? A Tabela 6.1 descreve esses estágios e as declarações características das ideias que passam pela cabeça das pessoas em cada etapa. Descubra onde você está atualmente. A próxima seção ajudará você a determinar seu estágio de mudança.

Como se mede o nível de disposição para mudança

Antes de tudo, é importante que você entenda que as pessoas não evoluem, simplesmente, de um estágio para o outro, em sequência; elas podem entrar e sair desses estágios a qualquer momento, e podem se mover de um para o outro devido a recaídas e novas tentativas. Por exemplo, situações de estresse podem, às vezes, fazer com que você escorregue e perca o foco nos hábitos alimentares e de exercícios ou atividades, saindo do estágio de ação relativamente à perda de peso, à dieta e aos exercícios físicos e volte ao estágio de intenção por algum tempo. Férias, reuniões sociais ou aposentadoria também podem tirar você do rumo, pois quebram a rotina habitual de vida. Também é possível que alguém se encontre em um estágio de mudança com relação à redução do consumo de calorias e em um estágio diferente com respeito ao aumento da atividade física.

Para entender a sua movimentação através dos estágios de mudança, pode ser útil analisar as suas motivações. Há várias maneiras de fazer isso, e vale muito a pena examinar cuidadosamente os diversos aspectos das coisas que lhe dão motivação.

Primeiramente, faça a si mesmo as perguntas seguintes, adaptadas de um livro chamado *Health Behavior Change: A Guide for*

TABELA 6.1 Os cinco estágios de mudança

Estágio	Características	Expressões típicas
Estágio 1: Pré-intenção As pessoas no estágio pré-intenção não pretendem mudar seu comportamento pelos próximos seis meses.	Podem não estar conscientes do problema. Não veem razão para mudança. Não estão interessadas em discutir mudanças.	"Isso não é um problema." "Não agora." "Tenho outras prioridades."
Estágio 2: Intenção As pessoas no estágio de intenção tencionam fazer mudanças nos próximos seis meses.	Têm conhecimento limitado do problema. Estão pesando os prós e os contras da mudança. Não têm senso de urgência. Esperam por uma motivação. Querem encontrar uma receita ou solução mágica.	"Um dia eu vou mudar." "Eu sei que deveria, mas..." "...vai me motivar." "E a dieta...?"
Estágio 3: Preparação As pessoas no estágio de preparação planejam fazer mudanças nos próximos trinta dias.	Motivadas e prontas para a mudança. Não sabem exatamente como começar. Podem ter tentado pequenas mudanças. Podem ter momentos de retrocesso e ficarem divididas.	"Estou pronto para..." "Quero..." "Como eu faço para começar? É difícil."
Estágio 4: Ação As pessoas no estágio de ação já fizeram mudanças nos últimos seis meses.	Esforço para mudar é visível. Acreditam que a mudança seja possível. Modificaram seu ambiente para obter sucesso. Precisam de estímulo e *feedback*.	"Eu consigo..." "Está ficando mais fácil..." "Estou fazendo isso, mas..." "Acho que estou indo bem."
Estágio 5: Manutenção As pessoas no estágio de manutenção já estabeleceram novos hábitos há pelos menos seis meses.	A mudança se tornou parte da rotina. Tentam não voltar aos velhos hábitos. Confiantes em poderem manter as mudanças. Lidam com situações de alto risco, como férias e eventos sociais.	"Agora eu simplesmente faço." "Não é difícil..." "Eu me sinto bem com..." "Consigo controlar..."

Adaptado de E. Gehling, "The Next Step: Changing Us or Changing Them?" *Diabetes Care Educ Newsflash* 20 (1999): 31-33.

Practitioners, de S. Rollnick, P. Matson e C. Butler, publicado pela editora Churchill Livingstone em 1999.

Em uma escala de 0 a 10, onde 0 representa "nem um pouco importante" e 10 representa "da maior importância", que importância tem para você, neste momento, perder peso?

| 0 | 1 | 2 | 3 | 4 | 5 | 6 | 7 | 8 | 9 | 10 |

Se você acabou de decidir que vai perder peso, em uma escala de 0 a 10, sendo 0 "nem um pouco confiante" e 10, "muito confiante", quanto você está confiante em que poderá perder peso?

| 0 | 1 | 2 | 3 | 4 | 5 | 6 | 7 | 8 | 9 | 10 |

Para perder peso, é necessário reduzir as porções de alimento e a ingestão de calorias e aumentar o nível de atividade. Por isso, também é preciso avaliar a importância e o grau de confiança que você tem na sua capacidade de mudar esses comportamentos. Frequentemente, as pessoas atribuem importância diferente e avaliam de forma diferente sua confiança nas mudanças dos hábitos alimentares e de exercício. Por isso, seja honesto com você mesmo ao responder as próximas perguntas.

Em uma escala de importância de 0 a 10 (como nas perguntas anteriores), que importância tem para você, neste exato momento, reduzir suas porções de alimentos e sua ingestão de calorias?

| 0 | 1 | 2 | 3 | 4 | 5 | 6 | 7 | 8 | 9 | 10 |

Se você acabou de decidir que vai perder peso, em uma escala de confiança de 0 a 10 (como nas perguntas anteriores), quanto você está confiante em que poderá reduzir suas porções de alimentos e sua ingestão de calorias?

| 0 | 1 | 2 | 3 | 4 | 5 | 6 | 7 | 8 | 9 | 10 |

Em uma escala de importância de 0 a 10, que importância tem para você, neste exato momento, aumentar seu nível de atividade?

| 0 | 1 | 2 | 3 | 4 | 5 | 6 | 7 | 8 | 9 | 10 |

Se você acabou de decidir aumentar seu nível de atividade, em uma escala de confiança de 0 a 10, quanto você está confiante em que poderá aumentar seu nível de atividade?

| 0 | 1 | 2 | 3 | 4 | 5 | 6 | 7 | 8 | 9 | 10 |

Agora vejamos o que significam as respostas.

Avaliação da importância

Quando a importância é classificada como 7 ou mais, isso implica que é bem importante para você perder peso, reduzir calorias e fazer mais exercício. Se você classificou a importância como 5 ou 6, talvez você esteja um tanto dividido com relação a essas mudanças de estilo de vida. Se você atribuiu 4 ou menos à importância, significa que essas mudanças têm pouca ou muito pouca importância para você neste momento. Provavelmente, você está no estágio de pré-intenção ou de intenção de mudança.

Avaliação da confiança

Quando a confiança é classificada como 7 ou mais, isso indica que você está bem confiante ou muito confiante em sua capacidade de perder peso, mudar seus hábitos alimentares e fazer mais exercício. Se você classificou sua confiança como 5 ou 6, talvez você tenha dúvidas quanto à sua capacidade de perder peso e de fazer as necessárias mudanças nos seus hábitos alimentares e de exercício físico. Se você atribuiu uma nota 4 ou menos ao seu nível de confiança, significa que você não tem muita confiança em sua capacidade de perder peso, cortar calorias e fazer mais exercício.

O que atacar primeiro

Se a sua classificação de importância mostra notas abaixo de 3, você deve focalizar primeiro a importância. Se as notas atribuídas à importância e à confiança são as mesmas, ainda assim você deverá focalizar primeiro a importância. Entretanto, se uma das notas for claramente mais baixa que a outra, comece pelo aspecto que tiver a nota mais baixa. Se tanto a nota da importância quanto a da confiança estiverem abaixo de 3, talvez este não seja o melhor momento para você tentar perder peso. Por outro lado, se tanto a importância quanto a confiança tiverem notas altas, provavelmente você estará pronto para empreender mudanças de longo prazo no seu estilo de vida. Vejamos alguns exemplos reais.

Bob

Bob tem 48 anos e um irmão gêmeo que tem diabetes há 3 anos. Ele acaba de descobrir que tem intolerância à glicose ou pré-diabetes. O médico disse a Bob que ele tem grande probabilidade de desenvolver um diabetes tipo 2 dentro de 5 anos, a partir do início da doença do irmão. Quando Bob entrou no estudo do Programa de Prevenção do Diabetes (DPP), pesava 90 kg, com uma altura de 1,75 m. Sua nota de motivação era de 9 em 10; entretanto, seu escore de confiança era de apenas 5 em 10.

Bob nunca havia seguido nenhum programa de emagrecimento, talvez devido ao seu baixo nível de confiança. Mas ele ficou animado ao saber que havia sido designado para fazer parte do grupo que teria intervenção no estilo de vida. A esposa de Bob compareceu a todas as sessões de orientação individuais, para saber como apoiá-lo em seus esforços. No começo, eles achavam que anotar todos os alimentos consumidos e adquirir conhecimento sobre as fontes de gorduras e de calorias extras na alimentação eram tarefas que tomavam muito tempo. Eles também achavam difícil ajustar as receitas italianas tradicionais de que a família tanto gostava. Com a prática, recebendo *feedback* positivo e apoio, Bob descobriu que podia mudar sua alimentação e perder peso, e que isso ia ficando mais fácil à medida em que o tempo passava. As mudanças difíceis começaram a se tornar novos hábitos. À medida em que ele via seu progresso e alcançava sucesso, ia ficando cada vez mais confiante em sua capacidade de manter as mudanças do estilo de vida e seu peso controlado. A meta de peso para Bob, no estudo, era de 84 kg (perda de 7% do peso) e, após seis meses, ele havia perdido 7 kg, e estava pesando 86,2 kg. Além disso, manteve seu peso controlado por cinco anos, e, ao final do DPP, seu nível de açúcar no sangue havia retornado ao normal.

Mary

Mary tem 47 anos de idade e sofre de diabetes tipo 2. No início do programa, ela pesava 110kg, e media 1,63m de altura (seu IMC, 41), e tomava vários medicamentos antidiabéticos, inclusive metformina, glimepirida e pioglitazona. A motivação de Mary para mudar seus hábitos alimentares e de exercício físico a fim de perder peso era de 10 em 10. Seu nível de confiança era de 7. Ela participou de um programa de emagrecimento em grupo, com a meta de perder 10% do peso corporal.

Após seis meses, Mary havia perdido 15 kg (perda de peso de 13%) e estava pesando 95,5 kg. Seu açúcar no sangue melhorou dramaticamente, e ela pôde parar de tomar glimepirida. Embora ela ainda quisesse chegar a menos de 90 kg, verificou que seu peso flutuava entre 95 e 97 kg. Quando questionada sobre sua motivação para perder esses quilos a mais, ela se surpreendeu ao verificar que sua nota era de 2 sobre 10. Quando questionada sobre a importância de reduzir ainda mais os medicamentos antidiabéticos, ela classificou sua motivação para suspender o uso do pioglitazona como sendo de 8 em 10.

Juntos, decidimos que Mary deveria procurar seu clínico geral para discutir essas metas. Ela perguntou ao médico se poderia parar de tomar pioglitazona, já que seu nível de açúcar no sangue estava tão bom. Mary concordou em continuar a monitorar regularmente sua glicemia. Ela sabia que, para manter o açúcar no sangue bem controlado, teria de ter um cuidado especial com os alimentos e sabia também que, se perdesse mais peso, seria mais fácil alcançar a meta de ficar sem medicação. Agora, sua motivação para perder peso era de 8 em 10, e ela conseguiu chegar a 89,5 kg após oito semanas! Ela continua sem pioglitazona e mantendo um bom controle do nível de glicose no sangue.

Como analisar suas notas para importância e confiança

Vamos analisar o seu caso em detalhe. A nota que você atribuiu à importância de perder peso foi _____. Agora, enumere *todas* as razões pelas quais sua nota não foi um ou dois pontos mais baixa.

_____

_____

A seguir, enumere o que seria necessário para aumentar a nota da importância em três pontos.

_____

A nota que você atribuiu à importância de reduzir calorias foi ___. Agora, enumere todas as razões pelas quais sua nota não foi um ou dois pontos mais baixa.

_____

A seguir, enumere o que seria necessário para aumentar a nota da importância em três pontos.

_____

A nota que você atribuiu à importância de aumentar o nível de atividade foi ___. Agora, enumere todas as razões pelas quais sua nota não foi um ou dois pontos mais baixa.

_____

A seguir, enumere o que seria necessário para aumentar a nota da importância em três pontos.

_____

Veja se você atribuiu notas semelhantes para a importância de perder peso, reduzir a ingestão de calorias e aumentar o nível de atividade. Se você atribuiu muito mais importância à perda de peso do que a redução das calorias e ao aumento da atividade, então você precisa avaliar se está realmente preparado para fazer mudanças no seu estilo de vida. Querer emagrecer sem reconhecer as mudanças de comportamento necessárias para alcançar essa meta é um pensamento mágico, não realista. Talvez seja muito importante para você emagrecer, *mas* será que é suficientemente importante para fazer com que você queira investir tempo e esforço nas mudanças dos seus hábitos alimentares e de exercício físico? Para algumas pessoas, comer e apreciar a

TABELA 6.2 Lista de prós e contras de Kathy para perder peso

Perda de peso - prós	Importância	Perder peso - contras	Importância
Ficar mais bonita nas roupas	2	Dedicação de tempo	6
Poder comprar mais roupas da moda	2	Não gosta de exercícios	5
Ficar mais atraente	2	Não gosta de fazer anotações	7
Ter mais energia	8	Disciplina muito pesada	3
Ser capaz de fazer exercícios	3	Acha que vai ganhar peso novamente	3
Ter mais mobilidade	8	Chama muito a atenção	2
Melhorar a saúde	9	Melhor ser gordo que emagrecer e engordar	2
Prevenir o diabetes	10	Gosta muito de comer	7
Reduzir os medicamentos	7	Dificulta a vida social	7
Gravidez mais saudável	Não se aplica	Pensa muito em comida	4
Aumentar a autoestima	6	Necessidade de comprar roupas novas	4
Livrar-se do sentimento de culpa/ vergonha	6	Outras prioridades	3
Menos críticas do médico, da família, dos amigos	2	*Feedback* negativo de amigos e da família	3
Melhor qualidade de vida	10	Peso pode ser uma desculpa	2
Aprender a apreciar a comida sem exagerar	3	A comida é companheira e me acalma	8
Nota total de importância	**78**	**Nota total de importância**	**66**

TABELA 6.3 Fatores motivadores e desmotivadores da perda de peso

Perda de peso - prós	Importância	Perder peso - contras	Importância
Ficar mais bonita nas roupas	____	Dedicação de tempo	____
Poder comprar mais roupas da moda	____	Não gosta de exercícios	____
Ficar mais atraente	____	Não gosta de fazer anotações	____
Ter mais energia	____	Disciplina muito pesada	____
Ser capaz de fazer exercícios	____	Acha que vai ganhar peso novamente	____
Ter mais mobilidade	____	Chama muito a atenção	____
Melhorar a saúde	____	Melhor ser gordo que emagrecer e engordar	____
Prevenir o diabetes	____	Gosta muito de comer	____
Reduzir os medicamentos	____	Dificulta a vida social	____
Gravidez mais saudável	____	Pensa muito em comida	____
Aumentar a autoestima	____	Necessidade de comprar roupas novas	____
Livrar-se do sentimento de culpa/ vergonha	____	Outras prioridades	____
Menos críticas do médico, da família, dos amigos	____	*Feedback* negativo de amigos e da família	____
Melhor qualidade de vida	____	Peso pode ser uma desculpa	____
Aprender a apreciar a comida sem exagerar	____	A comida é companheira e me acalma	____
Nota total de importância	____	**Nota total de importância**	____

comida, ou usar a comida como válvula de escape, são mais importantes do que perder peso.

Agora, vejamos as razões que justificam as notas atribuídas por você. Isso ajudará a entender sua percepção a respeito dos benefícios (os "prós") de perder peso e das barreiras (os "contras") que surgem no caminho. Ao analisar o que poderia ser feito para aumentar as notas, você começará a perceber o que terá de fazer para reduzir essas barreiras.

Vejamos o exemplo de Kathy, uma mulher de 62 anos, com pré-diabetes. Quando reavaliou os prós e contras de perder peso, primeiramente enumerou aqueles que eram importantes para ela. Em seguida, ela os classificou por importância em uma escala de 0 a 10, sendo 10 a "da maior importância" (ver Tabela 6.2). Ao ler as respostas de Kathy, você verá que o número de prós e contras relativos à perda de peso é certamente relevante, mas também vale a pena observar sua importância relativa.

Embora a lista de Kathy inclua um número semelhante de prós e contras, a importância relativa de perder peso foi maior que a de não perder peso. As notas mais altas não foram relativas à aparência, mas sim a mais saúde e melhor qualidade de vida à medida em que ela fica com mais idade. Kathy conhece as complicações de longo prazo do diabetes e quer fazer todo o possível para evitá-las. Embora ela adore comer e, muitas vezes, utilize a comida para acalmar os "nervos", e, embora ela não goste de ficar anotando tudo o que come, a importância da saúde e da qualidade de vida compensam esses inconvenientes.

Tome algum tempo e procure identificar seus próprios prós (motivadores) e contras (desmotivadores) para perder peso, e classifique-os em termos de importância, usando a escala de 0 a 10. Em seguida, totalize os seus fatores de motivação e de desmotivação (ver Tabela 6.3).

Para que lado pende a sua escala? Se os fatores de desmotivação excederem as motivações, seria bom você se perguntar o que fazer para virar a balança. Como reduzir os fatores de desmotivação e aumentar as motivações.

Vai ser dada a largada!

Antes de começar a estabelecer suas metas de mudança de estilo de vida, veja se você consegue responder "sim", verdadeiramente, às perguntas seguintes.

- Você está disposto a dedicar o tempo necessário para perder peso? (Isso significa encontrar tempo para fazer exercícios e aumentar o nível de atividade física, comprar e preparar alimentos saudáveis e manter um registro de tudo o que você comer).
- Você está disposto a atentar para sua vida, seus hábitos alimentares, suas atitudes com relação à comida, ao peso e aos exercícios físicos?
- Você está disposto a parar de procurar o remédio milagroso ou a dieta mágica?
- Você está disposto a se pesar pelo menos uma vez por semana?
- Você está disposto a aceitar um ritmo de perda de peso em torno de meio a um quilo por semana?
- Você está disposto a aceitar que, em certos períodos, você talvez não perca tanto peso quanto em outros (ou poderá mesmo ganhar peso)?
- Você tem uma atitude positiva e expectativas realistas de sucesso?

CAPÍTULO 7

Como criar um ambiente de sucesso para a mudança

O ato de comer envolve, para o ser humano, um comportamento complexo, influenciado por fatores internos e externos. As refeições são ocasiões sociais, e o ambiente à nossa volta pode influenciar o que comemos e o quanto comemos.

Por que comemos? Se só comêssemos quando estivéssemos com fome e parássemos de comer quando estivéssemos satisfeitos, muito menos pessoas teriam excesso de peso. Na verdade, muitas pessoas com excesso de peso têm vários motivos, que não a fome, para comerem, que elas nem mesmo se recordam da última vez em que realmente sentiram fome. É importante identificar os fatores que, no seu ambiente físico, emocional e cognitivo, criam a disposição para comer, de modo que você possa gerenciá-los e reorganizar sua vida para ter sucesso com as mudanças.

O ambiente físico

As pessoas costumam comer demais, basicamente, porque os alimentos estão facilmente disponíveis por toda parte. Para onde você olhe, verá comida. E a visão e o cheiro da comida podem levar você a querem comer, esteja com fome ou não. Quando éramos crianças, muitos de nós ouvimos que não deveríamos desperdiçar comida, porque muitas pessoas passam fome em outros lugares. Se você foi criado na filosofia de "raspar o prato", provavelmente desenvolveu o hábito de comer até terminar com toda a comida. Desde muito pequenos, fomos programados para comer o alimento que é colocado à nossa frente, desde que ele tenha boa aparência, seja saboroso e cheiroso. Às vezes, comemos apenas porque, no cartaz de propaganda, o alimento parece apetitoso, mesmo que, na realidade, ele seja frio, sem cor e sem gosto. Quando acabamos, muitas vezes nos sentimos cheios, desconfortáveis, mas isso acaba se tornando uma rotina da nossa alimentação. Uma etapa importante para criar um ambiente de sucesso é olhar à sua volta (em casa, no escritório, no carro etc.) e ver onde, como e quando os alimentos estão ao seu alcance.

Escolha dos alimentos e tamanho das porções

Que tipo de alimentos você compra e mantém em casa? Será que esses alimentos poderão ajudar você a alcançar uma meta de peso saudável, ou será que eles tendem mais a sabotar os seus esforços? Se você está falando sério quando diz que quer perder peso, você deve assumir um compromisso de "limpar seu ambiente" em relação aos alimentos.

Veja como começar, em casa.

- **Retire de perto de você todos os alimentos tentadores e pouco saudáveis.** Realmente, é preciso desaparecer com tudo isso. Substitua esses alimentos por outros, saudáveis, e mantenha-os por perto para suas refeições e lanches. (Ver, no Apêndice B, sugestões de compras).
- **Defina a quantidade adequada de alimento que será necessário cozinhar e servir a cada refeição.** Guarde imediatamente as porções extras, desnecessárias, na geladeira ou no freezer, para utilizar em outra refeição. Sirva as refeições em pratos, travessas e copos menores.
- **Prepare porções individuais de alimentos para lanches rápidos, e guarde-as já embaladas, para não cair na tentação de comer demais.** Esses lanches rápidos podem ser

porções individuais de pipoca, bolachas, iogurte ou frutas. (Ver, no Apêndice C, sugestões de lanches saudáveis).

Nem sempre é fácil, mas, em casa, você pode controlar os alimentos que compra e quanto você serve (e consome). Porém, a maioria de nós precisa comer fora de casa quase todos os dias. (As pesquisas mostram que o americano em geral come fora de casa pelo menos três ou quatro vezes por semana). Portanto, o próximo desafio é desenvolver estratégias para comer fora de casa.

Como já vimos no Capítulo 1, vivemos em um ambiente difícil no que diz respeito à alimentação. A maior parte da nossa comida – frequentemente pouco saudável – é objeto de propagandas agressivas, sendo oferecida a todo o momento, dia e noite, o que dificulta tremendamente qualquer tentativa de mudança de hábitos alimentares. Bufês do tipo "coma quanto quiser", cardápios prontos incluindo vários pratos e sobremesa ou mesmo pacotes de férias oferecem alimentação superabundante, e nós, por nossa vez, queremos ter aquilo pelo que pagamos. Infelizmente, embora todas essas ofertas sejam muito vantajosas economicamente, elas resultam em um festival de calorias que só contribuem para você aumentar de peso. Mesmo evitando os bufês exagerados, você ainda terá de enfrentar muitos desafios para chegar a uma alimentação sensata.

Na sociedade atual, temos um grave problema de distorção das porções de alimentos (ver Figura 7.1). Ao longo do tempo, pratos, travessas e xícaras dobraram de tamanho, pelo menos. Se enchermos o prato e comermos até o fim, não surpreende que o resultado seja um ganho de peso. Vejamos alguns exemplos.

- **No passado, um copo de suco de 120 ml e uma xícara de cereal costumavam ser porções padrão.** Agora, é mais provável que você tome suco em um copo de 240 a 350 ml e coma uma porção de cereal equivalente a quase duas xícaras. Se você beber ou comer essas porções até o fim, terá dobrado ou triplicado seu consumo de calorias.
- **Alguns tipos de pão de sal (*bagel*) costumavam pesar 60 g e conter cerca de 160 calorias.** Hoje, eles pesam de 100 a 200 g e contêm 320 a 560 calorias – isso antes de você passar o requeijão! E, é lógico, você precisará de mais

requeijão para cobrir um pão maior, portanto, lá vêm mais calorias.
- **Os pratos servidos em restaurantes estão 25% maiores do que há quinze anos.** E mesmo que você escolha os pratos mais leves do restaurante, é fácil consumir 1000 calorias ou mais. Se você não escolher com cuidado, uma única refeição em restaurante poderá significar mais de duas mil calorias.

FIGURA 7.1 Aumento de tamanho das porções entre 1955 e 2002

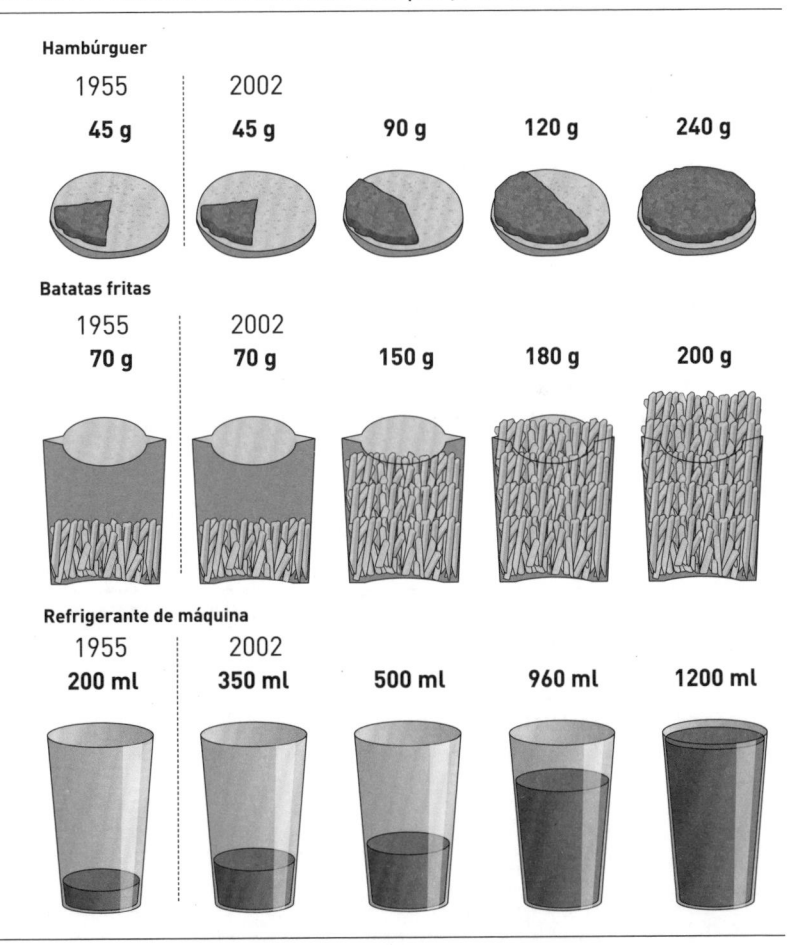

Hambúrguer

1955	2002			
45 g	45 g	90 g	120 g	240 g

Batatas fritas

1955	2002			
70 g	70 g	150 g	180 g	200 g

Refrigerante de máquina

1955	2002			
200 ml	350 ml	500 ml	960 ml	1200 ml

Em 1955, o pedido típico de um hambúrguer, uma porção de fritas e um refrigerante era bem menor em comparação ao mesmo pedido atualmente.

O mesmo dilema do tamanho ocorre quando você compra lanches rápidos fora de casa. No cinema, você encontra a seguinte oferta de pipoca.

Pequena $3.13
Média $3.84
Grande $4.44

Certamente, a pipoca grande é mais vantajosa, e, às vezes, quando você escolhe a grande, você ganha o refil. Mas será mesmo um bom negócio? Depende do que você considera um bom negócio. Vejamos, na Tabela 7.1 o que você está comprando.

Por mais $1.31 (um aumento de menos de 30% no preço), você ganha mais 760 calorias (um aumento de 190%) e 50 gramas de gordura – ainda sem a manteiga. Como você vê, é preciso pesar bem os números antes de decidir se o preço e a porção valem a pena, considerando o excesso de calorias, gordura e peso que você irá "ganhar".

E aquelas deliciosas batatas fritas do McDonald's? A Tabela 7.2 mostra as informações nutricionais de cada porção. Aqueles 64 centavos a mais (um aumento de aproximadamente 65%) compram mais 330 calorias (um aumento de mais de 100%). Se você fizer essas escolhas diariamente, poderá ter um aumento de peso de cerca de 350 g por semana – 15 kg em um ano.

TABELA 7.1 Custos calóricos da pipoca de cinema

Tamanho	Preço	Porção	Calorias	Gordura (gramas)
Pequena	$3.13	7 xícaras	400	27
Média	$3.84	16 xícaras	900	60
Grande	$4.44	20 xícaras	1160	77

Tabelas 7.1 a 7.5 adaptadas de National Alliance for Nutrition and Activity (NANA), "Prices, Calories and Fat Intake for Portions of Food," in From Wallet to Waistline: The Hidden Costs of Supersizing, Washington, D.C.: June 2002.

TABELA 7.2 Tamanho das porções de batatas fritas do McDonald's

Tamanho	Preço	Porção	Calorias	Gordura (gramas)
Pequena	$1.03	70 g	210	10
Média	$1.50	160 g	450	22
Grande	$1.67	200 g	540	26

O que acontece quando você opta pelas promoções? Será que elas realmente significam "um bom negócio"? Tudo depende de como você define uma "promoção" e um "bom negócio". Veja a Tabela 7.3.

TABELA 7.3 O custo das "promoções", em gorduras

Tamanho	Preço	Calorias	Gordura (gramas)
Quarteirão® com queijo	$2.33	530	30
Promoção média (com refrigerante e batatas fritas médios)	$3.74	1190	52
Promoção grande (com refrigerante e batatas fritas grandes)	$4.32	1380	56

Assim, apesar de a promoção significar mais comida por menos dinheiro (e menor custo por caloria – 44 centavos por caloria no caso do Quarteirão® contra 31 centavos por caloria no caso do lanche grande promocional), se você comprar a promoção em vez de optar pelo Quarteirão®, também estará levando 850 calorias e 26 gramas de gordura a mais. Se você comer 850 calorias além do necessário, uma ou duas vezes por semana, isso significará um aumento de peso de 5 a 12 kg em um ano.

Há vinte anos, tomar um refrigerante significava beber 180 ml com cerca de 85 calorias. Hoje, as lanchonetes oferecem copos de refrigerante de 300, 500 ou mesmo de 1000 ml ou mais. No McDonald's, por exemplo, você pode escolher as opções mostradas na Tabela 7.4. Assim, com 60 centavos você compra mais 260 calorias. Se você tem diabetes ou está tentando evitar a doença, também é importante que saiba que um refrigerante pequeno tem quase 54 gramas de açúcar. Isso equivale a 14 colheres de chá de açúcar. O refrigerante extra-grande tem 140 gramas de açúcar – são 35 colheres de chá!

TABELA 7.4 Tamanho e calorias dos refrigerantes do McDonald's

Tamanho	Preço	Porção	Calorias	Gordura (gramas)
Pequeno	$1.04	450 ml	150	0
Médio	$1.20	600 ml	210	0
Grande	$1.44	1200 ml	310	0
Gigante	$1.64	1200 ml	410	0

E que tal um café do Starbucks? É verdade que o café puro não tem calorias, e que um café com leite típico é feito com leite e não com creme de leite. Parece uma boa escolha, não? Mas será que é? (Veja a Tabela 7.5). O que acontece se você escolher, diariamente, um café com leite tamanho grande em vez de 30 ml de café com um pouco de leite desnatado? Bem, você ganhará mais 250 calorias e mais 230 g de peso por semana. Essa matemática não é nada boa para a sua cintura. São 12 kg a mais por ano! Se você pedir o tamanho gigante (Tall), com leite desnatado, seriam 120 calorias e 0 grama de gordura. Consumida diariamente, essa escolha mais saudável aumentaria o seu peso em *apenas* 6 kg por ano.

TABELA 7.5 Café com leite gigante do Starbucks (feito com leite integral)

Tamanho	Preço	Porção	Calorias	Gordura (gramas)
Tall	$2.44	350 ml	210	11
Grande	$2.99	450 ml	260	14
Venti	$3.29	600 ml	350	18

Então, como se alimentar bem nesse ambiente de verdadeira "intoxicação alimentar", onde as porções são cada vez maiores e as táticas de marketing são feitas para atrair você para refeições enormes, como a velha história do "coma mais por menos"? Você deve começar com a estratégia a seguir.
- Não se coloque em situações de tentação indo a restaurantes do tipo bufê ou "coma quanto quiser".
- Não peça promoções ou "combinados". Peça apenas o que você realmente tem vontade de comer.
- Peça informações nutricionais sobre as refeições pelas quais você está pagando, para ajudar na escolha dos alimentos que poderão contribuir para a sua saúde e bem-estar. A maioria dos restaurantes do tipo "fast food" fornecem essas informações quando solicitadas.
- Nos restaurantes em geral, peça meia porção ou porções menores, do tipo aperitivo.
- Evite as calorias adicionais das bebidas. É fácil beber grande quantidade de calorias em pouco tempo, e a maioria das pesquisas mostra que as pessoas que consomem

grande quantidade de bebidas calóricas não compensam, diminuindo, simultaneamente, as calorias da comida. As pessoas que têm diabetes devem também evitar refrigerantes com alto teor de açúcar e sucos naturalmente doces.
- Lembre-se de não pular refeições. As pessoas que comem pouco, várias vezes por dia, perdem mais peso do que aquelas que fazem apenas uma a três refeições grandes por dia, mesmo quando o total de calorias é o mesmo. Portanto, tente fazer ao menos três refeições por dia. Três refeições pequenas e dois lanches ou merendas poderão ter um resultado ainda melhor.

Ambiente emocional

Para muitos de nós, as emoções exercem influência sobre quando comemos, o que comemos e quanto comemos. Por exemplo, às vezes, comemos para aliviar um sofrimento físico ou emocional ou para nos livrarmos de sentimentos dolorosos ou desconfortáveis e para nos afastarmos, transitoriamente, desse desconforto. Comer é uma solução apenas temporária, logo muitas pessoas acabam repetindo o processo e caindo no hábito de usar a comida para resolver problemas emocionais. Alguns de nós usamos a comida como recompensa. O dia foi ruim? Então você "se dá de presente" uma bela refeição. Esse é um problema característico das pessoas que acham que estão sempre fazendo tudo pelos outros e nunca têm tempo para cuidar de si mesmas. Comer logo se transforma em uma compensação muito conveniente.

Outras pessoas, ao contrário, têm tempo de sobra e usam a comida para vencer o tédio ou para procrastinar. É muito comum ver pessoas que, a todo momento, interrompem o estudo, o trabalho doméstico ou algum projeto, preenchendo essas pausas com lanches, mesmo sem terem fome. E vemos surgirem alguns padrões alimentares interessantes. Pessoas que estão iradas, geralmente procuram alimentos crocantes e dizem que precisam mastigar. Pessoas que estão tristes, deprimidas, ansiosas ou emocionalmente abaladas buscam os chamados "alimentos de conforto", associados a sensações agradáveis e lembranças de infância. Vejamos o caso de John.

John vem lutando para perder peso. Ele notou que, sempre que estava estressado, avançava no leite com biscoitos, o que o fazia sentir-se melhor, mas sabotava seu programa de emagrecimento. Conversamos com John sobre esse padrão alimentar, e ele acabou percebendo que estava associando o leite com biscoitos a épocas mais felizes da sua vida. Sua mãe costumava lhe dar leite com biscoitos quando ele voltava da escola. Quando John entendeu o motivo de sua compulsão por leite com biscoitos, passou a buscar outras formas de resgatar os sentimentos de proteção associados à figura materna. Sempre que precisava de consolo ou de alívio do estresse, ele começava a olhar fotografias da mãe e a ler as cartas que havia conservado.

Como vimos (e muitos de nós conhecem esse tema muito bem), comer pode ajudar a suprimir emoções negativas. Pense no que ocorre com você. Você costuma comer quando está sentindo raiva, tédio, solidão, ansiedade ou depressão? E o que acontece quando as emoções são positivas – aniversários, férias, feriados, festas e outras ocasiões em que a comida é o centro da comemoração? Quando você comemora, você aproveita para comer demais?

Em vez de esconder suas emoções atrás da comida (e virar uma caixinha de surpresas), tente algumas das sugestões a seguir para processar e lidar com sentimentos desconfortáveis.

- Faça um diário onde você possa escrever sobre seus sentimentos, em vez de abafá-los com comida.
- Fale sobre seus problemas com um amigo ou parente em quem você confie.
- Discuta suas emoções e de que modo elas influenciam seus hábitos alimentares com um terapeuta ou psicólogo.
- Faça uma lista das atividades alternativas que você pode desenvolver, sem envolver comida, quando estiver irritado, solitário, entediado ou deprimido. Por exemplo, você pode fazer uma lista de tarefas necessárias ou pequenos serviços de casa que você gostaria de conseguir fazer. Na próxima vez em que você estiver entediado, consulte a sua lista de "coisas a fazer". Na próxima vez em que você

se sentir irritado ou aborrecido, tente escrever sobre seus sentimentos e depois faça alguma coisa para se distrair, como andar um pouco, ouvir música, ou ver um filme. Se você conseguir transformar um comportamento voltado para comer em atividade física, certamente sairá ganhando.
- Faça uma lista de coisas que não sejam alimentos e que você possa se dar como recompensa, quando for o caso: um banho quente, revistas, flores, ligar para um amigo que você não vê há muito tempo, ou comprar um bom livro.

Contexto cognitivo: como mudar seu poder de autopersuasão

Nem todas as pessoas comem demais por terem fácil acesso à comida ou por problemas emocionais. Algumas pessoas comem demais porque se convencem de que devem fazê-lo. A autopersuasão é aquela conversa que a pessoa tem consigo mesma – ou seja, nosso contexto cognitivo. Geralmente, consideramos que esse processo não está sob o nosso controle, mas, se tivermos consciência dele, poderemos, sim, controlá-lo. Veja se algumas dessas frases lhe parecem familiares.
- Essa comida parece deliciosa; aposto como está ótima.
- Isso é delicioso. Acho que tão cedo não vou ter oportunidade de comer isso novamente, então vou aproveitar.
- Estou muito estressado. Preciso de alguma coisa doce para me acalmar.
- Hum...o que eu faço agora? Deixe eu ver se tem alguma coisa boa na geladeira.
- Eu estou pagando, quero aproveitar.
- Estou muito frustrado, preciso mastigar alguma coisa.
- Um sorvete seria ótimo para me consolar agora.
- Não quero desperdiçar essa comida, então vou até o fim. Tem crianças passando fome na África.
- Eu mereço um agrado.
- Não gosto de ficar sozinho. Esses biscoitos vão me fazer companhia.

– Não consigo dormir. Talvez, se eu levantar e fizer um lanche, eu consiga me acalmar e passar o tempo. Depois eu volto a tentar dormir.
– Estou cansado de estudar; vou parar um pouco e comer alguma coisa.

Algumas dessas frases são tão comuns que parecem até música de fundo – nem percebemos que estamos dizendo tudo isso a nós mesmos. É importante que você atente para o seu poder de autopersuasão e mude o seu monólogo interior, ou seja, o seu contexto cognitivo.

Vejamos o exemplo de Sonia. No escritório em que ela trabalha, havia sempre doces e guloseimas na área do café, e, cada vez que ela passava por lá, dizia para si mesma: "Isso parece delicioso". Então, ela comia um pouco e pensava, "Isso é bom mesmo. Vou comer mais um pouco". Ela comia mais e pensava, "Agora chega. Depois eu como mais". No dia seguinte, mesmo monólogo interior, mesmo excesso de comida, e o peso de Sonia aumentava, cada semana, em vez de diminuir. Ela decidiu se conscientizar mais do seu monólogo interior e questioná-lo. Passou pela bandeja de biscoitos e disse para si mesma: "Isso parece gostoso, mas eu não estou com fome e, se eu começar a comer esses biscoitos, vou ter dificuldade de parar, e aí meus planos de perder peso vão desandar". E não comia os biscoitos.

Mais tarde, de volta ao café, ela encontrava só meio biscoito sobrando. E ela dizia: "Isso parece bom; só tem um pedaço pequeno, que não vai me fazer mal. Mas eu não quero entrar por esse caminho, eu me comportei tão bem esta semana..." E novamente ela não comia o biscoito. Naquela semana, ela perdeu 1,5 kg.

Quando você começar a monitorizar seu monólogo interior, preste atenção às frases que geram comportamentos negativos.

Pensamento do tipo "tudo ou nada"

Muitos de nós tendemos a pensar a nosso próprio respeito e acerca das nossas características pessoais em termos de extremos. Somos "bons" ou "maus", "um sucesso" ou "um fracasso", "cumprimos a dieta" ou "descumprimos a dieta". Se você pensar em extremos, suas metas talvez não sejam realistas; por exemplo, "nunca mais vou comer sobremesa", ou "vou caminhar todas as noites, depois do jantar". Metas desse tipo pressupõem perfeição, e, por não serem realistas, acabam fazendo com que você se sinta um fracasso. Solução: cuidado com proposições que incluam palavras como *bom* ou *mal*, *sempre* ou *nunca*. Em vez disso, trabalhe no sentido de alcançar um equilíbrio, e lembre-se de que um pequeno deslize não é o fim do mundo. Na realidade, uma verdadeira mudança de estilo de vida é um processo no qual fazemos dois passos para a frente e um para trás. Essa, sim, é uma expectativa realista.

Declarações de intenção

Muitas pessoas tentam se motivar dizendo "eu deveria" fazer tal coisa ou "eu preciso" fazer tal coisa. Essas declarações às vezes representam um "tiro pela culatra", já que desencadeiam sentimentos de culpa, vergonha, ressentimento e raiva, que não são nem um pouco motivadores. Solução: reformule suas declarações para "eu quero" fazer tal coisa. Por exemplo, em vez de dizer a si mesmo, "eu *deveria* caminhar todos os dias", tente dizer "eu *quero* caminhar quatro vezes por semana para ativar meus músculos e queimar algumas calorias, o que me ajuda a perder peso".

Filtrar e desqualificar as coisas positivas

Muitos de nós temos uma tendência a supervalorizar os pontos negativos de uma situação e filtrar, ou diminuir, os aspectos positivos – mais ou menos como considerar o copo meio cheio ou meio vazio. Por exemplo, digamos que o seu foco esteja concentrado no fato de que, durante as férias, você se afastou dos seus planos de uma alimentação saudável e ganhou 1 kg. Talvez sua decisão seja: "lá se foi a dieta; seria melhor eu comer o que quisesse". Basicamente, você arrasou com qualquer aspecto positivo da situação. Solução: redirecione seu ponto de vista. Você também poderia perfeitamente dizer: "eu realmente gostei das férias. Consegui manter minhas metas de atividade física. No total, desde o começo, eu ainda estou com menos 3 kg. Só preciso rever minhas metas de estilo de vida agora que as férias terminaram. Da próxima vez, vou fazer um plano para manter o peso durante as férias".

Desculpas

É fácil culpar alguma coisa ou alguém pelos nossos problemas, em vez de assumir a responsabilidade pelas escolhas que fazemos. Muitas pessoas dizem: "Preciso ter sempre em casa biscoitos para as crianças", ou "não tenho força de vontade", ou "Está frio demais para caminhar". Solução: mudar esse tipo de monólogo interior para "Acho que vou comprar algumas coisas gostosas, mas saudáveis, para as crianças, assim todos nós poderemos comer e os hábitos alimentares de toda a família melhoram", ou "é difícil mudar hábitos alimentares arraigados, mas acho que vou tentar e ver o que acontece", ou "vou me agasalhar e sair para caminhar; se ficar muito frio, eu paro, embora a própria caminhada possa ajudar a me aquecer".

Rótulos negativos

Algumas pessoas estão sempre aplicando rótulos negativos a si próprias e a seus esforços. Qualquer erro ou deslize é motivo de autocrítica. Em vez de dizer "não fiz exercícios esta semana", a pessoa com tendência negativista diria "sou gordo e preguiçoso" ou "sou um completo fracasso, eu não sabia que não iria conseguir". Solução: não transforme um simples desvio em um comportamento passível de crítica ou em uma falha de caráter. Tente dizer "um deslize não é o fim do mundo. É normal que aconteça, e previsível. Vou entrar na linha novamente".

Pessimismo e vontade de desistir

O pessimista tira conclusões apressadas, sem provas, sempre no sentido do fracasso e utilizando expressões derrotistas do tipo "esse programa é muito difícil; eu sabia, desde o começo, que eu iria engordar novamente". Solução: reformule mentalmente essas afirmativas, uma etapa de cada vez. Sugestão: "já aprendi a perceber o que é difícil para mim. Na próxima vez, vou tentar uma estratégia diferente".

Estratégias para melhorar seu monólogo interior

Fique atento à sua autopersuasão. Substitua as frases do tipo sabotagem por afirmativas úteis e positivas, sempre que puder.

Escreva as frases negativistas sempre que você percebê-las e veja se elas realmente fazem sentido. São afirmativas lógicas, razoáveis, úteis para você e para suas metas de mudança de estilo de vida no sentido de perder peso? Você diria essas coisas a um amigo? Se não, reformule essas frases para que elas se transformem em assertivas lógicas, racionais e que sirvam de apoio aos seus esforços.

Crie frases positivas e repita-as com frequência, a fim de que elas finalmente ocupem o lugar das velhas frases negativistas. Torne visíveis, no seu ambiente, as frases positivas do seu monólogo interior. Por exemplo, coloque um lembrete na porta da geladeira ou na parede da cozinha dizendo "prometo comer alimentos saudáveis e perder peso com saúde".

E lembre-se de perguntar a si mesmo: "Será que eu estou mesmo com fome? E se eu não estou com fome, então o que é isso?" Procure identificar por que você está comendo, qual é seu monólogo interior e como ele afeta seu comportamento alimentar.

Como sepultar velhos hábitos

Muitas vezes, as pessoas comem demais por hábito, e os velhos hábitos são difíceis de mudar. Você vai ao cinema, compra pipoca e come toda a pipoca porque você sempre fez isso. A TV está ligada, então você come, e os comerciais ainda trazem sugestões de outras coisas gostosas, e assim você continua beliscando. Nesse tipo de situação, as pessoas se assemelham a máquinas de comer, repetindo o mesmo movimento, até que toda a comida à sua frente tenha acabado – mesmo sem estar com fome. E, quando a comida realmente acaba, nem lembramos de ter comido. Nesse caso, a comida foi mera distração, e essa é a forma de alimentação que menos satisfaz. É também uma prática de alto risco, porque não damos atenção ao que estamos comendo e por isso nem sabemos exatamente o que e quanto consumimos.

Muitos de nós também comem porque é isso que se espera que façamos naquele determinado momento, ou seja, é um ritual. Por exemplo, comer até cansar nas festas de Natal e Ano Novo é praticamente uma tradição familiar. Preparar e comer alimentos em grande quantidade pode se tornar um hábito. Por isso, certifique-se de que seus rituais sejam saudáveis e correspondam realmente a um certo grau de fome e não meros hábitos que resultem em excesso de consumo alimentar.

Você pode ficar constrangido em recusar aquele algo mais de comida, temendo ofender os seus anfitriões. Ou talvez você simplesmente coma o que lhe é servido, para não ser "mal-educado". Algumas pessoas comem também para evitar sentir fome mais tarde. "Hoje eu vou ter um dia cheio, talvez nem consiga fazer um intervalo, então acho melhor comer um pouco mais agora, embora eu não esteja com fome". Todos esses são hábitos, e hábitos podem ser quebrados.

A melhor forma de mudar um velho hábito inútil é substituí-lo por um novo e mais útil. E se você comprasse um café ou uma garrafa de água mineral para tomar durante o filme, em vez de refrigerante e pipoca?

Você está com fome ou está comendo por hábito?

Antes de comer, avalie seu grau de fome e, ao terminar, avalie seu grau de satisfação ou de saciedade. Classifique seu grau de fome em uma escala de 0 a 10, onde 0 é "com muita fome" ou "faminto" e 10 é "cheio" ou "totalmente satisfeito".

| 0 | 1 | 2 | 3 | 4 | 5 | 6 | 7 | 8 | 9 | 10 |

0 = faminto
1 = com muita fome
2-3 = com fome
4 = com um pouco de fome
5 = satisfeito/ confortável
6 = um pouco cheio
7-8 = cheio
9 = muito cheio
10 = extremamente cheio/ desconfortável

Se você não tem certeza de estar genuinamente faminto, feche os olhos e coloque as mãos sobre o estômago, para tentar focalizar seu corpo e não seu monólogo interior, suas emoções ou outros fatores desencadeadores do hábito de comer. Se você acha que pode estar com sede, tente beber um copo cheio de água e ver se você se sente satisfeito. Pergunte-se quanto tempo se passou desde a sua última refeição ou lanche. Se você comeu nas últimas duas horas, não é provável, do ponto de vista fisiológico, que você já esteja com fome. Por outro lado, se a sua última refeição ou lanche já foi há mais de quatro horas, é mais provável que você realmente esteja com fome.

Depois de decidir qual é o grau da sua fome, então você deverá decidir quanta comida é necessária para matar essa fome e trazer você para o nível 5 ou 6 de satisfação (satisfeito ou um pouco cheio). É importante comer conscientemente e apreciar a comida sem outras distrações. O sinal de que você comeu leva vinte minutos para ir do estômago ao cérebro, por isso, se você comer muito depressa (em menos de vinte minutos), não será capaz de avaliar com precisão o seu grau de satisfação ou plenitude. Na verdade, se você comer grande quantidade muito rapidamente, porque você está com muita fome, então, vinte a trinta minutos mais tarde, quando o sinal finalmente chegar ao cérebro, você poderá se sentir bastante desconfortável, no nível 9 ou 10. Por isso, é realmente importante que você relaxe um pouco durante a refeição. Às vezes, uma música de fundo lenta pode ajudar; há pesquisas que mostram que, quando uma música mais rápida é tocada, as pessoas comem mais depressa para acompanhar o ritmo.

Provavelmente você já está começando a compreender que mudar o comportamento – ou seja, fazer uma verdadeira mudança no seu estilo de vida – envolve mais do que uma simples mudança na dieta. Envolve avaliar e gerenciar seu ambiente alimentar (ou seja, onde e o que você come), seu ambiente emocional (como você reage às emoções), seu contexto cognitivo (o modo como você pensa) e seus hábitos (o modo como você come). Agora vamos falar sobre como começar a modificar o que você come.

CAPÍTULO 8

Como estabelecer metas de peso, atividade e nutrição, e acompanhar seu progresso

Estabelecer metas faz com que você tenha um alvo e uma direção, o que é importante para uma mudança bem-sucedida do estilo de vida. Vejamos alguns elementos necessários para determinar metas adequadas. Ao estabelecer suas metas e tentar alcançá-las, você deverá levar em conta os fatores seguintes.

- Usar **linguagem assertiva**, ou seja, evitar termos como "eu deveria..." e procurar falar positivamente consigo mesmo; por exemplo, "vou passar a comer frutas na sobremesa", em vez de "não vou comer bolo na sobremesa". Esse aspecto já foi abordado em detalhe no Capítulo 7.
- Se a sua meta for suficientemente específica para ser **medida**, você pode facilmente avaliar se foi capaz de atingi-la ou não. Por exemplo, "Vou caminhar trinta minutos após o jantar, cinco vezes por semana", ou, "Vou ao mercado da esquina caminhando", em vez de "Vou fazer mais exercício".
- Estabelecer um **período de tempo** para alcançar uma meta é crucial para que você possa se cobrar resultados. Isso ajudará você a manter o objetivo em foco e a avaliar

seu progresso em momentos específicos; por exemplo, diga "Vou perder dois quilos em um mês", em vez de "Vou perder dois quilos".

- Estabeleça metas **realistas e alcançáveis**. Ao definir suas metas, é importante que você esteja pelo menos 80% confiante de que pode alcançá-las. Caso não esteja, é importante ajustar a meta até ficar confiante. Metas realistas e alcançáveis não incluem palavras do tipo "tudo ou nada" tais como *sempre* ou *nunca*. Se você estabelecer metas realistas e alcançáveis, estará menos propenso a esperar pela perfeição. Ao estabelecer objetivos realistas, você começa a sentir as "pequenas conquistas". O caminho para mudanças de estilo de vida com sucesso é composto por essas pequenas conquistas – uma conquista de cada vez. Tente dizer "Vou começar caminhando vinte minutos, quatro vezes nesta semana", em vez de, "Vou caminhar sessenta minutos todos os dias".

- **Faça as mudanças de estilo de vida em pequenos passos.** As metas de estilo de vida envolvem, frequentemente, um planejamento prévio e passos intermediários. Por exemplo, você precisa certificar-se de que possui calçados e roupas apropriadas antes de colocar seus planos em ação. Você precisará planejar as refeições seguintes, e comprar os alimentos necessários para prepará-las. Comece com, "Vou comprar maçãs, laranjas e cenouras e vou colocá-las na geladeira, empacotadas para os almoços desta semana", em vez de, "Vou almoçar frutas e legumes".

- Mudar o estilo de vida é um trabalho árduo e precisa de muita concentração, mas **reforços positivos e recompensas não alimentares** pela conquista dos seus objetivos podem ajudar a manter o foco e a motivação. Tente dizer "Se eu trouxer de casa um almoço saudável três vezes nesta semana, posso usar o dinheiro economizado para comprar uma revista ou CD", em vez de, "Vou trazer meu almoço de casa três vezes nesta semana".

Como definir metas de perda de peso: quanto?

Os especialistas recomendam uma meta de perda média de peso inicial de 10 % do peso corporal, porque as pesquisas mostram que esse grau de emagrecimento está associado a uma melhora significativa nos fatores de risco cardiovasculares e no bem-estar psicológico. Isso não significa que uma perda de peso maior não seja benéfica: pode muito bem ser benéfica, dependendo da sua massa corporal inicial. No Programa de Prevenção do Diabetes, perdas de peso de 5 a 7 % foram associadas a redução de 58 % no desenvolvimento de diabetes.

Mas pesquisas também mostram que indivíduos obesos consideram uma perda de peso de 17 % como "decepcionante", uma perda de 25 % seria "aceitável", e uma perda de peso de 37% representaria o "peso dos sonhos". Em um programa de emagrecimento, mesmo quando os participantes foram orientados, várias vezes, sobre o fato de 5 a 15 % de redução ser uma expectativa razoável, eles ainda esperavam perder 25 % do peso. Entretanto, para a maioria das pessoas com sobrepeso ou obesas, uma perda de peso de 10 % é alcançável e fará diferença.

Para saber quantos quilos você precisará perder para alcançar sua meta, multiplique seu peso pelo percentual de perda que você deseja. Digamos que Joana, que pesa 120 quilos, queira perder 5 % de seu peso corporal; ela deveria, então, multiplicar 120 por 0,05, o que daria 6 kg. Para uma perda de peso de 10%, ela precisaria perder 12 kg. Para Joana, uma perda de peso de 6 a 12 kg melhoraria significativamente seus fatores de risco cardiovasculares e reduziria seu risco de diabetes.

As metas de perda de peso de uma pessoa são frequentemente baseadas em outras considerações pessoais, tais como aparência. Quando você determinar sua expectativa de perda de peso, tenha em mente que o peso que você precisa perder para melhorar sua saúde provavelmente será diferente (e provavelmente menor) do que aquele que você precisaria perder para ter o peso da sua preferência. Mas lembre-se de que você não deve estabelecer objetivos tão difíceis, a ponto de serem desestimulantes e levarem você a desistir de uma perda de peso razoável, que terá importantes benefícios para a sua saúde.

Calcule sua própria meta de perda de peso

> Meu peso atual é _____kg. Para perder 5 % do meu peso corporal, eu teria de perder _____kg. Para perder 7 %, eu teria de perder _____kg. Para perder 10 %, eu teria de perder _____kg.

Utilizando o Gráfico de Perda de Peso, (ver Figura 8.1), registre seu peso atual inicial (na semana 0) e marque as suas metas de perda de peso de 5 %, 7 % e 10 % na semana 26. Trace uma linha conectando seu peso atual (antes de qualquer perda de peso) e as metas, de modo que você possa seguir seu ritmo de emagrecimento e ver se está perdendo peso a uma taxa que proporcione melhora da sua saúde.

Como definir metas de perda de peso: em que ritmo?

Qual é o ritmo de emagrecimento semanal que você deveria ter como meta? A maioria das pessoas não está satisfeita com uma perda gradual de meio a um quilo por semana, embora esse seja o modo mais seguro e saudável de perder peso. Parece lento, mas, no ritmo de meio a um quilo por semana, a maioria das pessoas terá perdido pelo menos 5 a 10 % do peso corporal em aproximadamente seis meses. Isso é uma conquista impressionante se você considerar quanto tempo levou para ganhar esse peso, e o número de calorias que você precisa cortar para alcançar essa marca.

Meio quilo de gordura tem 3.500 calorias. Se o seu peso está estável, e você quer perder meio quilo por semana, precisa reduzir sua ingestão de calorias em 500 calorias por dia, por sete dias (3.500 calorias), ou gastar 500 calorias extras a cada dia, caminhando rapidamente oito quilômetros por dia, por sete dias, ou fazer alguma combinação de ingestão reduzida de calorias e perda aumentada de calorias, que totalize 3.500 calorias. Para perder um quilo por semana, você precisaria reduzir sua ingestão em 1000 calorias por dia durante sete dias ou caminhar dezoito quilômetros por dia durante sete dias. Se está ganhando peso, então você precisaria reduzir suas calorias ainda mais para ter as mesmas perdas de peso. Portanto, perder meio a um quilo por semana requer um esforço substancial.

Mais movimento: metas de atividade

Ao estabelecer metas para a atividade física, é importante considerar seu ponto de partida. Se você não está ativo atualmente, deverá estabelecer metas que sejam alcançáveis. Talvez seja melhor começar caminhando 10 minutos, cinco vezes por semana (50 minutos por semana). (No capítulo 5, vimos várias maneiras práticas para aumentar o nível de atividade). Quando você estiver caminhando 50 minutos por semana, aumente a meta para 15 a 20 minutos, cinco vezes por semana, resultando em um total de 75 a 100 minutos por semana. À medida em que a sua disposição aumenta, e você estabelece novos hábitos, poderá continuar aumentando suas metas de atividade física até um mínimo de 150 minutos por semana. Essa era a meta mínima de atividade para os participantes do Programa de Prevenção do Diabetes. No DPP, os participantes do grupo com mudanças no estilo de vida mantinham um diário sobre suas atividades físicas e frequentemente utilizavam passímetros (dispositivos pequenos, de baixo custo, que contam o número de passos dados) para ajudar a medir o nível de atividade.

TABELA 8.1 Metas do DPP para ingestão diária de gordura e calorias*

Peso Inicial (kg)	Gordura (g)	Calorias
54 - 76	33	1.200
79 - 97	42	1.500
99 - 110	50	1.800
113 - 135	55	2.000

*Para determinar as metas de gordura e calorias, arredonde o valor do seu peso inicial para o valor inicial mais próximo nessa tabela.

FIGURA 8.1 Gráfico de perda de peso

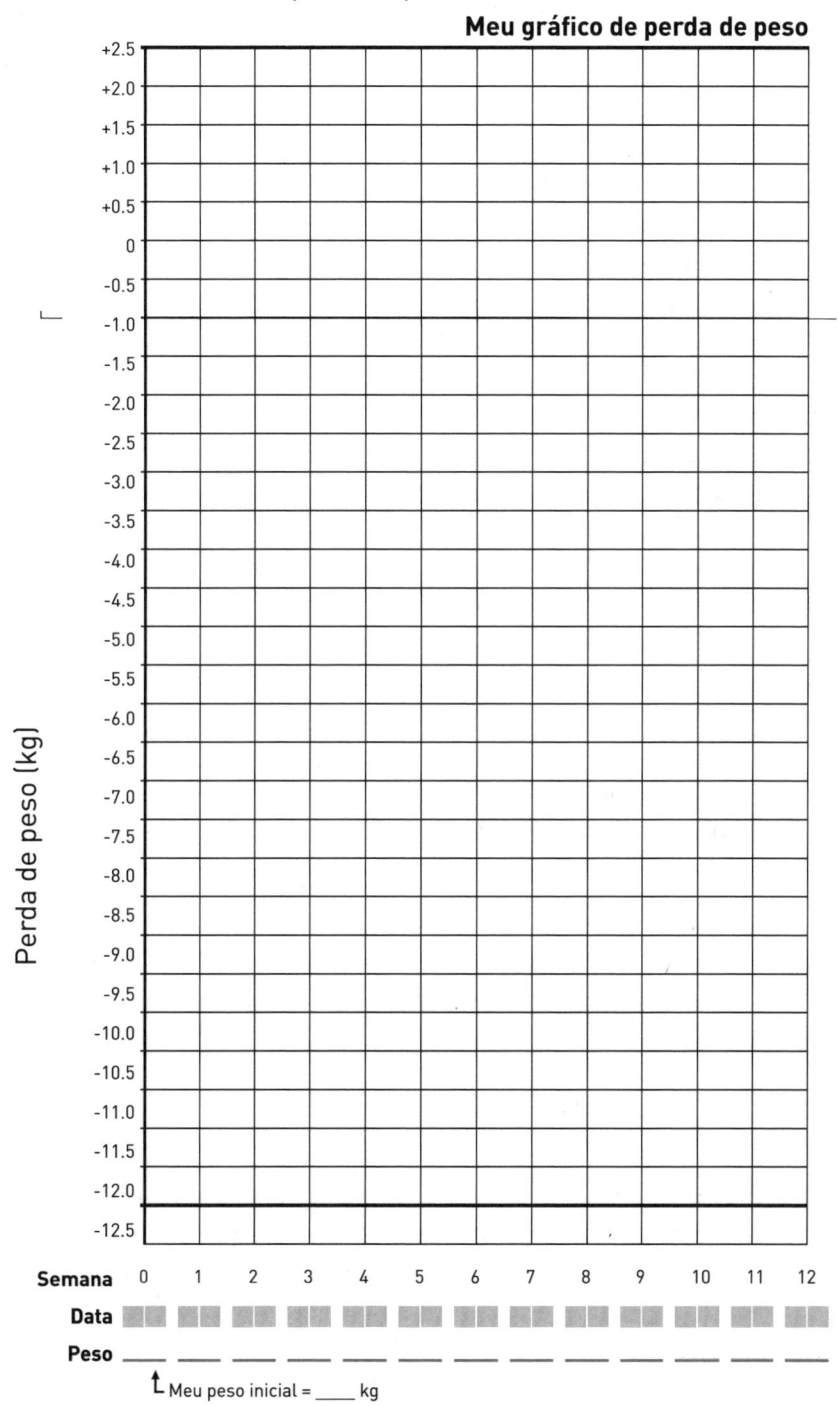

Meu gráfico de perda de peso

Perda de peso (kg): +2.5 a -12.5

Semana: 0 1 2 3 4 5 6 7 8 9 10 11 12

Data: ▭ ▭ ▭ ▭ ▭ ▭ ▭ ▭ ▭ ▭ ▭ ▭ ▭

Peso: ___ ___ ___ ___ ___ ___ ___ ___ ___ ___ ___ ___ ___

↳ Meu peso inicial = ___ kg

Meu gráfico de perda de peso

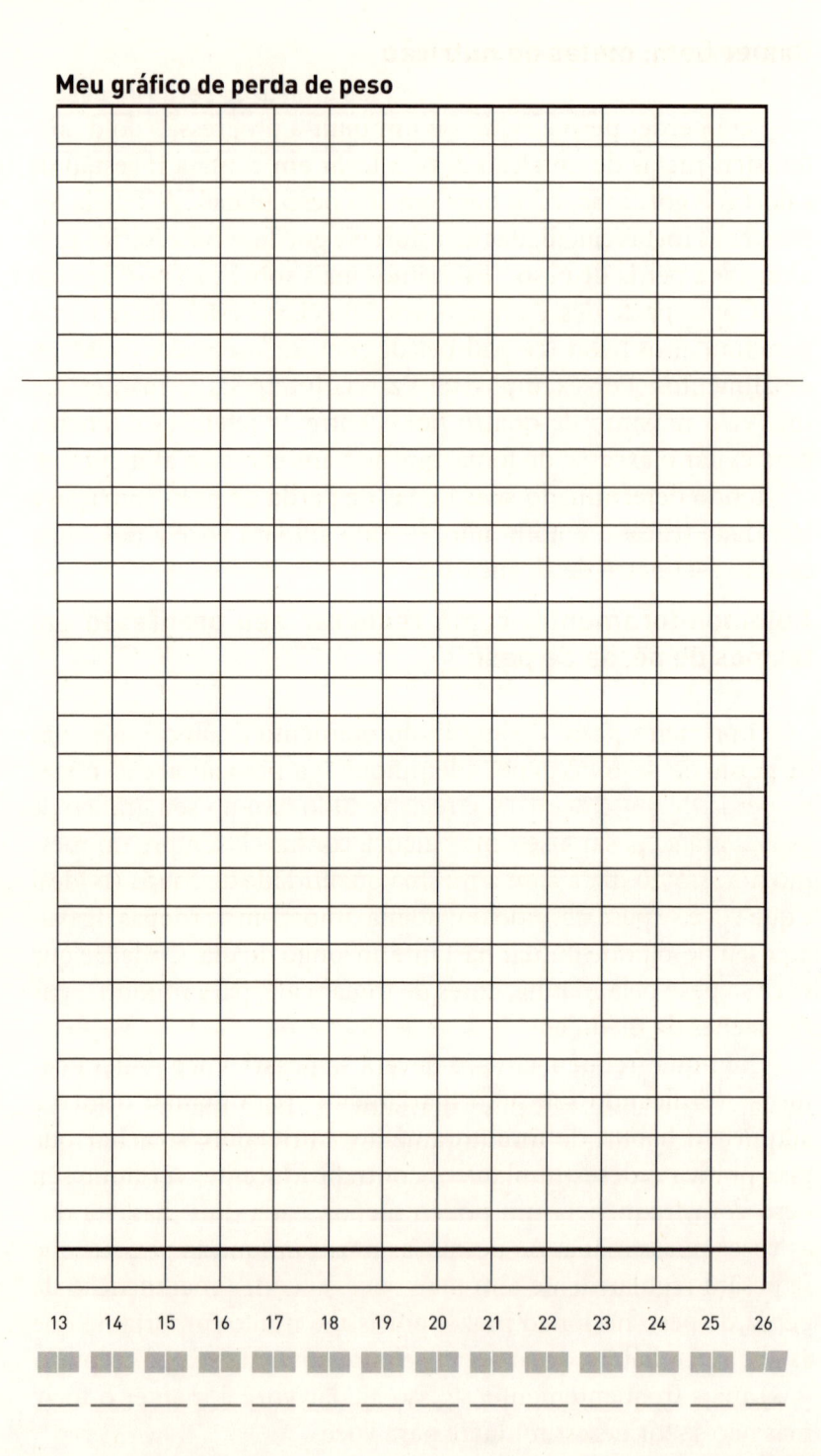

| | | | | | | | | | | | | | |
|13|14|15|16|17|18|19|20|21|22|23|24|25|26|

Comer bem: metas de nutrição

Para perder peso e evitar ou diminuir a progressão do diabetes, suas metas de nutrição devem levar em conta a ingestão de calorias e gorduras, com base em seu peso inicial. A Tabela 8.1 mostra as metas calculadas de calorias e gordura necessárias para alcançar a perda de peso. (Falaremos mais sobre isso no Capítulo 12). Como parte desse esforço, você precisará estabelecer metas para mudar os hábitos e padrões de compra, preparo e consumo de alimentos. Por exemplo, talvez seja interessante manter um intervalo máximo de quatro horas entre as refeições e lanches para evitar o excesso de fome, que leva aos excessos alimentares.

Tendo determinado suas metas de perda de peso, nutrição e atividade física, o automonitoramento ajudará você a descobrir quanto está perto de alcançá-las.

Automonitoramento: como registrar seu progresso em termos de perda de peso

O primeiro passo do automonitoramento é colocar as metas de perda de peso no papel. Identifique seu peso atual e as metas de perda de 5%, 7% e 10% e registre tudo isso no seu gráfico de peso. Para se pesar, use uma balança confiável, sempre no mesmo horário do dia e com a mesma quantidade de roupa (o ideal é que você se pese despido ou, no máximo, com as roupas de baixo); seu peso pode flutuar bastante ao longo do dia. O ideal é que você se pese pela manhã, antes de tomar café, para minimizar as flutuações da medida.

Com que frequência você deverá se pesar? Você poderá começar verificando seu peso diariamente, para manter o foco e adquirir o hábito de monitoramento. Entretanto, se achar que essa prática é desestimulante e contraproducente, verifique seu peso com frequência um pouco menor, cada dois dias, ou duas vezes por semana. As pesquisas mostram que as pessoas que se pesam regularmente têm mais sucesso com a manutenção da perda de peso no longo prazo, por isso é muito importante que estabeleça o hábito de se pesar pelo menos uma vez por semana – ou mais frequentemente, se isso ajudar você a manter o foco, mas não se for desestimulante para você.

Coloque seu gráfico de peso em um local de fácil acesso, para que se lembre de registrar o peso pelo menos uma vez por semana. Marque seu peso no gráfico e trace uma linha entre as medidas de uma semana para a outra, para que você possa observar seu ritmo de perda de peso. Você verá que a perda de peso nem sempre segue uma linha reta. Às vezes, o peso se mantém igual por duas semanas e depois diminui vários quilos na semana seguinte. Se você mantiver o foco nas metas de comportamento e de estilo vida, a perda de peso virá como consequência. Mudanças de estilo de vida mais consistentes resultam em perda de peso mais consistente.

Se o seu peso não sair do lugar por três semanas seguidas, volte e verifique o que pode estar dificultando o seu progresso. Por exemplo, muitas pessoas subestimam o tamanho das porções de alimentos e pensam estar comendo 100 g de carne quando, na verdade, estão comendo 150 ou 200 g. O que parece ser uma colher de chá de manteiga ou de molho para salada pode acabar sendo, na verdade, uma colher de sopa.

Automonitoramento: como registrar sua ingestão alimentar e seu nível de atividade

Várias pesquisas já mostraram que as pessoas que mantêm diários alimentares tendem a subestimar a ingestão de gorduras e calorias em pelo menos 20%. Assim, se num determinado dia você registrou 1000 calorias, provavelmente comeu algo como 1200 calorias ou mais. Isso não significa, necessariamente, que a pessoa esteja mentindo ao registrar o que comeu; na realidade, é frequente a pessoa subestimar as porções dos alimentos e esquecer de anotar tudo o que comeu – especialmente se tentar se lembrar, à noite, de tudo o que ingeriu durante o dia, ou se tiver comido "por distração". É mais difícil lembrar o que e quanto você comeu, se a alimentação foi combinada a outras atividades, como leitura, assistir televisão ou conversar com outras pessoas. Se você come umas batatinhas, amendoins ou outro tipo de aperitivo, no caminho entre a cozinha e a sala, geralmente você se esquece e não considera essas porções, mas todas as calorias contam e vão se somando.

FIGURA 8.2 Diário de estilo de vida

Horário	Alimentos	Porção	Calorias	Gorduras (g)	Fome	Local	Comentários
		Totais Diários					

FIGURA 8.3 Diário das atividades físicas

Tipo de atividade física	Duração da atividade

É importante manter um registro das suas atividades e hábitos alimentares. Veja como detalhar essas informações: a maioria dos especialistas recomenda que você procure registrar os minutos de atividades que sejam semelhantes a uma caminhada rápida, em termos de intensidade, e que tenham duração de dez minutos ou mais. Exercícios específicos de força e ginástica aeróbica devem ser registrados separadamente. É importante também anotar quando, em um determinado dia, você não fizer nenhuma atividade física.

A Figura 8.2 mostra um exemplo de diário dos hábitos alimentares. A Figura 8.3 mostra um exemplo de diário de atividades, para registro dos exercícios físicos.

Embora a queima de calorias produzida pelo aumento da atividade física ajude a perder peso, independentemente da frequência de exercício, o benefício agregado do exercício em termos de maior sensibilidade dos músculos à insulina (natural ou injetada) dura apenas 36 horas; por isso, faz sentido que o exercício se repita pelo menos cada dois dias – o ideal sendo cinco a seis dias por semana.

Ao registrar sua ingestão de alimentos, você deveria ir além daquilo que comeu. Você deveria também incluir o horário das refeições e lanches e a quantidade de calorias e de gramas de gordura nas porções que consumiu. A melhor maneira de registrar a ingestão de alimentos é anotar os detalhes ao longo de todo o dia. Há duas boas razões para utilizar esse método. Primeiramente, será mais difícil esquecer o que você comeu (ou esquecer de anotar). Em segundo lugar, você pode avaliar quantas calorias e gramas de gordura está consumindo, à medida em que o dia avança, e assim será mais difícil ultrapassar os limites estabelecidos. Anotar o que você comeu somente no final do dia pode servir como um bom registro histórico, mas não permite que você faça ajustes ao longo do dia.

Também é útil anotar quanta fome você sentia antes da refeição e quanto você ficou satisfeito depois. Isso pode ajudar a determinar se você está atendendo ou não às suas necessidades de fome e saciedade. Se você verificar que, antes das refeições, está sempre "morrendo de fome", talvez o intervalo entre elas esteja muito longo. Veja um exemplo: se você observar que tem fome demais antes do jantar, às 19 horas, e que você almoçou ao meio-dia e não fez nenhum lanche à tarde, talvez você possa fazer um lanche saudável às 15 ou 16 horas, para ajudar a saciar um pouco a fome e, assim, o que é mais importante, evitar comer demais no jantar. (Separe parte das calorias que você iria comer no jantar e faça um lanche durante a tarde). Se você não se sente satisfeito (ou seja, se você ainda tem fome) ao terminar as refeições, talvez você não tenha comido o suficiente. Por outro lado, se você se sente muito cheio após uma refeição, seu diário poderá ajudar a reduzir ainda mais as porções de alimento.

Existem pessoas que comem muito poucas calorias e gorduras durante a primeira metade do dia e depois jantam muito e comem um lanche bem tarde, à noite. Consequentemente, elas tendem a não sentir fome na manhã seguinte. Esse padrão de alimentação (em que a pessoa come mais à noite) pode provocar uma elevação dos níveis de açúcar no sangue na parte da noite e cedo pela manhã. (Além disso, a concentração das calorias em uma ou duas refeições do dia, que algumas pessoas chamam de "se empanturrar", é uma prática contraproducente para quem quer perder peso. O ideal é repartir a ingestão de calorias ao longo do dia). Para quebrar o hábito de refeições grandes e pouco frequentes, verifique o seu grau de fome e de saciedade antes e depois das refeições e distribua sua alimentação de modo a deixar um intervalo maior que 4 horas entre as refeições e lanches (exceto quando você estiver dormindo, é claro). As pessoas que tentaram esse método descobriram que era possível organizar suas refeições noturnas e se sentiam satisfeitas com porções razoáveis no jantar e na ceia. O resultado é que os níveis de glicose no sangue ficam mais baixos na hora de deitar e no momento em que a pessoa se levanta, pela manhã.

Outra parte importante do diário alimentar é o acompanhamento das calorias ingeridas através dos líquidos. Bebidas adoçadas (como sucos ou refrigerantes) adicionam muitas calorias à dieta, não ajudam a saciar a fome e podem aumentar o açúcar no sangue rapidamente e de forma relativamente acentuada, nas pessoas que são propensas ou que já têm diabetes. Por isso, refrigerantes diet, água ou soluções hidratantes aromatizadas (sem calorias) são preferíveis aos refrigerantes normais. Também é muito melhor comer frutas frescas do que tomar o suco, porque as fibras presentes nas frutas proporcionam maior sensação de saciedade e ajudam a moderar os picos de glicose no sangue.

As calorias do álcool dificultam a perda de peso por meio de vários mecanismos. Primeiramente, o álcool é bastante calórico (7 calorias por grama, ver Tabela 8.2), e o organismo processa o álcool de forma semelhante ao que faz com a gordura. Beber álcool também pode reduzir o autocontrole, e você perceberá que

TABELA 8.2 Teor calórico das bebidas alcoólicas e salgadinhos aperitivos

	Calorias	Gordura (gramas)
Cerveja 350 ml	150	0
Cerveja light 350 ml	110	0
Vinho de mesa 200 ml	144	0
Vinho de sobremesa 120 ml	180	0
Bebida alcoólica em dose (45 ml)	100	0
Bloody Mary (150 ml)	115	0
Daiquiri (120 ml)	224	0
Gim tônica (230 ml)	171	0
Martíni (gim e vermute) (75 ml)	156	0
Cuba Libre (45 ml rum/ 240 ml Coca-Cola)	180	0
Cuba Libre com Coca-Cola diet	100	0
Uísque *sour*	158	0
Batidas cremosas (90 ml)	225	7
Castanhas, amendoins (30 g)	170	14
Mix de castanhas e frutas secas (1/4 xícara)	150	8
Pretzels (30 g)	108	1
Chips (30 g)	152	10

Adaptado de Jean A.T.Pennington, *Bowes and Church's Food Values of Portions Commonly Used*, Philadelphia, PA: Lippincott-Raven Publishers, 1998.

come mais calorias, de modo geral, nos dias em que bebe álcool. Finalmente, os refrigerantes, sucos e salgadinhos, como batatas fritas e amendoins, que servem de acompanhamento, são uma fonte adicional de calorias. Portanto, cuidado com o impacto do álcool no seu plano alimentar diário – ele poderá afetar a sua capacidade de manter o foco nas metas.

Use a coluna de comentários do diário para fazer anotações sobre seus hábitos alimentares, inclusive sobre o ambiente físico (onde você come – por exemplo, no carro, na cama, em restaurantes, lanchonetes); seu monólogo interior, que representa o seu estado de espírito ou seu "ambiente cognitivo"; e seu humor (seu "ambiente emocional"). Ao fazer isso, começará a descobrir que tipo de estímulos levam você a comer, e as relações entre os seus sentimentos, emoções, pensamentos, atitudes e quanto (e o quê) você come.

Pense no automonitoramento como um processo de autodescoberta a respeito da sua dieta – o quê, quando, onde, como e quanto você come. Uma vez esclarecido o seu padrão, você poderá desenvolver estratégias para quebrar os hábitos que agem sabotando suas metas e reforçar aqueles que levarão você a alcançar uma saúde melhor.

Mesmo os melhores planos e intenções podem se perder dependendo das circunstâncias. No próximo capítulo, conhecerá alguns recursos que poderão ajudar você a se manter firme, no caminho certo.

CAPÍTULO 9

Resolvendo problemas

Você está pronto para mudar, já definiu suas metas e está monitorizando seu progresso. Você está contente com seu progresso. E tem razão. Mas, de repente, você nota que certas situações interferem com seus planos. Você precisa se reorganizar, prever e se preparar para obstáculos que podem sabotar o seu sucesso. Saber resolver certos problemas é uma parte crucial dos seus esforços para ficar mais ativo e para comer menos calorias e menos gordura.

Há cinco etapas básicas para resolver problemas com eficiência.
- Etapa 1: descrever o problema ou obstáculo em detalhe.
- Etapa 2: fazer uma lista das possíveis soluções.
- Etapa 3: escolher uma das soluções possíveis.
- Etapa 4: planejar a ação usando suas habilidades de definição de metas.
- Etapa 5: experimentar o primeiro plano e ver como funciona. Estar pronto para tentar dois ou três planos diferentes para cumprir todo o processo de solução do problema.

Vejamos o caso de Sandra. Sandra tem 52 anos e está tentando perder peso para evitar o diabetes, que sua mãe apresentou quando tinha 55 anos. Ultimamente, ela observou que sua alimentação está caótica, e que ela está comendo muitas calorias a mais do que havia planejado. Sandra usou o diário de estilo de vida para ajudá-la a descobrir o que estava ocorrendo.

> *Acordei tarde e saí apressada sem tomar café. Comi dois sonhos com café e creme durante uma reunião, na parte da manhã.*
> *Deveria ter acordado mais cedo. Não deveria ter comido os sonhos.*
> *Fiquei aborrecida comigo mesma.*
> *Não almocei para compensar os sonhos.*
> *Cheguei em casa com muita fome, cansada e frustrada.*
> *Estava muito cansada para preparar uma refeição. Então comi uns salgadinhos. Minha colega chegou em casa e sugeriu que pedíssemos uma pizza. Comi muita pizza.*

No caso de Tom, ao revisar seu diário, ele percebe que vem comendo muito à noite e que essas calorias a mais estão impedindo seu progresso no sentido de perder peso. Ele para e descreve o problema em detalhe.

> *Quando acabei de jantar, discuti com minha esposa.*
> *Fiquei aborrecido e tomei sorvete para me sentir melhor.*
> *Sentei para ver TV e vi um comercial do meu aperitivo favorito.*
> *Fui até a cozinha, vi o aperitivo favorito e parte de sobremesa que havia sobrado – comi um pouco de cada, engolindo tudo depressa. Então, eu me senti empanturrado e culpado. Falei para mim mesmo: "de que adianta tentar?"*

Quando você analisa os fatores que levaram Sandra e Tom a comer demais, você percebe como os elementos seguintes contribuíram para o problema.

- Coisas presentes no ambiente em torno e que fizeram com que eles quisessem comer (alimentos altamente calóricos no trabalho ou em casa, comerciais de TV).

- Monólogo interior, pensamentos, sentimentos ou emoções que desencadearam a vontade de comer, mesmo quando eles não estavam com fome.
- Pessoas que não apoiaram seus esforços para perder peso.

Sempre que reagimos a esses fatores comendo demais, de tempos em tempos, desenvolvemos o hábito de comer em resposta a sentimentos, emoções e situações que não têm nada que ver com a sensação de fome. Antes que se dê conta, o simples fato de acordar tarde ou uma discussão com alguém estará levando você a comer demais.

Uma vez tendo descrito seu problema em detalhes, Sandra e Tom puderam então listar as alternativas para contornar essa cadeia de eventos. Ver Tabelas 9.1 e 9.2.

Quanto mais cedo você interromper certos padrões de comportamento, mais sucesso terá em mudar o hábito de cometer excessos alimentares em resposta a estímulos variados. É importante listar alternativas realistas e que tenham probabilidade de funcionar e, em seguida, pesar os prós e contras de cada opção. Além disso, se você interromper a sequência de eventos do tipo "dominó" em mais pontos, terá proporcionalmente mais chances de influenciar o resultado final.

O próximo passo é traçar um plano ou definir metas positivas para lidar com os obstáculos.

A meta de Sandra é comprar frutas, pãezinhos e geleia dietética e levá-los para o escritório – assim, se ela acordar tarde, ela ainda poderá tomar um café da manhã saudável. Sua recompensa será comprar flores no final da semana, caso consiga tomar um café saudável em quatro dos cinco dias da próxima semana.

A meta de Tom é caminhar um pouco após o jantar quatro noites em cinco, para esfriar a cabeça depois de um dia cheio no trabalho e para ter um final de noite mais calmo com a esposa. Sua recompensa será ir ao cinema no final de semana.

A etapa final é tentar a solução e ver se funciona. Se não funcionar, veja como ajustar seus planos para que funcionem. Continue tentando. Assim como as mudanças de estilo de vida, a solução de problemas também é um processo.

TABELA 9.1 A sequência de excessos alimentares de Sandra

Fatores desencadeantes	Outras opções
Acordou tarde	Programar o despertador para mais cedo
Saiu apressada sem tomar café	Levar uma fruta para o trabalho
Comeu dois sonhos com café e creme durante uma reunião	Comer torradas / um pãozinho no escritório
"Deveria ter acordado mais cedo"	"Estava cansada. Vou dormir mais cedo hoje".
"Não deveria ter comido os sonhos"	"Resolvi saborear os sonhos, então agora vou comer um almoço mais leve".
Ficou aborrecida consigo mesma	Usar monólogo interior positivo para retomar o foco
Não almoçou para compensar os sonhos	Comer uma salada e um pãozinho no almoço
Chegou em casa com muita fome, cansada e frustrada	Fazer um lanche e dormir um pouco
Estava muito cansada para preparar uma refeição	Aquecer um jantar semipronto, com porção balanceada
Comeu salgadinhos	Beliscar cenoura crua, aipo, palmito ou tomate
Colega chegou em casa e sugeriu uma pizza	Pedir salada com carne magra
Muita pizza!	Planejar melhor o dia de amanhã

TABELA 9.2 A sequência de excessos alimentares de Tom

Fatores desencadeantes	Outras opções
Teve uma discussão com a esposa	Conversar com a esposa para resolver a questão e sentir-se melhor
Ficou aborrecido	Dar uma volta a pé para sentir-se melhor
Tomou sorvete para se acalmar	Tomar uma xícara de chá para se acalmar
Assistiu à TV	Ler um livro ou fazer algum exercício enquanto assiste à TV
Viu comercial do aperitivo favorito	Olhar a correspondência durante o comercial
Foi até a cozinha pegar mais comida	Perguntar-se se está realmente com fome; se não é fome, então o que é?
Viu o aperitivo favorito e sobremesa que havia sobrado	Manter os salgadinhos / sobremesas longe da vista
Comeu um pouco de cada	Comer só um pouquinho
Engoliu tudo depressa	Comer devagar
Sentiu-se empanturrado e culpado	Procurar aprender alguma coisa com esse deslize, em vez de se sentir culpado
"De que adianta tentar?"	"Um passo de cada vez. Vou tentar outra maneira de lidar com isso da próxima vez."

CAPÍTULO 10

Como manter seu novo estilo de vida

A mudança de estilo de vida começa com a definição de metas, o automonitoramento e a resolução de problemas. Mas a chave para fazer com que as mudanças se mantenham é a forma como você se organiza para garantir o acompanhamento, o cumprimento das metas e para obter apoio.

Acompanhamento

Cada participante do Programa de Prevenção do Diabetes teve um instrutor pessoal designado para ajudar na definição de metas e na resolução de problemas e para avaliar constantemente seus registros de alimentação, atividade física e peso. Esse profissional responsável pela orientação sobre estilo de vida era sempre um nutricionista. Quase todos os participantes disseram que o simples fato de terem de fazer acompanhamento semanal com o instrutor foi importante para manter o foco. Se você precisar de ajuda para encontrar um nutricionista que possa trabalhar com você nas mudanças de estilo de vida, poderá pedir uma indicação ao seu médico como também procurar na Internet, por exemplo, nas entidades e associações que reúnem nutricionistas especializados. Nos Estados Unidos, por exemplo existe a página da *American Dietetic Association* - eatright.org. Lá, os pacientes encontram centenas de dicas úteis, boletins mensais com assuntos de grande interesse e uma Busca de Nutricionistas Especializados.

No Brasil, muitas informações podem ser encontradas nos sites da Sociedade Brasileira de Diabetes – SBD – (www.diabetes.org.br), da Associação Brasileira para o Estudo da Obesidade e da Síndrome Metabólica – ABESO – (www.abeso.org.br) e também nas Associações de Diabéticos da sua cidade (informações no site da SBD).

As pesquisas mostram que, quanto mais frequentes forem as verificações – quanto mais frequente for a "prestação de contas" – melhores serão os resultados em termos de perda de peso e mudanças de comportamento. Nutricionistas e orientadores são profissionais preparados para dar *feedback* e apoio personalizados, mantendo você como o principal responsável pelo atingimento das metas. Algumas pessoas preferem estabelecer um plano de "prestação de contas", inscrevendo-se em programas formais de perda de peso, como os Vigilantes do Peso, por exemplo, que trabalha com pesagens e registros periódicos. Outras pessoas são suficientemente disciplinadas para fazerem sua própria "cobrança", mas, assim como acontece com a declaração do imposto de renda, não é fácil.

Como desenvolver um plano para prestar contas do seu progresso

À medida em que você implementa as mudanças de estilo de vida e busca atingir suas metas, poderá querer montar um plano de controle que identifique *quem* irá supervisionar o seu progresso e o seu automonitoramento do peso, da atividade física e da alimentação. Esse plano de controle também deve especificar com que frequência você irá se reunir com o seu instrutor para definir metas e trabalhar na resolução de problemas.

Uma vez atingidas as metas, poderá passar a um esquema de acompanhamento menos frequente. Por exemplo, você poderá começar com uma verificação a cada duas semanas e ver se consegue, assim, manter-se no rumo certo; em seguida, passar para uma vez cada três semanas e depois para uma vez por mês. Muitos participantes do DPP fizeram a transição para um esquema de verificações mensais, a fim de manter as mudanças de estilo de vida. Ao se aproximar o final do programa, os contatos ficaram menos frequentes – cada seis semanas e, depois, cada dois meses. Durante a transição, cada pessoa pôde sentir quantas vezes precisava estar com seu orientador para se manter no caminho certo.

Muitos resolveram se inscrever em algum programa de controle de peso (ex. Vigilantes do Peso), a fim de ter um local onde pudessem verificar periodicamente seu peso e também para manter o foco no processo. Como já discutimos anteriormente, manter um rigoroso controle do peso pode aumentar suas chances de sucesso no longo prazo. As pessoas que conseguem, com maior sucesso, manter-se no peso alcançado medem seu peso regularmente – todos os dias ou, pelo menos, uma vez por semana. Se o peso começa a subir, essas pessoas imediatamente intensificam o monitoramento, registrando cuidadosamente os minutos diários de atividade física, as porções de alimentos e a ingestão de calorias e gorduras, até retornarem à meta de peso estabelecida.

Se você decidir entrar em um programa de controle de peso para obter orientação, controle e apoio, então considere os fatores seguintes.

- Decida se você está preparado para dedicar tempo, atenção e esforço necessário para ter sucesso nessa empreitada de perder peso. Pergunte a si mesmo: "Será que estou pronto para tornar a mudança de estilo de vida minha prioridade?"
- Defina suas metas de peso de curto e de longo prazo e descubra se o programa poderá ou não ajudar você a alcançar essas metas. Pergunte-se "Quanto peso quero perder no primeiro mês e quanto quero ter perdido ao final do programa?"
- Verifique as credenciais do programa e a capacitação da equipe e procure obter informações concretas sobre

resultados de sucesso, e não apenas histórias individuais. Procure os programas conduzidos por nutricionistas, especialistas em exercícios físicos e/ou psicólogos.
- Pergunte se o programa está voltado para uma alimentação saudável, e métodos para aumentar a atividade física, melhorar a autoestima e manter o peso no longo prazo.
- Procure programas que ajudem você a aprender a mudar seus hábitos alimentares por meio de informações, orientação e treinamento de habilidades, e não aqueles que simplesmente fornecem cardápios ou refeições padronizadas.
- Pergunte sobre os possíveis riscos do programa para a saúde (especialmente se ele inclui dietas com muito baixo teor calórico, medicamentos ou cirurgia).
- Discuta com seu médico como o programa poderá funcionar no seu caso, considerando sua história clínica e suas expectativas de perda de peso.
- Procure entender os custos do programa e verifique se estão cobertos pelo seu seguro saúde.
- Faça um plano de consultas médicas periódicas para avaliação das mudanças na sua saúde a partir do momento em que você começar a seguir o programa.

Como montar um sistema de apoio positivo

Outro fator chave para o sucesso é montar um sistema de apoio positivo e cercar-se de pessoas que lhe dêem suporte nos seus esforços para perder peso. Dedique alguns minutos para pensar sobre sua família, seus amigos, colegas de trabalho, e faça uma lista das pessoas com que você pode e não pode contar, nesse aspecto. Observe as atitudes das pessoas que estão à sua volta e reflita sobre como eles podem afetar seus esforços no sentido de perder peso. Assuma o compromisso de se cercar de pessoas que tenham atitude positiva a respeito da sua tentativa de mudança de estilo de vida. Diga a eles como eles podem "apoiar causa" (inclusive evitando incentivar os seus excessos). Se você quiser, pode usar a tabela da Figura 10.1, colocando uma marca em cada uma das pessoas que compõem o seu universo de contato.

É importante lembrar que nem todos lhe darão apoio – algumas pessoas poderão tentá-lo a comer, provocando, ou desaprovarem seus esforços para perder peso. Eis algumas razões para esse tipo de atitude.
- As pessoas podem se sentir desconfortáveis por comerem perto de você e lhe oferecerem comida por educação.
- Elas podem estar com inveja do seu sucesso em emagrecer.
- Talvez elas não queiram mesmo que você tenha sucesso. (Isso é problema delas, não seu!).
- Elas acham que você está passando fome.
- Elas lhe oferecem comida em sinal de atenção e cuidado com você. Muitas pessoas associam o alimento a amor e carinho, e podem achar que, quando você diz "não" para o alimento que elas lhe oferecem, você está rejeitando o amor e a preocupação delas em relação a você. Por isso, procure deixar claro para os seus amigos e pessoas queridas que você está bem e que é justamente por saber que eles se preocupam com você (e vice-versa) que quer proteger sua saúde.

Faça uma lista de coisas específicas que sua família, seus amigos ou colegas de trabalho podem fazer para lhe dar apoio nos seus esforços de manter uma alimentação saudável, uma vida ativa e perder peso. Não hesite em pedir o apoio dessas pessoas. Veja algumas medidas específicas que você pode pedir às pessoas da sua família, aos seus amigos e colegas de trabalho que eles adotem em seu benefício.

Apoio à alimentação saudável

- Compram, preparam e servem alimentos e refeições de baixa caloria e com pouca gordura.
- Não me oferecem repetição.
- Incentivam-me a preparar e a provar novos alimentos saudáveis.
- Comem comigo alimentos de baixa caloria, com pouca gordura.

FIGURA 10.1 Quem apoia seus esforços para emagrecer? Que atitudes eles têm?

	Negativa: pessoas que desaprovam, não gostam ou provocam você	Indiferentes: pessoas que não desencorajam nem ajudam	Positiva: pessoas que incentivam ou ajudam você
Esposa/ Marido			
Companheiro(a)			
Filhos			
Mãe			
Pai			
Amigos			
Chefe			
Colegas de trabalho			
Outros			

- Não me oferecem nem me atraem com alimentos errados como recompensa ou presente.
- Apreciam meus esforços para selecionar alimentos mais saudáveis.

- Relevam meus pequenos deslizes e me lembram que a mudança de estilo de vida é um processo.
- Mantêm alimentos altamente calóricos e gordurosos fora do meu alcance e, ao mesmo tempo, me cercam de alimentos saudáveis.
- Ajudam a tirar a mesa e descartar as sobras logo que a refeição termina.
- Lembram-me das minhas metas de alimentação saudável quando estamos escolhendo um restaurante.

Apoio a uma vida ativa

- Caminham ou fazem exercícios comigo.
- Sugerem programas sociais que envolvem atividade física.
- Apreciam meus esforços para me manter ativo.
- Relevam meus pequenos deslizes em relação aos planos de atividade física.
- Ajudam-me a encaixar as atividades na minha agenda.
- Perguntam como podem ser úteis.

Ao iniciar sua jornada na direção de uma mudança de estilo de vida, não esqueça que você é o viajante principal. Embora outras pessoas possam contribuir para acelerar – ou retardar – a viagem, você é o principal responsável. Deve se cuidar para não tornar as suas mudanças de estilo de vida o único foco de atenção na sua relação com outras pessoas. Às vezes, encontramos casais em que o estilo de vida de um dos parceiros passou a ser o elemento dominante da relação, causando atritos e discórdia. Mantenha a perspectiva correta acerca do seu objetivo.

Como se recuperar após um deslize ou falha

Mesmo que você tenha um plano bem desenvolvido para acompanhamento, controle e apoio, como todo ser humano está sujeito a cometer falhas, particularmente em situações de alto risco. Essas falhas ocorrem quando você deixa de seguir seu plano de alimentação saudável ou de aumento da atividade física.

Geralmente são lapsos pontuais, dos quais você pode facilmente se recuperar; isso faz parte da mudança de estilo de vida e não afeta o seu progresso, a menos que uma falha se transforme em uma série de falhas. Isso se chama recaída. Quando há uma recaída, você começa a perder foco e volta aos velhos hábitos e padrões. Uma recaída pode ser contornada, mas isso precisa de muito mais esforço do que aquele necessário para corrigir a primeira falha. O colapso ou queda total ocorre quando você volta a todos os antigos hábitos e ganha todo o peso novamente.

Um erro frequente é reagir a um simples deslize como se fosse uma recaída ou um colapso. As falhas no plano de alimentação saudável e de atividade física são normais e esperadas; mais importante é a sua reação a elas. A verdade é que um único deslize – comer demais, por exemplo – não vai destruir todo o progresso que fez em termos de uma alimentação saudável e da perda de peso. É extremamente importante que você controle sua reação a esses deslizes, para retomar o foco depois. Se notar que está ocorrendo uma série de falhas e que o seu peso está começando a aumentar (ou seja, se ganhou mais de 1,5 kg), deverá tomar medidas rápidas para buscar ajuda e retomar o foco. Mantenha uma lista de "pistas" que o ajudem a identificar quando houve mais que um simples deslize. Veja alguns exemplos.

- Ganho de peso maior que 1,5 kg.
- Mais de uma semana sem fazer exercício físico.
- Algumas roupas já não cabem mais em você.
- Volta a algum antigo hábito (mais de uma vez) que você havia se esforçado para eliminar.

Passos para evitar recaídas

Se ocorrer uma falha no seu plano de alimentação saudável ou de atividade física, procure adotar os passos seguintes, usados no DPP, para garantir que sua reação à falha não se volte contra você.

- **Combata o monólogo interior negativo ou autoacusação.** Fale positivamente consigo mesmo. Em vez de dizer "Estraguei tudo", tente manter o foco na verdade dos fatos, que é "Uma falha não vai arruinar tudo, desde que

eu retome imediatamente o rumo certo e o foco na alimentação saudável". O pensamento positivo o ajudará a se sentir melhor e a retomar foco.
- **Pergunte-se por que ocorreu a falha e tente aprender com a experiência.** Os erros cometidos são realmente uma oportunidade de aprendizado. Todas as pessoas que estão tentando se alimentar de modo mais saudável, aumentar sua atividade física e perder peso estão expostas a uma série de situações de alto risco que podem induzir a erro. Essa é a sua chance de aprender mais sobre o que coloca você em risco de cometer uma falha. Uma vez conhecendo as zonas de perigo, você pode traçar uma estratégia para evitar cair nesse tipo de situação no futuro.
- **Retome o foco e o autocontrole já na próxima vez em que você comer alguma coisa.** Não se convença de que você "já estragou o dia", então vai recomeçar a dieta amanhã. Volte ao caminho certo logo que possível.
- **Converse com alguém que lhe dê apoio.** A família, os amigos, colegas de trabalho e outras pessoas podem ser realmente uma grande fonte de ajuda. Fale com essas pessoas sobre o que levou você a cometer o deslize, o que você aprendeu com a situação e quais são suas ideias para lidar com situações de alto risco como essa no futuro. Considere a possibilidade de marcar consultas periódicas com um nutricionista para obter ajuda profissional.
- **Não perca de vista a relatividade das coisas.** Preste atenção a todas as mudanças positivas que já conseguiu fazer. Lembre-se de que os erros são oportunidades de aprendizado e fazem parte do processo de mudança de estilo de vida – se você não tivesse realizado nada, não haveria "recaídas". Tome nota daquilo que você aprendeu cada vez que cometeu uma falha.

Como reconhecer situações de alto risco

Situações de alto risco são as circunstâncias que têm maior probabilidade de quebrar sua rotina de alimentação, atividade e exercícios físicos, levando você a cometer falhas. As situações típicas de alto risco são refeições fora de casa, estresse, fatores emocionais desencadeantes (tédio, cansaço, raiva, ansiedade ou depressão), férias e feriados, ocasiões sociais. Uma vez identificadas as suas próprias situações de alto risco – que não são as mesmas para todas as pessoas – você poderá aplicar as técnicas de soluções de problemas para planejar os futuros passos e contornar a questão.

Por exemplo, se você percebe que come demais quando fica com raiva de alguma coisa, quando se sente só, entediado, cansado, estressado ou aborrecido, faça uma lista de outras coisas reconfortantes que você possa fazer para reagir a esses sentimentos. Eis algumas ideias.

- Divida com alguém seus sentimentos ou escreva sobre eles no seu diário, mas não os esconda com comida.
- Faça uma caminhada ou outro exercício de que goste. O exercício físico é uma maneira comprovada de levantar o ânimo e pode ajudá-lo a desanuviar sua mente.
- Durma um pouco, se você estiver cansado, em vez de comer para ficar acordado. Provavelmente isso fará com que se sinta melhor.
- Encare o problema que está lhe causando sentimentos negativos e busque uma solução ou trace um plano para lidar com ele. Use a estratégia de resolução de problemas descrita no Capítulo 9.
- Não coma por impulso e de modo caótico. Tenha consciência dos seus sentimentos e permita-se escolher o que vai comer conscientemente e com intenção positiva. Se fizer isso, vai descobrir que uma pequena quantidade de alimento poderá ser suficiente para fazê-lo se sentir melhor e ainda garantir o sucesso dos seus planos para perder peso e controlar o nível de açúcar no sangue.

Situações de alto risco

Férias e feriados prolongados são momentos em que a maioria das pessoas querem ficar livres de tudo, relaxar e se divertir. Mas, como esses períodos geralmente causam uma quebra maior que um dia da rotina alimentar, de exercícios físicos e atividade, é particularmente importante se preparar para isso. Faz parte do planejamento uma reavaliação das suas expectativas de mudança de estilo de vida durante esses períodos e a identificação de metas racionais de alimentação, perda de peso e atividade. Por exemplo, pode ser mais razoável definir o sucesso em termos da manutenção do peso durante as férias, retomando o processo de emagrecimento depois que elas terminarem.

Se a sua meta é manter o peso, pense o que você deverá fazer para lidar com as refeições em restaurantes ou na casa de outras pessoas. Por exemplo, você pode decidir limitar o número de vezes em que vai comer fora de casa e usar mais tempo e recursos em atividades que não sejam ligadas a comida. Você poderá também decidir comer certos alimentos especiais, porém em pequenas quantidades. Poderá, ainda, decidir criar, nas suas férias/feriados prolongados, um ambiente favorável levando com você vários alimentos de baixa caloria para fazer refeições e lanches individuais.

Pense também em como você poderá desenvolver atividades físicas. Converse com os amigos e a família sobre suas metas de alimentação e de atividade física e sobre como eles podem contribuir para o seu sucesso. Se fizer um planejamento acerca da sua alimentação, atividade física e do controle do seu peso, você terá maior probabilidade de conseguir alcançar as metas e expectativas durante as férias ou feriados. Poderão ser necessários vários desses períodos para que descubra que estratégias funcionam melhor para você. Portanto, não desanime. Seja paciente e continue aprendendo e ajustando suas estratégias com base nos métodos que deram resultado (ou que não deram resultado) a cada momento.

Outras situações de alto risco que podem desorganizar sua rotina de alimentação, atividades e exercício físico são os acontecimentos marcantes da vida, como uma mudança de emprego, casamento, divórcio, o nascimento dos filhos, a aposentadoria ou a morte da esposa, do marido ou do companheiro.

Faça uma lista das suas próprias situações de alto risco, defina um plano para lidar com elas, utilizando a abordagem de resolução de problemas, e mantenha tudo isso à mão. Ver Figura 10.2 (página 151).

Acabe com a "mentalidade de dieta"

Como já discutimos, o sucesso com as mudanças de estilo de vida que levam à perda de peso envolve mais do que simplesmente mudar a dieta. Na verdade, a "dieta" isoladamente não funciona para garantir um controle de peso permanente. Mas você terá de aprender a controlar e planejar sua alimentação: como, onde, por quê, o quê e quando você come. Trata-se de um compromisso de longo prazo com a sua saúde, e não um teste de curto prazo da sua força de vontade. Ou seja: você deve se livrar da chamada mentalidade de dieta. Uma "dieta" não soa como algo permanente, mas transmite a ideia de algo que se interpôs na sua vida, e não de uma mudança consistente, de longo prazo, no seu estilo de vida, necessária para melhorar sua saúde de forma duradoura. Uma dieta faz você se sentir privado de certas coisas, e é algo que você "faz" sempre pensando que algum dia "deixará de fazer".

Quando você realmente modifica seu estilo de vida, é capaz de comer e ficar satisfeito. Portanto, antes de começar essa empreitada, repasse os pontos a seguir para ter certeza de que você tem um plano que levará ao sucesso.

- Você está realmente pronto e disposto a mudar seus hábitos alimentares e a se tornar mais ativo?
- Você considera razoável planejar perder meio a um quilo por semana?
- Seu ambiente (casa, trabalho etc.) é favorável ou desfavorável ao sucesso?
- Como você planeja se alimentar, considerando a grande oferta de alimentos ruins atualmente?
- Seu monólogo interior ajuda ou atrapalha suas metas de emagrecimento?
- Você está preparado para se alimentar de forma mais saudável, para se sentir satisfeito e não mal alimentado?
- Você está disposto a dirigir seus esforços para uma alimentação que satisfaça a fome física e não a fome emocional?
- Você está disposto e empregar estratégias não alimentares para lidar com emoções?

- Suas metas são efetivas?
- Você está preparado para monitorar seu próprio peso, grau de atividade e consumo de alimentos?
- Você está disposto a aplicar técnicas de resolução de problemas para lidar com as barreiras ao sucesso?
- Você tem contato com alguém – nutricionista ou instrutor – ou com algum programa que cobre resultados?
- Você já identificou quem pode lhe dar apoio?
- Você aceita que as falhas e erros são parte do processo de mudança de estilo de vida e está disposto a traçar um plano para lidar com essas situações?
- Você está disposto a deixar de lado a mentalidade da dieta e começar a comprar, preparar e consumir alimentos visando à sua saúde?

FIGURA 10.2 Lista das suas situações de alto risco

Minhas situações de alto risco	Meu plano estratégico

CAPÍTULO 11

Os famosos programas de emagrecimento: eles funcionam?

Todos querem saber como perder peso – tanto é assim que os americanos gastam mais de 40 bilhões de dólares por ano em produtos e programas para emagrecimento. Livros que vendem a fórmula mágica que as pessoas tanto buscam estão sempre entre os primeiros na lista dos best-sellers. E qual é a fórmula mágica? É uma dieta saborosa, fácil de seguir, que prometa uma rápida perda de peso sem a sensação de fome ou de privação e que inclua cardápios detalhados mostrando o que comer e quanto comer.

Famosos livros de dieta como o *Dr. Atkins' New Diet Revolution*, *The South Beach Diet* e *The Ultimate Weight Solution* do Dr. Phil sugerem ter a tão esperada fórmula para perder peso de uma vez por todas. Todos esses programas podem ajudar algumas pessoas a perder peso. Mas, como centenas de outros, eles não fazem milagres nem funcionam para todas as pessoas.

Qualquer um pode escrever um livro sobre dieta ou desenvolver um programa de perda de peso. Os autoproclamados gurus criadores dessas fórmulas não precisam ter nenhum treinamento em medicina, nutrição, ou fisiologia do exercício para se apresentarem como especialistas em perda de peso. Pior ainda: eles não têm de provar que seus conselhos são seguros ou eficazes. Justamente por isso é tão difícil encontrar um meio eficaz e seguro de perder peso!

Regras básicas

Certas regras básicas para perder peso se aplicam a todos os programas que discutimos neste capítulo (e neste livro). Talvez você já conheça bem algumas delas, e outras, não.

1. **Tudo depende das calorias.** A perda de peso ocorre quando você queima mais calorias do que consome nos alimentos. Uma dieta funciona quando ajuda a reduzir a ingestão de calorias. Alguns alimentos são saudáveis, e alguns não são, por razões que nada têm a ver com a quantidade de calorias que eles contêm. E algumas pessoas podem ter genes que lhes permitem gastar calorias de forma um pouco mais eficiente. Mas, no final, se você pretende perder peso, tudo depende das calorias.
2. **Escolha alimentos "saudáveis" em vez de alimentos "não saudáveis".** Alguns alimentos são bons para a sua saúde, e outros não são. Isto é, se você ingerir o equivalente a 2.000 calorias por dia em alimentos saudáveis, a sua saúde, de modo geral, será provavelmente melhor do que se você ingerir as 2.000 calorias em alimentos não saudáveis. Se você está tentando perder peso, escolher alimentos saudáveis é ainda mais importante. Para manter uma boa saúde, é fundamental escolher alimentos que contenham vitaminas e outros nutrientes essenciais, em quantidade suficiente, e evitar aqueles que contribuem para doenças cardíacas.
3. **O exercício é benéfico, mesmo que não contribua para alcançar um peso saudável.** O exercício deve ser parte de todos os programas de perda de peso porque você precisa aumentar a quantidade de calorias que gasta em relação ao número de calorias que consome. Mas, se você aumentar o seu nível de atividade ou de exercício *e também* aumentar o número de calorias que ingere, você pode não perder peso, apesar do maior nível de atividade

e exercício. Isso faz com que algumas pessoas pensem, erroneamente, que o exercício não as ajuda. Se você está se exercitando e não está perdendo peso, em geral é porque você está ingerindo calorias demais. Mesmo que o exercício não ajude a alcançar um peso saudável imediatamente, ele é benéfico em outros aspectos. O exercício aumenta os níveis de HDL ("colesterol bom") no sangue e pode reduzir o risco de várias doenças (inclusive diabetes) – mesmo que o seu peso continue fora do limite saudável. Portanto, não diminua o seu nível de atividade e não pare de se exercitar só porque não conseguiu alcançar sua meta de peso.

4. **O que importa é o longo prazo, não o curto prazo.** Há pouca evidência científica de que seja benéfico perder peso – mesmo muito peso – durante algumas semanas ou meses e, em seguida, recuperá-lo novamente. Na verdade, alguns estudos indicam que a "dieta iô-iô" pode ser prejudicial, embora o verdadeiro efeito dessas variações cíclicas do peso ainda seja desconhecido. O que sabemos é que perder peso melhora a saúde, desde que você não o recupere.

Na prática, *qualquer* programa de perda de peso pode ajudar qualquer pessoa a perder peso por algumas semanas ou alguns meses. (Como veremos, boa parte da perda de peso inicial se deve à perda de água e não à perda de gordura ou de outro tecido). Muito poucos estudos testam os programas de perda de peso por um ano ou mais. Os poucos estudos feitos mostram que há uma tendência de que as pessoas recuperem o peso ao final de um ano. O objetivo são as mudanças de longo prazo, e os programas que fazem com que você se sinta insatisfeito ou mal alimentado dificilmente serão eficazes por muito tempo.

Neste capítulo, veremos os programas de perda de peso e como eles funcionam. Os programas populares veiculados em livros, vídeos e programas de televisão podem ser classificados em três grupos básicos: dietas com muito pouca gordura, dietas com poucos carboidratos e dietas que propõem uma combinação ideal de alimentos.

Dietas com muito pouca gordura

Duas dietas populares com muito pouca gordura são *Eat More, Weigh Less* [Coma Mais, Pese Menos] do Dr. Ornish e o programa Pritikin. O programa *Eat More, Weigh Less* promete que você "terá uma ampla escolha de alimentos, criando uma sensação de abundância em vez de privação" e que "as refeições são tão pobres em gordura, que você ficará satisfeito sem ingerir calorias demais". A dieta Pritikin promete ser "a dieta mais saudável do mundo" e "um caminho seguro e sensato para mudar o seu estilo de vida, adicionar anos à sua existência, interromper, aliviar e, em alguns casos, ajudar a reverter sintomas de doenças cardíacas, hipertensão, diabetes, artrite, enrijecimento das artérias e obesidade". Vejamos o que há por trás dessas promessas, além de uma certa injeção de ânimo.

Como funcionam as dietas com muito pouca gordura?

As dietas com muito pouca gordura recomendam o consumo de apenas 10% das calorias sob a forma de gorduras. Em média, os americanos consomem mais de 30% das calorias em gorduras, e alguns americanos consomem 40% ou mais de suas calorias em gorduras.

As dietas com muito pouca gordura podem ajudar a perder peso por três razões. Primeiro, como a gordura tem nove calorias por grama, enquanto proteínas e carboidratos têm quatro calorias por grama, reduzir a ingestão de gorduras para apenas 10% das calorias permite consumir um volume maior de alimentos e menos calorias. Segundo, o corpo queima relativamente mais energia na digestão e armazenamento de carboidratos e proteínas do que no armazenamento de gorduras, e isso pode ajudar na perda de peso. Terceiro, as dietas com muito pouca gordura tendem a incluir mais fibras, o que ajuda a pessoa a sentir o estômago "cheio", ou seja, aumenta a saciedade.

As dietas com muito pouca gordura restringem todas as gorduras, óleos e alimentos gordurosos e também limitam as opções de carne magra, aves e peixes a cem gramas por dia ou eliminam por completo esses itens. Elas estimulam uma dieta vegetariana, com refeições sem carne, que incluem legumes, tofu, clara de ovo e laticínios não gordurosos como fontes de proteína. A Dieta *Pritikin Maximum Weigh Loss* "permite que a pessoa coma durante o dia inteiro e perca de até 12kg em um mês". A dieta Pritikin funciona porque contém apenas cerca de 600 calorias por dia! Os alimentos que você pode ingerir "ao longo de todo o dia" são principalmente vegetais crus e cozidos, sopas de vegetais sem gordura, saladas com molhos sem gordura, todos com muito poucas calorias e, muitas vezes, ricos em fibras.

Embora as dietas de muito pouca gordura sejam apresentadas como simples e fáceis de seguir, muitos as consideram difíceis no longo prazo devido ao grande número de restrições alimentares e ao número limitado de opções de refeições quando a pessoa precisa comer fora de casa. Essas dietas têm extensas listas de alimentos que devem ser evitados e limitados. Você ouvirá argumentos de que as dietas com muito pouca gordura seriam capazes de reverter doenças cardíacas. Mas as pesquisas feitas nesta área não levaram em consideração a dieta isoladamente, mas o efeito *combinado* da dieta, da perda de peso, do exercício e da redução do estresse. Separar os efeitos individuais desses fatores é difícil ou mesmo impossível.

As dietas com muito pouca gordura são saudáveis?

Lembre-se de que existem apenas três grupos de alimentos – carboidratos, gorduras e proteínas. Portanto, restringir qualquer um desses componentes significa que os outros dois, ou pelo menos um deles, deverão ser aumentados. Com dietas de muito pouca gordura, a contribuição relativa dos carboidratos e proteínas aumenta. As dietas de muito pouca gordura têm geralmente muitos carboidratos (aproximadamente 70% de carboidratos). Uma ingestão tão alta de carboidratos pode aumentar o nível de açúcar no sangue – obviamente, um grande problema para pessoas com diabetes. Também pode haver aumento do nível sanguíneo de triglicerídeos (a principal partícula de gordura que circula no sangue) e diminuir o nível de HDL (colesterol bom), especialmente em pessoas que não praticam exercícios. Por essa razão, uma dieta de muito pouca gordura pode ser uma opção ruim para alguém que tenha alto nível de triglicerídeos e baixo HDL. Esse é o caso de muitas pessoas com diabetes tipo 2. De modo geral, recomenda-se que pessoas com pré-diabetes ou diabetes evitem dietas de muito pouca gordura, pois estas têm um teor muito elevado de carboidratos.

Dietas com pouco carboidrato

Por ser tão alto o teor de carboidratos das dietas muito pobres em gordura, é interessante assinalar que, nos últimos anos, as dietas com pouco carboidrato se tornaram extremamente populares. Duas das dietas com pouco carboidrato mais populares são: *Dieta do Dr. Atkins* e *Dieta de South Beach*. Os livros que descrevem essas dietas estão atualmente entre os mais vendidos nos Estados Unidos.

A Dieta Atkins já teve diversas versões, mas todas elas incentivam o consumo de carne vermelha, que é rica em gorduras saturadas, não saudáveis. As dietas desse tipo mais recentes começaram a valorizar alimentos que possuem formas mais saudáveis de gordura. Entretanto, as dietas com pouco carboidrato devem incluir um conteúdo relativamente maior de gordura e proteína. Pode parecer estranho – e até errado – que esses programas de perda de peso recomendem uma dieta com alto teor de gordura, considerando que a maioria das evidências (revisadas nos Capítulos 1 e 2) apontam fortemente para o alto consumo de gordura como sendo parte da causa da epidemia de obesidade e diabetes. Mas os programas com pouco carboidrato e alto teor de gordura são baseados em conclusões do autor de que dietas com muito carboidrato resultam em níveis mais altos de insulina, resistência à insulina, aumento do apetite e obesidade – uma teoria controversa. O que está claro é que comida demais – independente da sua composição – e exercício físico de menos levam a sobrepeso, obesidade, diabetes e doenças cardíacas.

Como funcionam as dietas com pouco carboidrato?

Como em todas as outras dietas, talvez a principal razão pela qual as dietas com pouco carboidrato funcionem seja o fato de terem baixo teor de calorias. Mas há várias outras possíveis explicações para a perda de peso resultante destas dietas.

Primeiro, as dietas com pouco carboidrato dependem, em parte, de um truque químico para causar a perda de peso. Quando você restringe a ingestão de carboidratos, seu corpo rapidamente utiliza os carboidratos armazenados (reservas de glicogênio) para obter energia. O glicogênio é armazenado com água, portanto, quando você usa glicogênio, você libera água no sangue e, então, na urina. Para cada 450 g de líquido que você elimina na urina, você perde 450 g de peso. As dietas com pouco carboidrato prometem uma perda de peso de 3 a 6 kg nas primeiras duas semanas, mas boa parte dessa perda de peso é água sendo eliminada. A perda inicial de peso obtida com essas dietas torna fácil acreditar que cortar carboidratos seja o meio mais eficaz para perder peso. Também é fácil acreditar que os carboidratos causem ganho de peso e obesidade porque a re-introdução de carboidratos na dieta causa um aumento do peso, muito do qual se deve ao ganho de água, pelo processo inverso.

Em segundo lugar, quando você tiver consumido todo o seu carboidrato armazenado, você começa a digerir e utilizar as reservas de gordura que estão dentro das células de gordura. Quando os ácidos graxos são quebrados, eles formam compostos chamados cetonas, que se acumulam no sangue. Quando alguém está em jejum prolongado ou faz dieta de pouco carboidrato, a concentração de cetonas no sangue aumenta. Por isso essas dietas são frequentemente chamadas de "cetogênicas", ou dietas produtoras de cetonas. (Pessoas com diabetes podem apresentar um distúrbio perigoso, chamado cetoacidose, que resulta da incapacidade de regular a produção de cetonas). Altos níveis de cetonas podem causar desconforto na respiração e náuseas. Eles também diminuem o apetite. Alguns poucos estudos que compararam dietas de pouco carboidrato / muita gordura com dietas com pouca gordura / muito carboidrato mostram que as dietas com pouco carboidrato / muita gordura podem suprimir o apetite mais eficientemente, como discutiremos adiante.

Todos os carboidratos são iguais?

Os carboidratos fornecem energia para o organismo. A *National Academy of Sciences* recomenda o consumo de pelo menos 130 g de carboidratos por dia para fornecer energia suficiente para os órgãos – cérebro, sistema nervoso em geral e rins – que dependem predominantemente de glicose para seu funcionamento. Na verdade, todos nós ingerimos muito mais carboidratos do que apenas aqueles contidos em nossa alimentação diária. Entretanto, as dietas com pouco carboidrato tais como a *Atkins* e a *South Beach* iniciam com apenas 20 g de carboidrato nas fases iniciais.

Os dois tipos principais de carboidratos são "simples" e "complexos". Os carboidratos simples são os açúcares encontrados em frutas, alguns legumes, leite e derivados, açúcar, mel e xaropes. Carboidratos complexos incluem amido e fibra e são encontrados em grãos, leguminosas e vegetais amiláceos. A maioria dos alimentos contém uma mistura de carboidratos simples e complexos. Carboidratos simples e amido são digeridos e absorvidos para a corrente sanguínea como açúcares. O mesmo não ocorre com as fibras.

Já que o corpo não consegue digerir as fibras, elas não contribuem com calorias nem fornecem energia. Isso não significa que elas não tenham valor. Os alimentos que contêm fibras trazem alguns benefícios importantes. Eles podem ajudar você a se sentir satisfeito com menos calorias porque contribuem para aumentar o volume dos alimentos. Eles ajudam a diminuir os níveis de colesterol, pois as fibras se ligam ao colesterol e diminuem sua absorção. Alimentos contendo fibras ajudam a reduzir o açúcar do sangue porque as fibras retardam a absorção de açúcares para a corrente sanguínea. Eles também ajudam a evitar a constipação ou prisão de ventre.

Embora todos os carboidratos digeríveis acabem sendo convertidos em açúcares simples, a taxa de absorção é diferente para diferentes alimentos. A digestão de alguns alimentos leva rapidamente a níveis relativamente altos de açúcar no sangue, enquanto outros alimentos liberam açúcar no sangue mais lentamente. Alimentos que liberam açúcar rapidamente são definidos como tendo um alto índice glicêmico, e alimentos que liberam açúcar lentamente têm um baixo índice glicêmico.

Portanto, os carboidratos não são todos iguais. E o efeito dos carboidratos sobre o nível de açúcar do seu sangue, que é particularmente importante caso você tenha diabetes, é ainda mais complicado. Muitos outros fatores influenciam a forma como diferentes carboidratos afetam o nível de açúcar do sangue. Esses fatores incluem o nível de açúcar no sangue antes da refeição; como o alimento é processado, preparado, armazenado, temperado, cortado e cozido; o que mais é ingerido com o alimento; a porção do alimento consumida; o teor de fibras e gorduras do alimento ou de outros alimentos ingeridos na mesma refeição ou lanche; seu nível de atividade; e certos medicamentos que você possa estar usando.

Embora o conceito de índice glicêmico (ou "carga glicêmica", definida como o produto da quantidade de açúcar em um determinado alimento multiplicada pelo índice glicêmico) possa ser importante no ajuste fino das medidas de automonitoramento das pessoas com diabetes tipo 1, ele é bem menos importante no tratamento da obesidade e do diabetes tipo 2. Considerando como é difícil explicar as mudanças permanentes de estilo de vida que melhoram o balanço energético e ajudam a controlar o peso, conceitos como "índice glicêmico" e "carga glicêmica" podem atrapalhar mais do que ajudar. Em geral, o aumento do teor de fibras na dieta é responsável pela maior parte dos resultados obtidos com as dietas de baixo índice glicêmico. Mas não se esqueça de que o principal objetivo é diminuir a quantidade de calorias.

As dietas com pouco carboidrato são saudáveis?

Caso você esteja acima do peso ideal, a perda de peso duradoura é saudável. Se você conseguir perder peso de forma sustentada com uma dieta de pouco carboidrato, isso vai melhorar a sua saúde. Infelizmente, estudos de longo prazo com essas dietas ainda não foram realizados, e não sabemos se elas são eficientes em períodos longos. Entretanto, há alguns problemas em potencial com as dietas de pouco carboidrato que você precisa conhecer.

As dietas de pouco carboidrato, como a dieta *Atkins* original, recomendam o uso de alimentos que contenham grandes quantidades de gorduras saturadas e podem ser prejudiciais à saúde. Importantes evidências científicas sugerem que dietas com alto teor de gorduras saturadas são nocivas; em particular, elas aumentam o risco de doença cardíaca e acidente vascular cerebral. Portanto, ainda que você consiga perder peso com uma dieta de pouco carboidrato que inclui quantidades relativamente grandes de gorduras saturadas, os benefícios à saúde advindos da perda de peso podem ser superados pelos efeitos nocivos das gorduras saturadas.

Um segundo possível problema com as dietas com pouco carboidrato é que, à medida que o corpo elimina o líquido armazenado com os carboidratos, ele também joga fora potássio, sódio, cálcio e outros minerais. Essa perda de líquido e minerais pode causar tonteira, desidratação, constipação e câimbras nas pernas. Grandes perdas de cálcio na urina podem provocar a formação de cálculos renais (pedras nos rins) e tornar os ossos mais frágeis. A dieta Atkins sugere que você utilize uma longa lista de suplementos nutricionais para repor as deficiências nutricionais que a dieta ocasiona.

Para pessoas com diabetes, um importante benefício das dietas com pouco carboidrato é que elas podem diminuir consideravelmente os níveis de glicose no sangue e as necessidades de insulina. Entretanto, para pessoas tratadas com insulina ou outros medicamentos que diminuem a taxa de glicose, tais como comprimidos de sulfonilureias, as dietas com muita gordura e pouco carboidrato requerem um monitoramento cuidadoso do nível de glicose no sangue e ajustes dos medicamentos para prevenir uma hipoglicemia (nível baixo de açúcar no sangue) potencialmente perigosa. Essas pessoas devem consultar seus médicos para aconselhamento e ajuste dos medicamentos, de modo que a ocorrência de hipoglicemia possa ser minimizada.

Um problema relacionado à dieta com pouco carboidrato é que, se você não obedecer rigorosamente – por exemplo, se em um dia você faz a dieta corretamente e no outro você "pula" a dieta – sua taxa de açúcar no sangue ficará subindo e descendo como uma montanha-russa. Isso dificulta o controle do nível de açúcar no seu sangue.

Cuidado com os alimentos e complementos alimentares que são vendidos para pessoas que fazem dietas de pouco carboidrato. Muitas vezes eles têm uma grande quantidade de calorias, são mais caros e nem sempre têm um sabor agradável. Portanto, "pouco carboidrato" não necessariamente significa "poucas calorias" ou "pouca gordura" ou saudável – você precisa ler as informações nutricionais na embalagem para ter certeza.

Finalmente, o alto teor de proteínas da maioria das dietas com pouco carboidrato também pode ser um problema, especialmente para pessoas com diabetes que têm risco mais alto de doenças renais. Isso porque grandes quantidades de proteínas podem sobrecarregar o rim, o que se soma ao dano causado pelo diabetes.

Gorduras saudáveis e não saudáveis

Quer você esteja pensando em fazer uma dieta com pouco carboidrato e muita gordura ou uma dieta mais convencional, com teor mais elevado de carboidrato e pouca gordura, as gorduras sempre farão parte da sua dieta. Todas as gorduras são iguais? Durante muitos anos, as gorduras foram tidas como um mal na alimentação. As lojas de alimentos estão cheias de produtos rotulados com "baixo teor de gordura". Nos últimos vinte anos, os americanos reduziram a porcentagem de calorias provenientes da gordura. Entretanto, a quantidade total de calorias e a massa de gordura consumida, na verdade, aumentaram e continuam mais altas nos Estados Unidos do que na maioria dos outros países. Qual é o problema com as gorduras? Já dissemos que há mais calorias por grama de gordura do que nos carboidratos ou proteínas, o que é verdade. Mas fica a impressão de que, calorias à parte, todas as gorduras são nocivas porque aumentam a chance de doença cardíaca e outras doenças. Isso não é verdade.

Nós precisamos de gordura na nossa dieta para fornecer energia para as células do corpo e para construir as membranas que recobrem todas as células. Nem todas as gorduras são nocivas. Algumas gorduras são benéficas. Na verdade, elas são essenciais para a boa saúde. Se você ingerir mais gorduras saudáveis – e não ingerir as gorduras nocivas – você poderá melhorar a sua saúde. Mas não perca de vista o principal objetivo: manter o seu peso no limite saudável.

Gorduras não saudáveis

Há vários tipos diferentes de gordura na nossa dieta. Dois deles são um problema: as *gorduras saturadas* e as *gorduras trans*. As gorduras saturadas (referente à sua saturação completa com átomos de hidrogênio, e sua impossibilidade de se ligar a mais desses átomos) são abundantes na carne e na gordura animal, laticínios e alguns óleos tais como os de palma e de coco. Em temperatura ambiente, elas tendem a ficar sólidas. As gorduras saturadas da dieta indiscutivelmente aumentam o processo de obstrução das artérias conhecido como aterosclerose, principalmente pelo aumento dos níveis sanguíneos de LDL ("colesterol ruim").

As gorduras *trans* são fabricadas artificialmente, não pela natureza. Elas são criadas por processos químicos industriais que visam a transformar óleos líquidos em sólidos, de modo que estes sejam mais fáceis de transportar em navios e para evitar que os óleos se tornem rançosos. As gorduras trans aumentaram rapidamente sua quantidade em nossa dieta, estando presentes em frituras em geral, nas batatas fritas vendidas nas redes de *fast-food*, margarinas e outras gorduras vegetais. A partir de 2006, as informações nutricionais das embalagens devem conter a quantidade de gorduras trans dos produtos. Até então, era necessário procurar, no rótulo da embalagem, pela expressão *parcialmente hidrogenado*, referente ao óleo ou gordura vegetal; encontrando essas expressões, você ficava sabendo que havia gorduras trans presentes no alimento. O problema com as gorduras trans é que elas – assim como as gorduras saturadas – aumentam a incidência de doenças cardíacas, acidente vascular cerebral (derrame) e outras doenças causadas pela aterosclerose.

Gorduras benéficas

Há dois tipos de gorduras benéficas: as *monoinsaturadas* e as *poli-insaturadas*. (*insaturada* é a gordura cuja estrutura química ainda pode aceitar um ou mais átomos de hidrogênio). As gorduras monoinsaturadas que usamos mais frequentemente são encontradas em certos óleos, particularmente o azeite de oliva, os óleos de amendoim e de canola. As gorduras poli-insaturadas são chamadas de "essenciais" porque o nosso corpo não as fabrica; nós precisamos obtê-las dos alimentos. As fontes mais comuns de gorduras poli-insaturadas são óleos vegetais, como o de milho e de soja, sementes, grãos inteiros e peixes de carne gordurosa, tais como salmão ou atum.

Você vai ouvir falar de dois tipos de gorduras poli-insaturadas: as gorduras n-3 (também chamadas de ômega-3) e n-6 (também chamadas de ômega-6). Há alguma controvérsia se elas são igualmente benéficas e se a proporção de uma em relação à outra é importante. Em nossa visão, o principal é que ambas são benéficas.

As gorduras benéficas desempenham várias tarefas importantes. Primeiro, elas têm o papel oposto às gorduras saturadas e diminuem os níveis de LDL no sangue, reduzindo o risco de aterosclerose. As gorduras poli-insaturadas n-3 também reduzem o risco de você ter problemas muito graves dos batimentos cardíacos (as chamadas "arritmias"). Essa proteção acontece mesmo que você tenha uma doença cardíaca sem sintomas ou ainda não diagnosticada. Também existem dados que demonstram um efeito benéfico nos processos de inflamação e outras alterações vasculares que parecem estar envolvidas na aterosclerose e na doença cardíaca.

Um grande estudo chamado *Lyon Diet Heart Study*, realizado na França, mostrou importantes evidências de que a adição de gorduras mono e poli-insaturadas na dieta protege contra a aterosclerose e aumenta a expectativa de vida. Esse estudo randomizado, controlado, designou algumas pessoas para se alimentarem com a "dieta do Mediterrâneo", incluindo mais legumes, mais frutas, mais peixe e aves, menos carne vermelha e nenhuma gordura de leite. As pessoas que usaram a dieta do Mediterrâneo também usaram um tipo especial de margarina que tinha pouca quantidade de gorduras saturadas e trans e que era rica em gorduras insaturadas, especialmente a gordura poli-insaturada essencial n-3 conhecida como ácido alfa-linoleico. Os resultados do *Lyon Diet Heart Study* foram impressionantes e claros: após apenas dois anos e meio, houve uma redução de 70% nas mortes por qualquer causa.

Proteínas benéficas e não benéficas

Na verdade, ao contrário do que acontece com as gorduras, não existem proteínas "benéficas" ou "não benéficas". Mas há alimentos ricos em proteína que são nocivos porque também são ricos em gorduras nocivas – por exemplo, carnes vermelhas – e alimentos ricos em proteínas que são benéficos porque eles não contêm gorduras nocivas. Portanto, escolher bem a fonte de proteína é muito importante. Lembre-se de que, em geral, é difícil aumentar a quantidade de proteínas na dieta sem aumentar a quantidade de gordura e vice-versa.

A quantidade de proteína que você ingere é importante. A recomendação diária de proteína é 45 a 50 g de proteína por dia para mulheres adultas saudáveis e 60 a 65 g para homens adultos saudáveis. A *National Academy of Sciences* recomenda, para adultos, um consumo máximo de duas vezes a quantidade de proteína recomendada. Pessoas que ingerem proteína demais aumentam seu risco de desenvolver cálculos renais, gota e perda de cálcio dos ossos. A ingestão elevada de proteína também pode submeter o fígado e os rins a estresse, sendo estes os órgãos que processam as proteínas que ingerimos. Algumas dietas para perder peso contêm quantidades muito baixas de proteínas (menos que a quantidade recomendada), e isso pode levar o indivíduo a sentir-se cansado e apático. Ingerir quantidades muito baixas de proteína durante muito tempo pode levar à anemia, à redução da massa muscular, à desnutrição, à queda de cabelo, à diminuição do tamanho dos órgãos e ao comprometimento do sistema imune.

Não é necessário garantir que uma porcentagem precisa de suas calorias provenham das proteínas, como recomenda a *Zone Diet* (descrita adiante neste Capítulo), desde que você obedeça à recomendação diária. A *American Diabetes Association* recomenda que 15 a 20% das calorias da alimentação venham das proteínas. O *Institute of Medicine* considera aceitável uma ingestão de proteína entre 10 e 35% das calorias.

Para uma boa saúde, é melhor optar por fontes proteicas com pouca gordura. Os vegetarianos podem suprir suas necessidades proteicas pelo consumo de uma ampla variedade de grãos, vegetais e produtos derivados de soja. Os vegetarianos que não restringem leite e ovos na alimentação podem se valer de derivados de leites magros e ovos.

Dietas com uma certa combinação de alimentos

As dietas que propõem uma determinada combinação de alimentos não visam a valorizar ou a evitar um determinado tipo de alimento, como gordura ou carboidratos. Na verdade, elas são baseadas em outras teorias. Algumas das dietas mais famosas desse tipo são a *Zone Diet* (O Ponto Z-A Dieta), a dieta *Eat Right for Your Type* (Dieta do Tipo Sanguíneo) e a dieta *Ultimate Weight Solution* do Dr. Phil (Dieta do Dr. Phil).

Zone Diet

A *Zone Diet* garante que, se você comer pequenas refeições com a proporção correta de proteínas, carboidratos e gordura, conseguirá equilibrar os seus hormônios e a insulina de modo que seu corpo trabalhe no nível máximo de desempenho. De acordo com o criador desta dieta, estar na "zona certa" leva a uma redução da fome, maior perda de peso, mais energia e capacidade de queimar gorduras e combater doenças cardíacas, diabetes, depressão e câncer (e possivelmente facilitar a paz mundial).

A *Zone Diet* encara os alimentos como se eles fossem medicamentos: "Você deve ingerir alimentos de forma controlada e nas proporções adequadas – como se eles fossem uma injeção intravenosa". A dieta recomendada tem 40% de carboidratos, 30% de proteínas (com base na massa corporal magra) e 30% de gordura. O livro tem o objetivo de convencer as pessoas de que elas precisam ingerir alimentos em "blocos", com uma proporção final de 1:1:1 entre os blocos de proteínas, carboidratos e gorduras de cada refeição.

É verdade que se as pessoas com diabetes consumirem uma quantidade constante de carboidratos em cada refeição ou lanche, diariamente, seus níveis de açúcar no sangue serão mais estáveis e previsíveis (ver Capítulo 4 para mais detalhes). Entretanto, exigir que as pessoas sigam normas rígidas tais como comer 7g de proteína para cada 9 g de carboidrato e 1,5 g de gordura, para alcançar a proporção de 1:1:1, é incômodo e pode reduzir o prazer de planejar as refeições e de comer.

A *Zone Diet* sugere que você tome o café da manhã da dieta dentro de uma hora após acordar, faça o lanche trinta minutos antes do exercício e faça outro pequeno lanche da dieta antes de dormir. Esse planejamento alimentar tão rígido pode ajudar a emagrecer. Mas também pode desencorajar a pessoa e levá-la a desistir. O que é realmente necessário para perder peso é diminuir a ingestão de calorias e aumentar o nível de atividade. Mudar os hábitos de vida já é complicado demais sem a complicação de regras desnecessárias! Finalmente, a alta ingestão proteica da *Zone Diet* também é uma preocupação para pessoas com diabetes, pois elas têm um risco maior de insuficiência renal.

A dieta *Eat Right for Your Type*

A dieta *Eat Right for Your Type* diz que o seu tipo sanguíneo é a chave para determinar qual a dieta certa, o programa de exercícios e os suplementos corretos para você se manter saudável, viver mais e alcançar seu peso corporal ideal. A dieta defende que, se você não comer corretamente de acordo com o seu tipo sanguíneo e com as características dos seus antepassados, ficará suscetível a certas doenças.

A verdade é que ter uma dieta saudável, com poucas calorias, para perder peso não tem nada a ver com o seu tipo sanguíneo. A dieta *Eat Right for Your Type* pode levar as pessoas a restringirem, desnecessariamente, certos alimentos e grupos de alimentos e, assim, limitar seu aproveitamento dos nutrientes. O que mais preocupa é que algumas pessoas podem acabar usando essa dieta na tentativa de tratar alguns problemas sérios de saúde.

A dieta *Ultimate Weight Solution* do Dr. Phil

A dieta *Ultimate Weight Solution* do Dr. Phil garante que "Você aprenderá a respeito dos alimentos em um contexto completamente diferente, de um modo que nenhum livro de dieta jamais discutiu ou colocou em prática em larga escala anteriormente". O Dr. Phil sugere que, se você ingerir os alimentos certos – que ele chama de "alimentos difíceis" – e minimizar ou evitar os alimentos errados –"alimentos fáceis"– você perderá peso.

Pela definição do Dr. Phil, os "alimentos difíceis" levam muito tempo para serem preparados e mastigados e têm menos calorias; segundo se afirma, eles são "supressores da fome". Os "alimentos fáceis" estão prontos para o consumo, requerem pouca mastigação e fornecem um excesso de calorias com pouco valor nutricional; segundo se afirma, eles são "geradores de fome".

Há uma importante parcela de verdade no conselho de que você deve comer mais devagar. O seu estômago leva aproximadamente vinte minutos para gerar e enviar sinais do tipo "pare de comer" – ou seja, sinais de saciedade – para o cérebro; portanto, diminuir o ritmo da ingestão de alimentos é importante. Também é por isso que o controle da porção de alimento é importante; porções "gigantescas" de alimento são um problema. Se você comer uma refeição muito grande vagarosamente, provavelmente, você vai se sentir satisfeito quando tiver comido apenas a metade. Mas, se comer rápido, você terá ingerido mais calorias do que precisa antes que o sinal "pare de comer" faça o seu efeito – e, então, será muito tarde.

Outra parte do conselho do Dr. Phil também faz sentido. Fazer refeições com intervalos de no máximo quatro horas entre elas e incluir alimentos com mais fibras na dieta ajudará você a sentir-se mais satisfeito com menos calorias. Entretanto, não é verdade que os alimentos fáceis *aumentam* o seu apetite.

Em resumo: pessoas com diabetes podem se beneficiar com o planejamento do Dr. Phil. Ao mesmo tempo, entretanto, se você tiver diabetes, precisará monitorar cuidadosamente seus níveis de açúcar no sangue e se consultar com seu médico para ajustar os medicamentos adequadamente, a fim de prevenir a hipoglicemia. Há outra razão para ter cuidado. Os alimentos "fáceis" e "difíceis" não refletem as recomendações de opções alimentares para pessoas com diabetes e podem, na verdade, limitar as opções de alimentos mais do que o necessário para perder peso e controlar os níveis de açúcar no sangue.

Todas essas dietas podem produzir perda de peso, não pela sua composição em macronutrientes, mas porque todas elas têm um denominador comum: todas têm poucas calorias. A Tabela 11.1 mostra um exemplo de cardápio diário das dietas com pouco carboidrato, com a combinação certa de alimentos e com muito pouca gordura. Cada dieta restringe as calorias pela redução do consumo de grupos específicos de alimentos ou de um dos macronutrientes (carboidrato, proteína ou gordura). Todas essas dietas funcionam porque, em geral, os americanos comem muito, em geral, e de cada um desses macronutrientes.

A Tabela 11.1 também mostra a composição nutricional de cada uma das dietas. Como você pode ver, a dieta *Atkins* tem alto teor de gordura, gordura saturada e colesterol, e é pobre em fibras. A *South Beach Diet* valoriza a escolha de gorduras mais benéficas. Entretanto, o perfil da Fase 1 da dieta é mais semelhante a uma dieta do tipo *Atkins* e tem alto percentual total de gorduras, excedendo as recomendações para ingestão de gordura saturada, e não seguindo as recomendações dietéticas para a ingestão de fibras. A Fase 2 é mais moderada no percentual total de gordura, tem menor teor percentual de gordura saturada e contém mais fibras, embora não alcance as recomendações de ingestão de fibras. As dietas com muito pouca gordura têm muito pouca gordura saturada e colesterol e têm muitas fibras, mas podem ter muito carboidrato para pessoas com diabetes tipo 2. Como você pode ver, não é só porque uma dieta produz perda de peso que ela é necessariamente adequada ou saudável do ponto de vista nutricional.

Será que essas dietas realmente funcionam?

Uma pesquisa que comparou a dieta *Atkins*, (com pouco carboidrato e alto teor de gordura), a *Zone Diet*, (com alto teor proteico e teor moderado de carboidrato), a dieta *Ornish*, (com muito pouca gordura, e alto teor de carboidrato) e a dieta com pouca gordura dos Vigilantes do Peso mostrou que cada uma dessas opções ajuda as pessoas a perderem peso. Por quê? Porque cada uma delas ajuda as pessoas a ingerirem menos calorias.

Em um estudo de um ano realizado por pesquisadores da Universidade *Tufts,* em Boston, 160 homens e mulheres com sobrepeso (peso médio de 99 kg) foram designados aleatoriamente para seguirem uma das quatro dietas, da melhor forma que pudessem. Em apenas dois meses, 22% dos voluntários desistiram. Ao final do ano, 35% havia saído do programa Vigilantes do Peso e da *Zone Diet*, e 50% haviam abandonado as dietas *Atkins* e *Ornish*, as duas mais radicais, embora em extremos opostos do espectro de carboidratos e gorduras.

Embora os voluntários de cada grupo tenham perdido peso, não é surpreendente que aqueles que seguiram a sua dieta mais rigorosamente perderam mais peso – entre 4 e 6 kg, em média. (Isso é menor do que a média de 6,8 quilogramas perdidos com o programa DPP). Nesse estudo, todas as dietas reduziram os níveis de colesterol; entretanto, a dieta *Ornish* reduziu o LDL (colesterol ruim) em 10%, enquanto a dieta *Atkins* reduziu o LDL em 2 a 3%.

Em outro estudo, cem pessoas foram designadas aleatoriamente para seguirem, durante um ano, uma de quatro dietas: *Atkins*, com 55 a 65% de gordura (alto teor de gordura); uma dieta com 20 a 30% de gordura (pouca gordura); uma com 15% de gordura, com calorias controladas (déficit de 350 a 500 calorias); e uma com 10% de gordura, alimentos pouco processados e alto teor de carboidratos complexos (75% de carboidratos). A perda de peso foi inicialmente de 450 g por semana na dieta com 10% de gordura e aproximadamente 200 g por semana na dieta *Atkins*. Após um ano, os indivíduos em dieta de 10% de gordura tiveram uma redução de 52% do LDL, enquanto aqueles em dieta Atkins tiveram um aumento do LDL de 6%.

Outros estudos recentes compararam a dieta *Atkins*, com pouco carboidrato e muita gordura (20 a 30 gramas de carboidratos por dia), a uma dieta com teor de gordura moderadamente baixo (25 a 30% de gordura e déficit de 500 calorias por dia). Os resultados nos lembram a história da lebre e da tartaruga. Em seis meses, aqueles que foram designados para usar a dieta *Atkins* haviam perdido mais peso do que aqueles designados

TABELA 11.1 Comparação entre os cardápios de um dia das dietas mais populares [1,2]

	Dieta Dr. Atkins Fase de Indução	Dieta Dr. Atkins Fase de Continuação	Dieta de South Beach Fase 1	Dieta de South Beach Fase 2
Café da manhã	2 rolinhos de salmão defumado com *cream cheese*, 2 ovos cozidos duros	2 ovos *pochés* com tomates verdes fritos, 2 fatias de presunto *light*	1 copo (pequeno) de suco de vegetais, 2 xícaras de quiche de vegetais, café descafeinado ou sal	Purê de frutas vermelhas
Almoço	Sopa caseira de galinha	Hambúrguer de peru com pimenta, queijo e molho de espinafre, salada de repolho roxo	Filé de peito de frango grelhado com alface romana, 2 colheres de sopa de vinagrete e sobremesa de gelatina *light*	Sanduíche aberto de rosbife (180 g de rosbife magro, alface, tomate, cebola, mostarda e 1 fatia de pão integral)
Jantar	Bife grelhado, nabo assado, salada de rúcula e alface	Bisteca de porco grelhada, couve refogada com pimenta vermelha, pão de milho	Salmão grelhado, aspargo, salada temperada com azeite e vinagre, creme de ricota com baunilha	Frango com legumes refogados, salada mista (misturar folhas verdes, pepino, pimentão verde, tomate cereja) temperada com azeite e vinagre, ½ xícara de pudim de pudim de baunilha diet com 3 a 4 morangos fatiados
Lanche	Rolinho de peru, com alface romana e maionese	Semente de abóbora salgada	Lanche da manhã: 1 tira de queijo mussarela semi-desnatado; lanche da tarde: salsão recheado com 1 queijo tipo Polenguinho® *light*	Lanche da manhã: 1 ovo cozido duro; lanche da tarde: 1 iogurte *light*
Total de Calorias	1220	1319	1263	1034
Composição de macronutrientes	32% p 8% c 60% gor	27% p 18% c 54% gor	40% p 11% c 49% gor	28% p 39% c 33% gor
Proteínas	96 g	94 g	129 g	74 g
Carboidratos	26 g	60 g	34 g	102 g
Gordura	80 g	81 g	70 g	39 g
Gordura Saturada	19%	17%	15,5%	6%
Colesterol	638 mg	645 mg	300 mg	314 mg
Fibras dietéticas	5 g	4,3 g	8,7 g	13 g

1. As informações nutricionais nesta tabela referem-se ao exemplo de cardápio diário de cada uma das dietas. Outros cardápios diários dessas dietas podem variar de 1000 a 1700 calorias diárias. Esses limites de ingestão de calorias são suficientes para promover perda de peso na maioria das pessoas com sobrepeso. A American Heart Association recomenda ingestão diária de calorias provenientes de gordura inferior a 30%, menos que 10% de calorias de gordura saturada e menos que 300 mg de colesterol. A American Dietetic Association recomenda 20 a 35 g de fibras por dia. O valor diário recomendado (RDA) é de 46 a 50g de proteínas diárias para mulheres e 58 a 63 g diárias para homens.
2. Legenda: p = proteínas; c = carboidratos; gor = gordura

Dieta do Tipo Sanguíneo	O Ponto Z - A Dieta	Dieta do Dr. Phil	Programa Pritikin de Dieta	Dieta do Dr. Ornish
1 fatia de pão de forma; geleia natural light	4 claras; 30 g de queijo light; 1 xícara de uvas, 2/3 de colher de chá de azeite, ½ colher de chá de manteiga de amendoim	1 xícara de framboesas; 1 fatia de pão integral, 1 ovo, café ou chá	100 g de aveia cozida, ½ xícara de leite desnatado; 1 laranja	Cereal frio, iogurte desnatado, frutas vermelhas frescas, suco de laranja
60 a 120 g de rosbife orgânico, salada de espinafre, fatias de abacaxi, água	130 g de frutos do mar, salada pequena de maçãs, ½ pão pita pequeno, 1 colher de sopa de maionese light	Queijo cottage light, salada de legumes, ½ xícara de abacaxi em pedaços, 2 colheres de sopa de cobertura light para salada de frutas	1 xícara de sopa, 30 g de pimentão verde, 30 g de cenoura ralada, 30 g de couve-flor, 30 g de pepino, 1 batata assada	Batata assada recheada, brócolis, salada de batatas com grão-de-bico temperada com limão e estragão, salada de folhas verdes, fruta fresca
Carneiro com aspargos ensopado, brócolis cozido no vapor, alcachofras cozidas no vapor, salada de frutas frescas, chá de ervas	Chili (130 g de carne magra moída, 1 pitada de queijo cheddar light, ¼ xícara de feijão, 1 xícara de tomates); 1 pêssego; 1 colher de chá de azeite	Peito de peru; tomates refogados, abobrinha cozida no vapor; arroz integral	1 xícara (250 ml) de sopa de tomates com arroz; 1 xícara de repolho ralado com cebolas e tomate; 1 xícara de berinjela recheada com molho de tomate, 1 xícara de frango; 1 fatia de pão integral	Bruschetta com alcaparras e tomates secos; macarrão com pimentões vermelhos, verdes, feijão branco, alho e raspas de limão; aspargos grelhados com vinagrete de limão, pimenta e alcaparras; salada verde temperada; pêssegos cozidos com vinho tinto
	Lanche da tarde: 30 g de queijo desnatado e ½ laranja; Lanche noturno: 30 g de peito de peru, 1 xícara de morangos	Lanche da manhã: leite desnatado e frutas frescas; Lanche da tarde: leite desnatado e laranja		
987	1330	1112	995	1369
22% p 40% c 38% gor	32% p 41% c 27% gor	30% p 54% c 17% gor	25% p 63% c 12% gor	18% p 75% c 5% g
57 g	110 g	84 g	64 g	65 g
105 g	141 g	153 g	165 g	272 g
45 g	41 g	21 g	14 g	8 g
19%	6%	6%	3%	1%
165 mg	223 mg	323 mg	103 mg	6 mg
25 g	27 g	18,5 g	31 g	37 g

para a dieta de pouca gordura. Mas, depois de um ano, não havia diferença significativa na perda de peso entre os dois grupos. Em outro estudo recente que comparou diferentes dietas populares, as dietas mais moderadas, como a do programa Vigilantes do Peso, alcançaram a mesma perda de peso que as dietas mais radicais (*Atkins* e *Ornish*) após um ano. No entanto, houve mais adesão à dieta Vigilantes do Peso.

O medo de que as dietas com alto teor de gordura pudessem piorar, inevitavelmente, os níveis de colesterol e de outros lipídeos não se comprovou, pelo menos se a perda de peso é alcançada no curto prazo. Depois de um ano, não houve diferença significativa nas reduções do colesterol total ou do LDL entre a dieta *Atkins* e uma dieta de pouca gordura. Entretanto, os níveis de triglicerídeos foram mais reduzidos, e os níveis de HDL (colesterol bom) aumentaram mais nas pessoas que seguiram a dieta *Atkins* em comparação àqueles que fizeram uma dieta com pouca gordura.

A pesquisa sugere, até agora, que a razão principal pela qual as pessoas que usam a dieta *Atkins* perdem mais peso inicialmente é que elas ingerem menos calorias. A dieta pode facilitar a redução de calorias de duas formas – pela limitada variedade de alimentos para escolher e pela maior saciedade e redução do apetite que pode ocorrer com as dietas com pouco carboidrato e muita gordura ("cetogênicas"). A maior perda de água que ocorre durante as primeiras duas semanas da dieta *Atkins* também contribui.

A dieta *Atkins* e outras dietas com pouco carboidrato não podem ser usadas por qualquer pessoa. Nos estudos rigorosos, de um ano, realizados até agora, entre um terço e metade dos voluntários designados para a dieta *Atkins* abandonaram o estudo, e outros tiveram problemas para seguir estritamente a dieta. Isso pode ser devido, em parte, às exigências da dieta e à falta de variedade. Os efeitos colaterais são outra razão. Constipação, dores de cabeça, respiração desconfortável, câimbras musculares, diarreia e fraqueza generalizada são relatados com mais frequência pelas pessoas que realmente seguem a dieta *Atkins* do que pelas pessoas que seguem as dietas com pouca gordura.

As pesquisas sugerem, até agora, que a dieta *Atkins* produziria maior perda de peso no curto prazo (seis meses) do que a dieta com pouca gordura, mas é difícil manter este ritmo após seis meses. Estudos mais longos e maiores são necessários para esclarecer o verdadeiro impacto de diferentes dietas populares nos padrões de emagrecimento. Também precisamos saber mais a respeito de como afetam a função renal, a densidade óssea e a função cardiovascular. Esses efeitos são mais bem estudados quando: (1) medimos o quanto as pessoas se sentem bem com cada uma das dietas; (2) a perda de peso e os efeitos colaterais são comparados ao longo do tempo; e (3) os indicadores de saúde tais como níveis de colesterol ou densidade óssea são estudados, não apenas após a perda de peso, mas também assim que o peso está estabilizado, de modo que o efeito da perda de peso imediata não esteja mais se sobrepondo ao efeito da composição de macronutrientes sobre a saúde. Por exemplo: nos primeiros seis meses de alguns estudos clínicos, o LDL aumentou mais de 10% em 30% dos voluntários designados para a dieta *Atkins*, mas apenas em 16% dos indivíduos na dieta de pouca gordura. Alguns especialistas acreditam que a razão para o aumento do HDL na dieta *Atkins* de alto teor de gordura seja a necessidade que o corpo tem de produzir mais HDL para que este possa remover as quantidades proporcionalmente altas de gorduras nocivas que estão sendo absorvidas para a corrente sanguínea. É possível que, quando as pessoas que seguem a dieta *Atkins* não estiverem mais perdendo peso, na fase de manutenção, a quantidade mais alta de gordura total e gordura saturada cause aumentos mais acentuados do colesterol total e do LDL levando, finalmente, a um maior risco de doença cardíaca.

E as pílulas para emagrecer?

Imagine como seria mais fácil se, em vez de seguir uma dieta, você pudesse apenas usar uma pílula todos os dias para reduzir seu apetite e aumentar seu metabolismo, sem trazer nenhum risco para a saúde. Isso não é apenas um sonho. Na última década, o conhecimento científico sobre as moléculas que controlam nosso metabolismo e apetite teve grandes avanços. Essas novas pesquisas poderão, algum dia, levar à criação de uma pílula "mágica" para a perda de peso. Mas isso ainda não aconteceu, e a experiência do passado não é nada animadora.

Os resultados no "longo prazo" (dois anos) são, na melhor das hipóteses, modestos. Em comparação com dieta e exercício apenas, essas drogas reduzem o peso em mais 1 a 3,5 kg. Embora elas possam gerar uma perda de peso maior em algumas pessoas, as histórias de sucesso são quase sempre de pessoas que também fizeram grandes mudanças em suas dietas e aumentaram muito seu nível de atividade. E, em algumas pessoas, essas drogas não têm nenhum efeito positivo. A afirmação de que "esses resultados podem não ser observados em todos os casos", que aparece nos anúncios desses agentes, tem uma razão de ser: a FDA (agência americana de vigilância de medicamentos) sabe que o anúncio mostrará apenas os melhores casos, que poderão não ser exatamente válidos para muitas pessoas.

A perda de peso atribuível a essas drogas deve ser considerada à luz da frágil segurança dos medicamentos para emagrecer, tais como anfetaminas e a abominável combinação de fenfluramina e fentermina. As anfetaminas podem provocar distúrbios perigosos como ritmo cardíaco irregular e pressão alta. Pouco depois da aprovação, como medicamento para emagrecer, da associação fenfluramina-fentermina – que talvez tenha sido mais eficaz na perda de peso do que as medicações disponíveis atualmente – descobriu-se que ela causava anormalidades das válvulas do coração e outros problemas cardíacos.

Ainda assim, há motivos para se ter esperança. Pelo menos em animais, os novos conhecimentos sobre como a química das células de gordura e do cérebro levaram à descoberta de tratamentos que podem determinar uma considerável perda de peso e muitos outros benefícios à saúde, em muitos animais com sobrepeso. Há um longo caminho entre os estudos em animais "simples" e os resultados nos "complexos" seres humanos, mas achamos que um dia haverá pílulas para perder peso, seguras e eficazes.

Existem, é claro, dezenas de medicamentos de venda livre, apresentados como suplementos dietéticos, que escapam ao olhar atento da FDA. Esses remédios prometem ajudar a emagrecer estimulando o sistema nervoso, ativando a digestão das reservas de gordura, restabelecendo o equilíbrio do sistema do cortisol, "equilibrando" o metabolismo e realizando uma série de outras ações não comprovadas. Nenhuma dessas promessas de curas milagrosas, anunciadas em tablóides, jamais foram demons-tradas em estudos rigorosos. Poupe o seu dinheiro. Se fosse tão fácil perder peso e manter o peso ideal, não existiria a epidemia de obesidade e diabetes.

E a cirurgia para perder peso?

O único tratamento que resulta em uma perda de peso substancial e duradoura no longo prazo é a cirurgia de redução e derivação do estômago (ver Figura 11.1). Neste procedimento, o estômago é costurado, ou "grampeado", de tal forma que sobra apenas uma pequena bolsa onde os alimentos podem entrar. O estômago menor causa uma sensação de saciedade que inibe o apetite. Ao mesmo tempo, as alças intestinais são desviadas, de modo que o alimento passe da pequena bolsa do estômago para um ponto distante no intestino delgado. Isso reduz o tempo que o corpo tem para absorver os nutrientes do alimento digerido.

FIGURA 11.1 Cirurgia de derivação do estômago

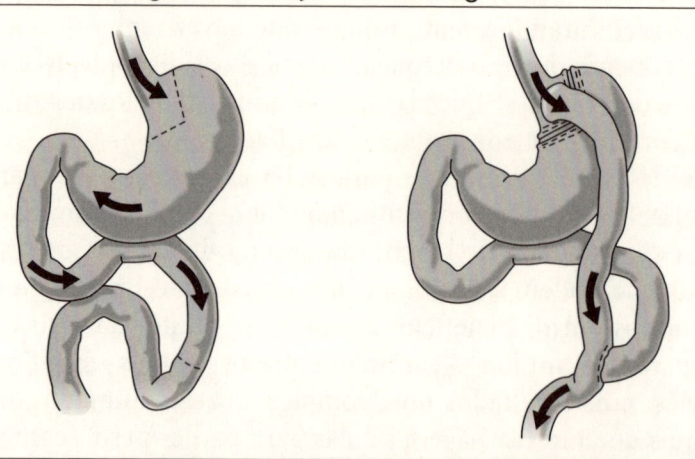

Os procedimentos comumente realizados na cirurgia para perda de peso incluem uma diminuição do estômago, que é "grampeado" ou costurado (linha pontilhada), de modo que armazene apenas uma pequena quantidade de alimento, ou o grampeamento do estômago mais derivação do intestino delgado. O procedimento combinado, que exclui uma porção do intestino delgado, é mais eficaz.

O procedimento também pode reduzir o apetite de outra forma. Aparentemente ele altera um sinal químico do apetite chamado grelina, que é uma substância secretada pelo estômago e pelo intestino. Normalmente, quando o estômago é esvaziado, várias horas após uma refeição, a grelina é liberada pelo tubo digestivo na corrente sanguínea. Esse hormônio alcança o cérebro, onde ativa a área do apetite. Alguns estudos sugerem que a cirurgia de redução do estômago reduz a quantidade de grelina, reduzindo, assim, o apetite.

A cirurgia de derivação gástrica tipicamente resulta em perda de peso de 34 a 45 kg durante o primeiro ano e manutenção da perda de peso por pelo menos vários anos a partir de então. (Lembre-se de que os pacientes considerados candidatos a essa cirurgia, por razões que discutiremos a seguir geralmente estão pelo menos 45 kg acima do peso ideal). Esse nível de perda de peso tem resultados impressionantes, ressaltando o papel crítico que a obesidade tem na causa de doenças. O diabetes tipo 2 pode desaparecer – mais de 90% das pessoas com diabetes ou pré-diabetes podem reduzir ou abolir os seus medicamentos e manter níveis normais de glicose. Outras condições associadas à obesidade severa, tais como apneia do sono, artrite e hipertensão também melhoram dramaticamente.

Se este tratamento é tão eficaz, por que não é oferecido a todas as pessoas obesas? A principal razão é que os riscos cirúrgicos associados ao procedimento (inclusive morte), o processo de recuperação e outras complicações associadas ainda representam um grande problema. Dados os riscos substanciais, essa cirurgia faz sentido apenas para alguém que possa se beneficiar muito dela, ou seja, alguém que esteja muito obeso. As diretrizes vigentes nos Estados Unidos indicam essa cirurgia apenas para as pessoas muito obesas (IMC maior que 45), ou com obesidade menos acentuada (IMC maior que 35), mas com outras complicações associadas à obesidade.

Finalmente, o que podemos dizer da cirurgia estética, como a lipoaspiração, por exemplo? Essa técnica aspira a gordura semilíquida do abdome, coxas e outras áreas e se tornou muito popular como método de esculpir o corpo. Infelizmente, os estudos indicam que esse meio de remoção de gordura é temporário. Mais importante ainda, a remoção física das reservas de gordura não tem os mesmos benefícios para o metabolismo que o emagrecimento à moda antiga: a resistência à insulina e outros aspectos metabólicos da obesidade não são revertidos por esses procedimentos potencialmente perigosos.

Resumindo

Com todas as dietas criadas ao longo dos anos, você poderia pensar que existem claras evidências sobre quais funcionam melhor no longo prazo. Infelizmente, relativamente poucos estudos rigorosos avaliaram dietas específicas. E um número até menor de estudos clínicos rigorosos compararam uma dieta a outra para ver qual funciona melhor. E praticamente nenhum avaliou os resultados no longo prazo. O relatório do DPP sobre mudanças do estilo de vida em um período de quase cinco anos, com seguimento médio de aproximadamente três anos, representa um dos estudos mais longos disponíveis.

As poucas evidências concretas que temos até hoje indicam que virtualmente qualquer dieta que ajude você a ingerir menos calorias por dia, combinada a maior atividade física, fará com que você perca peso ao longo de um ano ou próximo disso. Qual a melhor forma de manter a perda de peso no longo prazo? Essa ainda é uma questão em aberto.

Mesmo nas dietas de mais sucesso, a maioria das pessoas perde peso apenas moderadamente e tende a recuperar parte ou tudo o que perdeu. Para pessoas com sobrepeso ou obesas, perder apenas 5 ou 10% do peso pode trazer alguns benefícios realmente maravilhosos. Em um indivíduo com diabetes, essa perda de peso pode diminuir ou até eliminar a necessidade de medicamentos para controlar o açúcar no sangue. Conforme mostrado no DPP, entre as pessoas não diabéticas, essa perda de peso pode diminuir as chances de desenvolver a doença em 58%. Mesmo uma perda de peso de 2 a 5 kg pode reduzir a pressão arterial e prevenir o desenvolvimento de hipertensão. Mas esses benefícios só podem ser obtidos se você mantiver a perda de peso, ao menos parcialmente. Nossa experiência no DPP – descrita no Capítulo 3 – é que as pessoas podem fazer isso com sucesso.

Durante a eleição presidencial de 1992, o coordenador da campanha de Bill Clinton tornou famosa a frase "A questão é a Economia" (*It´s the Economy, stupid*!). Uma mensagem semelhante se aplica ao que faz com que uma dieta tenha sucesso: "A questão são as calorias". (*It´s the calories, stupid*!) A fonte de calorias, seja proteína, carboidrato ou gordura, é quase sempre menos importante do que a quantidade de calorias que você ingere. Fique atento ao objetivo – ingerir menos calorias do que você consome – e você conseguirá ter um peso mais baixo e mais saudável.

Juntando as pontas

Se você está com sobrepeso, não tem tempo a perder com resultados de estudos clínicos para saber que dietas funcionam melhor. Eis aqui o que você precisa saber: qualquer dieta que ajude você a consumir menos calorias do que vinha ingerindo habitualmente poderá ajudar a perder peso, independentemente da quantidade de carboidratos, gorduras ou proteínas.

Como encontrar um programa de emagrecimento que funcione no seu caso? Você deve tentar um programa que pareça ser adequado à sua personalidade e às suas necessidades, não apenas no curto prazo, mas também como forma de mudança de estilo de vida no longo prazo. Se esse programa não funcionar para você, não se considere uma pessoa fracassada. Em vez disso, pense que o fracasso foi do programa e procure outra alternativa.

A razão pela qual a maioria das dietas populares funcionam a princípio – limitação da escolha de alimentos, várias restrições alimentares, falta de flexibilidade, pouco poder de decisão e alimentos repetitivos – são as mesmas razões pelas quais elas acabam fracassando no final. Ao avaliar essas dietas populares, lembre-se de que as pessoas que as idealizaram geralmente têm pouco, ou nenhum, conhecimento médico, sobre nutrição ou sobre fisiologia do exercício, e certamente não foram obrigadas a provar que seus conselhos são seguros e eficazes.

Ao avaliar as diferentes dietas, tenha em mente os pontos seguintes.
- Veja com um certo ceticismo as dietas que prometem perda de peso fácil e rápida e cura para muitos problemas de saúde. Lembre-se: se a coisa parece muito boa para ser verdade, provavelmente não é mesmo verdade.

- Suspeite das dietas que criticam os conceitos médicos tradicionais e que usam testemunhos individuais e histórias isoladas para dar apoio às suas recomendações, em vez de provas científicas baseadas em pesquisa.
- Desconfie de dietas que recomendam suplementos ou produtos caros, especialmente se forem vendidos pela própria pessoa ou empresa que anuncia a dieta. Um programa alimentar saudável deveria proporcionar um balanço nutricional adequado, de modo que os suplementos nutricionais caros não sejam necessários. A indústria do emagrecimento é um grande negócio, e, às vezes, fica difícil dizer se a motivação primária é contribuir para a saúde do consumidor ou tomar o seu dinheiro.
- Questione as dietas que limitam a escolha de alimentos apresentando listas de alimentos ou grupos de alimentos proibidos ou recomendando combinações especiais e rituais alimentares.

A principal mensagem deste livro é que as "dietas" e "exercícios" terão grande chance de falharem se forem inseridos em nossa vida como elementos isolados, assim como os componentes de um computador. Em vez disso, precisamos identificar e modificar os comportamentos que contribuem para a obesidade, o diabetes e a doença cardíaca. Em vez de utilizar dietas e programas de exercício físico esporadicamente, mudando de um para outro a todo momento, precisamos aprender novos comportamentos que melhorem nossa saúde, e incorporá-los de forma sistemática à nossa vida diária. Procure um programa de emagrecimento cujo planejamento alimentar você possa seguir, não apenas por algumas semanas ou meses, mas por vários anos.

Veja alguns elementos comuns às dietas saudáveis.

- **Dietas saudáveis devem conter quantidades balanceadas de proteínas, carboidratos e gorduras.** A *American Diabetes Association* recomenda uma dieta que inclua 60 a 70% das calorias sob a forma de carboidratos e gorduras monoinsaturadas combinados, 15 a 20% das calorias sob a forma de proteínas, cerca de 10% das calorias em

gorduras poli-insaturadas, menos de 10% das calorias em gorduras saturadas e menos de 300 mg de colesterol.
- **As recomendações nutricionais devem ser feitas por um profissional capacitado, com sólidos conhecimentos de nutrição.** As recomendações desse profissional devem ser baseadas em evidências científicas e não em opiniões pessoais e relatos individuais.
- **A dieta deve incluir uma variedade de alimentos que atendam às suas necessidades de carboidratos, proteínas, gorduras, vitaminas e minerais.** Suplementos e pílulas não devem ser parte integrante da dieta.
- **O ideal é que a dieta não exclua "alimentos proibidos" nem classifique os alimentos em "bons" e "maus".** Em vez disso, o programa deve ser voltado para o controle das porções de alimento. Ele deve permitir que você inclua seus alimentos favoritos, de modo a ficar satisfeito com a quantidade e o tipo de alimentos que estiver consumindo.
- **A dieta deve se adaptar ao seu estilo de vida, para que você consiga segui-la tanto em casa quanto fora de casa, no longo prazo.** Sacrifícios de curta duração, baseados em "força de vontade" não fazem uma boa dieta.
- **O programa deve recomendar atividade física regular como um componente chave para a perda de peso e para a manutenção do peso, visando a uma saúde melhor.**
- **Programas de mudança do estilo de vida também devem incentivar o monitoramento dos hábitos alimentares e da atividade física.** Isso aumenta o seu grau de consciência acerca dos seus padrões de alimentação e atividade física, que estão intimamente ligados ao sucesso do programa de perda de peso.

CAPÍTULO 12

Como mudar seu padrão alimentar

É provável que, no passado, você tenha encontrado dificuldades ao tentar modificar sua dieta. É difícil *mesmo* e não queremos negar. Mas nossa experiência com o programa de mudança de estilo de vida DPP mostrou que muitas pessoas conseguem ter sucesso. O programa de dieta e exercícios foi desenvolvido por um comitê de intervenção no estilo de vida, uma equipe multidisciplinar de profissionais que inclui nutricionistas, psicólogos comportamentais, especialistas em diabetes e fisiologistas do exercício. Esses profissionais examinaram as evidências encontradas na literatura científica sobre nutrição, exercício e pesquisa de comportamento, a fim de identificar a melhor maneira de ajudar a pessoas a perderem e manterem seu peso reduzido. O programa de estilo de vida DPP foi então implementado com mais de mil pessoas de todo o país. Os voluntários participantes do DPP representavam uma ampla faixa da população americana, incluindo homens e mulheres com todo tipo de hábitos, pessoas jovens e idosas, de diversas raças e etnias.

As pessoas *podem* perder peso e manter o peso reduzido. O Registro Nacional de Controle de Peso tem dados acumulados de dez anos, de quase 3 mil pessoas que perderam, no mínimo, 15 kg e que conseguiram manter o peso reduzido por mais de um ano. As pessoas que conseguiram isso consomem uma dieta com composição calórica aproximada de 21% em proteína, 55% em carboidratos e 24% em gorduras. Elas também fazem atividade física regular e dizem participar de atividades de lazer que queimam 2500 a 3500 calorias por semana (por exemplo, 6 a 8 km de caminhada rápida por dia) para manter o peso sob controle.

Aí vão mais algumas informações sobre o programa DPP, apresentado no Capítulo 3. Alguns dos itens do programa, como a preparação para a mudança, o preparo do ambiente, a definição de metas e o acompanhamento do progresso, a resolução de problemas e a manutenção já foram discutidos nos capítulos anteriores.

O programa DPP de estilo de vida

O programa de estilo de vida DPP incluiu uma meta calórica que deveria produzir uma perda gradual de peso entre 500 e 1000 g por semana (através da ingestão de 500 a 1000 calorias diárias menos que o necessário para manter o peso), sendo 25% das calorias provenientes de gorduras. A meta de exercício físico do DPP era a de conseguir fazer pelo menos 150 minutos de atividade física por semana, mais ou menos equivalente a uma caminhada a passos rápidos. Não havia alimentos proibidos, nem eram necessários alimentos ou suplementos caros.

Os participantes do grupo com intervenção no estilo de vida receberam metas de ingestão de gordura em termos de quantidades diárias de gordura em gramas e de calorias, com base em seu peso inicial. (Ver Tabela 8.1, no Capítulo 8). Em seguida, foi solicitado que eles monitorassem o horário de suas refeições e lanches e a quantidade e tipos de alimentos ingeridos cada dia. Eles aprenderam a utilizar esses registros de automonitoramento para identificar as fontes de excesso de gorduras e calorias na dieta. (Ver Tabela 8.2, no Capítulo 8). Eles aprenderam, então, que poderia escolher uma das três maneiras de comer menos gordura e alcançar as metas de ingestão de gordura, em gramas. Eles poderiam: (1) comer alimentos gordurosos com menor frequência, (2) comer quantidades menores de alimentos ricos em gorduras ou (3) substituir esses alimentos por outros, com baixo teor de gordura. O planejamento alimentar poderia ser utilizado por toda a família e era flexível, de modo que os participantes pudessem incluir uma ampla gama de alimentos em sua dieta, dentro dos limites de gorduras e calorias. Essa flexibilidade incentivou os participantes a aprenderem como integrar seus alimentos favoritos e suas preferências culturais nos hábitos de vida e, ainda assim, alcançar as metas de gordura e calorias e as metas de perda de peso, sem se sentirem privados ou impedidos de comer.

O programa não foi apresentado como sendo uma solução rápida e fácil nem como uma simples lista de alimentos permitidos e proibidos. Ele foi apresentado como um processo de mudança de estilo de vida destinado a promover alterações realistas e graduais na dieta e no comportamento relativo ao exercício físico. A meta primária do DPP era determinar se seria o programa de mudança do estilo de vida ou a droga metformina que levaria a um melhor nível de saúde e à prevenção do diabetes e suas complicações. A dieta incentivava o consumo de carnes magras, peixe e frango, leite e derivados desnatados ou semidesnatados, e pelo menos cinco porções de frutas e vegetais por dia, enfatizando o consumo de grãos integrais e de gorduras monoinsaturadas, mais saudáveis. Através do automonitoramento da alimentação, da ingestão calórica e de gorduras, cada participante descobriu, com ajuda e *feedback* de um treinador individual, o planejamento alimentar que funcionava melhor para sua situação individual.

Os participantes aprenderam a definir metas de curto e de longo prazos, realistas e alcançáveis (conforme discutido no Capítulo 8) e se exercitaram nas estratégias de resolução de problemas (Capítulo 9) e em habilidades de autogerenciamento que os ajudaram a sustentar seus novos hábitos alimentares e de exercício ao longo do tempo (ver Capítulo 10). Eles descobriram que o estabelecimento de plano para prestar contas do progresso e obter suporte era crítico para terem sucesso com a manutenção das mudanças de estilo de vida ao longo do tempo. Aprenderam que mudanças eficazes de estilo de vida dependem de quanto a pessoa aproveita as "pequenas vitórias" (pequenas melhorias na dieta, nos exercícios e na perda de peso), e que focalizar a atenção nessas pequenas vitórias é muito mais importante do que esperar mudanças dramáticas – mas não sustentáveis – na dieta, no exercício físico e na perda de peso. Entenderam também que teriam de enfrentar situações de alto risco, que poderiam quebrar sua nova rotina de alimentação e exercício físico, causando recaídas no processo de emagrecimento. Entretanto, aprenderam também como lidar com essas situações de alto risco utilizando as habilidades de definição de metas, automonitoramento e resolução de problemas para contornar as recaídas causadas por essas situações (conforme discutido no Capítulo 10).

O Programa de Prevenção do Diabetes em dezesseis sessões

Os participantes do programa de estilo de vida DPP seguiram um programa básico de dezesseis sessões, com o treinador pessoal. O conteúdo real dessas sessões pode ser visto, em inglês e em espanhol, no endereço eletrônico bsc.gwu.edu/dpp/manualsb.htmlvdoc.

Os participantes do DPP passavam por uma sessão cada semana, na ordem apresentada a seguir, de modo a desenvolver importantes habilidades necessárias à mudança de estilo de vida, passo a passo. Como se esperava, algumas pessoas necessitavam de maior reforço de algumas sessões, e certas aulas específicas poderia ser repetidas. O "currículo do curso" de estilo de vida do DPP foi projetado para ser concluído em 26 semanas. Modificamos a descrição das dezesseis sessões para tornar a informação mais acessível para as pessoas que estejam tentando fazer mudanças de estilo de vida, tornando-as menos voltadas aos profissionais de saúde.

Sessão 1 – Introdução ao Programa de Equilíbrio do Estilo de Vida

Concentre-se nas suas razões individuais para querer perder peso e se tornar mais ativo. Examine as duas metas de equilíbrio do estilo de vida: perder 7% do peso e fazer 150 minutos de atividade física por semana. Identifique que peso você deverá alcançar se quiser perder 7% do seu peso atual (ver Capítulo 8). Concentre-se nos benefícios para você, sua família e outras pessoas da sua comunidade, se perder peso e aumentar seu nível de atividade – prevenção do diabetes, sentir-se e parecer estar melhor, ficar mais saudável, e dar um bom exemplo à família, aos amigos e à comunidade. Comer muita gordura engorda e está relacionado a doença cardíaca e diabetes. Comece a monitorizar seu próprio consumo de alimentos.

Dever de casa – O primeiro passo é verificar quanta gordura você come atualmente. Escreva tudo o que você comer e beber, diariamente, na próxima semana, registrando a hora e a quantidade e tipo dos alimentos que comeu ou bebeu. Entre esses alimentos que comeu ou bebeu, marque os que você acha que têm mais gordura.

Sessão 2 – Dicas para se tornar um "detetive das gorduras"

Comece a monitorizar seu peso regularmente – pelo menos uma vez por semana (ou mais, se isso ajuda você) – e registre seu peso em uma caderneta e no seu gráfico de peso. As metas do DPP para ingestão diária de gorduras e calorias, com base no seu peso, estão resumidas na Tabela 8.1 (no Capítulo 8). Identifique os tipos de alimentos que você consome e que sejam ricos em gordura, lendo os rótulos dos alimentos e utilizando um contador de gorduras e calorias (as cadernetas e o contador de gorduras e calorias utilizados pelos participantes do DPP podem ser encontrados na página de Internet do Programa Nacional de Educação em Diabetes [NDEP] – www.ndep.nih.gov – ou você pode adquirir um contador de gorduras e calorias em uma livraria perto de você). Quando você lê os rótulos de alimentos, as três áreas mais importantes que deve olhar são o tamanho da porção, as calorias por porção e o total de gordura, em gramas, por porção.

Dever de casa – Continue escrevendo tudo o que você comer e beber. Verifique a quantidade de gordura presente nas porções de alimentos e bebidas que consome, utilizando seu contador de gorduras e calorias ou lendo os rótulos dos alimentos. Procure se aproximar ao máximo da sua meta de gorduras, em gramas. Observe que alimentos ou porções fazem com que você ultrapasse suas metas de gorduras. Continue se pesando pelo menos uma ou duas vezes por semana, sempre na mesma hora do dia, e registre seu peso na caderneta e no seu gráfico de peso.

Sessão 3 – Como identificar as três maneiras de comer menos gordura

Reconheça que seus olhos podem lhe pregar peças. Faça uma estimativa de quanto você acha que está comendo em cada refeição e lanche e, a seguir, pese ou meça a porção para ver quanto a sua estimativa foi exata. Veja como as estimativas das porções de alimentos podem ser imprecisas e causarem cálculos incorretos do número de gramas de gordura que consome em um determinado dia, interferindo nos seus planos de perder peso. Há três maneiras de comer menos gordura: comer alimentos gordurosos com menor frequência; comer porções menores de alimentos com alto teor de gordura; e trocar os alimentos gordurosos por outros mais magros e por alimentos preparados com menos gordura.

Dever de casa – Mantenha o controle do seu peso, do seu consumo alimentar e da sua ingestão de gorduras, em gramas, utilizando uma planilha ou diário de alimentação (a Tabela 8.2, no Capítulo 8, é um exemplo). Escreva cinco alimentos que você costuma comer e que têm muita gordura. Escolha uma das três maneiras de comer menos gordura e aplique-a a um ou mais desses alimentos. Certifique-se de que isso é algo que você pode fazer, e defina metas razoáveis e alcançáveis. (Ver Capítulo 8 sobre a definição de metas úteis). Identifique problemas que possa ter para seguir seu planejamento e para alcançar suas metas, e decida se precisa fazer alguma coisa diferente na próxima semana.

Sessão 4 – Dicas para uma alimentação saudável

É importante manter um padrão alimentar regular, para evitar sentir muita fome e perder o controle. Se comer mais devagar, a digestão dos alimentos será melhor, e você terá mais consciência do que está comendo; logo, terá mais consciência de estar satisfeito e de ter saciado a fome. Sirva-se com porções menores, para não ter de se preocupar com excessos alimentares se deixar o prato limpo. É importante comer alimentos variados para alcançar o equilíbrio nutricional – pelo menos duas a três porções de carne magra, peixe ou frango (cada porção equivale a 60 a 90 g); duas ou três porções de leite (uma porção é uma xícara) ou derivados (cada porção equivale a 60 a 90 g) semi-desnatados; duas a quatro porções de frutas (uma porção equivale a um pedaço pequeno ou meia xícara); três a cinco porções de vegetais (uma porção equivale a meia xícara de vegetais cozidos ou uma xícara de vegetais crus); até seis porções de grãos (pão, cereais, arroz ou massa; (uma porção equivale a uma fatia ou meia xícara; preferir cereais integrais); pequena quantidade de gordura (uma porção equivale a uma colher de chá de alimentos com teor normal ou uma colher de sopa de alimentos com teor reduzido de gordura); e quantidades limitadas de doces e álcool (uma porção equivale a uma cerveja, 120 ml de vinho ou 45 ml de bebida alcoólica mais concentrada) por dia. Classifique sua alimentação diária em termos da variedade adequada desses grupos alimentares, a cada dia. Identifique alternativas de baixo teor de gordura para cada um dos grupos. Recomendam-se modos de preparo com pouca gordura, como cozinhar no vapor, na água, no micro-ondas, ou refogar.

Dever de casa – Mantenha o controle do seu peso e dos seus hábitos alimentares. Classifique sua alimentação diária em termos da variedade adequada de carnes magras, peixe, frango, vegetais, frutas, laticínios e grãos (grãos integrais, de preferência). Calcule também o número de vezes que você consome, em cada dia, alimentos gordurosos, doces e álcool.

Sessão 5 – Vamos fazer exercícios

Agora, é importante aumentar seu nível de atividade física e começar a se esforçar para alcançar a meta de 150 minutos de atividade física, gradualmente, nas próximas quatro semanas. Escolha atividades de que você goste e que sejam de intensidade moderada, semelhantes a uma caminhada a passos rápidos. Avalie o seu próprio histórico pessoal de exercícios físicos – o que já deu certo para você e o que não deu. Lembre-se dos benefícios de ser mais ativo – ajuda você a se sentir e a parecer melhor, reduz seus níveis de açúcar no sangue, ajuda a emagrecer e a conservar o peso mais baixo, e diminui o risco de doença cardíaca, reduzindo os níveis de colesterol, triglicerídeos e da pressão arterial.

Dever de casa – Na próxima semana, você deverá desenvolver uma atividade física por sessenta minutos, em três a quatro dias. Por exemplo, tente fazer uma rápida caminhada de vinte minutos 3 vezes na semana. Planeje atividades da sua preferência e programe-se para realizá-las pelo menos dez minutos de cada vez. Inclua um amigo ou familiar nessas atividades, se quiser. Mantenha o controle do seu peso, consumo alimentar, gramas de gordura e minutos de atividade.

Sessão 6 – Dicas para levar uma vida ativa: um estilo de vida

Para tornar a atividade parte integrante do seu estilo de vida, é importante dedicar uma parte do seu tempo, quase todos os dias, às atividades físicas. Identifique o momento em que você pode dedicar vinte a trinta minutos para fazer uma atividade de que goste. Identifique também os momentos em que pode dispor de dez ou quinze minutos para fazer opções como estacionar o carro um pouco mais longe, fazer alguma atividade física enquanto assiste à TV ou fazer um caminho mais longo, a pé, até o local de destino. Lembre-se de evitar dores musculares ou cãibras bebendo bastante água e incluindo períodos de aquecimento, relaxamento e alongamento na sua rotina de exercícios (ver Capítulo 5). Esteja atento aos sinais de que você deve interromper o exercício e verifique com seu médico antes de mudar o nível de atividade ou exercícios físicos. (Alguns sinais de alerta são dor ou sensação de desconforto no peito, náusea severa, falta de ar, ou sensação de tonteira). Se você tem diabetes, especialmente se você toma insulina ou medicamentos à base de sulfonilureias, deverá discutir seu programa de exercícios com o médico e outros profissionais de saúde que cuidem de você.

Dever de casa – Dedique um período de vinte a trinta minutos diários, ou reserve dois ou mais períodos curtos, de dez a quinze minutos, para fazer atividades de sua preferência. Tente conseguir fazer noventa minutos de atividade ao longo de três a cinco dias, com intensidade semelhante à de uma caminhada a passos rápidos. Lembre-se de fazer aquecimento, relaxamento e procure alongar quando estiver em atividade. Mantenha o controle do seu peso, dos minutos de atividade e do consumo de alimentos. Continue procurando alcançar a meta de consumo de gordura, em gramas.

Sessão 7 – Dicas para inverter a balança das calorias

Quinhentos gramas de gordura armazenam cerca de 3500 calorias no organismo. Portanto, para inverter a balança e perder 500 g de peso por semana, você precisa criar um déficit de 500 calorias diárias, por 7 dias; para perder 1 kg de peso por semana, você precisa criar um déficit de 1000 calorias diárias, por 7 dias (o Capítulo 2 discute a "matemática" da obesidade). É melhor criar esse déficit calórico comendo menos e ficando mais ativo. Caminhando 1,5 km a passos rápidos, você poderá queimar 100 calorias em cerca de quinze a vinte minutos. Embora as calorias da dieta sejam provenientes de vários tipos de alimentos, como gorduras, amidos, açúcares, proteína e álcool, as gorduras têm o mais alto teor calórico, gerando 9 calorias por grama, em comparação aos carboidratos, açúcares e proteínas, que geram 4 calorias por grama. Compare o seu peso inicial ao seu peso atual e ao peso esperado (segundo a sua curva prevista para perda de 7% do peso) e veja se precisa virar ainda mais a balança das calorias. Se você quiser fazer isso, adicione uma meta de calorias à meta de ingestão de gramas de gorduras (ver Tabela 8.1, no Capítulo 8) ou siga os cardápios fornecidos como exemplo (ver Apêndice B).

Dever de casa – Mantenha o controle do seu peso, da sua ingestão de alimentos, de gorduras e do seu nível de atividade. Procure fazer 120 minutos por semana de atividade de intensidade moderada. Se você quiser virar ainda mais a balança das calorias, controle sua ingestão calórica e fique abaixo da meta de calorias mostrada na Tabela 8.1 do Capítulo 8, ou siga os cardápios sugeridos.

Sessão 8 – Como assumir o controle do seu ambiente

Aprenda que fatores disparam sua vontade de comer (fome, atividades como leitura ou assistir à TV, a visão ou o cheiro dos alimentos etc.) e de ficar inativo. Evite ter em casa ou no local de trabalho alimentos gordurosos e de alto teor calórico (mantenha-os longe da sua vista) e, ao contrário, deixe alimentos menos calóricos, menos gordurosos e mais saudáveis ao seu alcance. Restrinja sua alimentação a um só local e não combine o hábito de comer com outras atividades, como ler ou assistir à TV. (Lembre-se de que não há exatamente um problema em fazer duas coisas ao mesmo tempo, a menos que ambas precisem ser feitas com especial cuidado). Para ajudar a manter alimentos pouco saudáveis longe de você, faça uma lista de compras com antecedência, e não vá fazer compras com fome (ver exemplo de lista de compras no Apêndice A). Mantenha uma atitude positiva no seu dia a dia (por exemplo, deixe os tênis e as roupas de caminhada sempre à vista e prontas para serem usados) e livre-se das coisas que fazem você ficar na inatividade (procure limitar as horas de assistir à TV, a menos que você faça exercícios durante o programa).

Dever de casa – Estabeleça metas para identificar e planejar como se livrar de um desses fatores problemáticos e trocá-lo por algo que faça você ficar mais ativo. Procure fazer 150 minutos de atividade por semana. Mantenha o controle do seu peso, dos minutos de atividade, da sua ingestão de alimentos e gorduras e do seu consumo de calorias, se quiser baixar ainda mais a balança calórica. Se decidiu seguir os cardápios sugeridos, continue com essa abordagem para controle das calorias.

Sessão 9 – Dicas para resolução de problemas

Estude os cinco passos do processo de resolução de problemas (ver Capítulo 9): (1) descrever o problema em detalhes, (2) listar todas as suas opções, (3) escolher uma e tentar, (4) criar um plano de ação positivo e (5) experimentar e ver se funciona.

Dever de casa – Utilize a abordagem de resolução de problemas para estabelecer metas que o ajudem a lidar com problemas de alimentação e de exercícios físicos. Continue mantendo a meta de pelo menos 150 minutos de atividade por semana. Mantenha o controle do seu peso, dos minutos de atividade, da sua ingestão de alimentos e gorduras e do seu consumo de calorias, se quiser baixar ainda mais a balança calórica. Se decidiu seguir os cardápios sugeridos, continue com essa abordagem para controle das calorias.

Sessão 10 – Quatro dicas para uma alimentação saudável fora de casa

Há quatro regras para comer de modo saudável fora de casa: (1) planeje com antecedência onde vai comer e o que vai pedir, (2) seja assertivo ao fazer seu pedido e ao solicitar ajustes na forma de preparo dos alimentos ou no tamanho das porções, (3) seja o primeiro a fazer o pedido e mantenha os alimentos tentadores fora do seu alcance e da sua mesa e (4) escolha os itens saudáveis e menos gordurosos do cardápio utilizando uma das três estratégias para comer menos gordura.

Dever de casa – Escolha uma das quatro sugestões para uma alimentação saudável fora de casa e trace um plano de ação positivo utilizando suas habilidades de definição de metas e resolução de problemas. Experimente seu plano e veja se funciona. Continue mantendo o controle do seu peso, dos minutos de atividade, da sua ingestão de alimentos e gorduras. Controle seu consumo de calorias ou siga os cardápios sugeridos, se quiser baixar ainda mais a balança calórica.

Sessão 11 – Como reagir aos pensamentos negativos

Aprenda a identificar alguns pensamentos negativos, autodepreciativos, mais comuns e a combatê-los com pensamento positivo (ver Capítulo 7 para mais informações sobre esse importante fator de mudança de estilo de vida).

Dever de casa – Anote exemplos dos seus pensamentos negativos relativos às mudanças de hábitos alimentares e de nível de atividade para perder peso. Anote os pensamentos positivos que podem substituir essas ideias negativas e, em seguida, sempre que se ouvir formulando os pensamentos negativos, diga "não" e troque-os pelos positivos. Continue mantendo o controle do seu peso, dos minutos de atividade, da sua ingestão de alimentos e gorduras e do seu consumo de calorias. Controle seu consumo de calorias ou siga os cardápios sugeridos, se quiser baixar ainda mais a balança calórica.

Sessão 12 – Como se sair bem frente às armadilhas da mudança de estilo de vida

Aprenda que ter recaídas em relação aos hábitos alimentares mais saudáveis e aos exercícios físicos é uma circunstância que faz parte do processo de mudança de estilo de vida. A chave para ter sucesso com a mudança de estilo de vida e com a perda de peso é aprender a se recuperar rapidamente após uma recaída. Identifique que fatores provocam recaídas, no seu caso, e pratique as formas de reagir a elas e de voltar ao caminho certo. (Ver Capítulo 10 para mais informações sobre a habilidade, crítica, de lidar com as recaídas).

Dever de casa – Descreva um acontecimento que tenha desviado você da alimentação saudável e trace um plano de ação positivo, utilizando suas habilidades de definição de metas e resolução de problemas. Continue mantendo o controle do seu peso, dos minutos de atividade, da sua ingestão de alimentos e gorduras e do seu consumo de calorias. Controle seu consumo de calorias ou siga os cardápios sugeridos, se quiser baixar ainda mais a balança calórica.

Sessão 13 – Destaques de um plano de atividade física bem-sucedido

Crie alternativas para evitar o tédio na atividade física: faça coisas novas, ou faça a mesma atividade em local diferente, divirta-se, aproveite para se relacionar com outras pessoas, ou faça com que a atividade seja um desafio para você. Recorde os princípios básicos do exercício aeróbico, que incluem *frequência* (o ideal são cinco a sete dias por semana), *intensidade* (ritmo de exercício que lhe permita falar, mas não cantar), *tempo* (faça atividade por pelo menos dez minutos, aumentando gradativamente para vinte a sessenta minutos de cada vez) e *tipo* (atividades aeróbicas que fortaleçam seu coração e os grandes grupos musculares das pernas e braços). Saiba qual é sua frequência cardíaca ideal.

Dever de casa – Tome seu pulso durante o exercício e verifique se está dentro do limite ideal de frequência cardíaca. Faça exercícios durante os quais você consiga falar, mas não cantar. Continue mantendo o controle do seu peso, dos minutos de atividade, da sua ingestão de alimentos e gorduras e do seu consumo de calorias.

Sessão 14 – Como fazer com que as ocasiões sociais funcionem a seu favor

Identifique as situações sociais problemáticas (ver outras pessoas comendo ou em situações de inatividade, oferecerem comida a você, ou ser convidado para situações de total inatividade) e aquelas que podem ajudar (ver outras pessoas se alimentando de modo saudável, oferecerem a você alimentos saudáveis ou ser convidado para um programa com boa atividade física). Procure se manter longe das situações sociais problemáticas e acrescentar à sua rotina mais situações úteis, a fim de contribuir para sua mudança de estilo de vida. Identifique as pessoas que podem ajudar você a criar um ambiente social propício à alimentação saudável e à atividade física. Planeje com antecedência os eventos sociais, festas, férias etc.

Dever de casa – Descreva uma situação social problemática para você e utilize a abordagem de resolução de problemas para traçar um plano de mudança daquela situação. Trace um plano de ação positivo ou focalizado nas metas de mudança daquela situação social. Identifique uma situação social que gostaria de acrescentar à sua rotina e utilize a abordagem de resolução de problemas e de definição de metas para escolher uma alternativa e ver se funciona. Continue mantendo o controle do seu peso, dos minutos de atividade, da sua ingestão de alimentos e gorduras e do seu consumo de calorias.

Sessão 15 – Dicas para controlar o estresse

O estresse pode levar as pessoas a comerem demais ou a ficarem menos ativas. Identifique as coisas que lhe causam estresse e as suas maneiras de evitar ou lidar com o estresse (faça um planejamento antecipado, pratique dizer "não" para evitar sobrecarga, divida o trabalho com outras pessoas, defina metas realistas e alcançáveis, gerencie seu tempo, utilize suas habilidades de resolução de problemas, faça exercícios, tenha pensamento positivo para reagir ao monólogo interior negativo, faça meditação).

Dever de casa – Identifique suas principais fontes de estresse. Escolha uma delas e utilize estratégias de resolução de problemas para escolher uma forma de lidar com o estresse e defina metas para traçar um plano e implementar essa estratégia. Continue mantendo o controle do seu peso, dos minutos de atividade, da sua ingestão de alimentos e gorduras e do seu consumo de calorias, se for útil.

Sessão 16 – Como manter a motivação

Faça uma lista de tudo o que você já fez para aumentar seu nível de atividade e para comer menos gordura e menos calorias. Você alcançou suas metas de peso e atividade? Se não, como pode melhorar seu progresso? Lembre-se do que já conseguiu até aqui e dos benefícios que alcançou; mantenha à vista as provas do seu progresso (curvas de peso, fotografias); defina metas pessoais e crie recompensas para você mesmo sempre que alcançar suas metas; estabeleça uma competição saudável ou torne suas rotinas alimentares e de exercícios mais variadas; continue mantendo o controle do seu peso, dos minutos de atividade e da sua alimentação.

Dever de casa – Escolha uma forma de manter a motivação e utilize habilidades de definição de metas para criar um plano de ação positivo e ver se funciona. Continue mantendo o controle do seu peso, dos minutos de atividade, da sua ingestão de alimentos e gorduras e do seu consumo de calorias, se for útil.

CAPÍTULO 13

Como os participantes do estudo fizeram: três histórias de sucesso

Os voluntários do DPP representam um grupo diversificado, com vários histórias e estilos de vida, que entraram no programa com diferentes níveis de peso e com diferentes barreiras para perderem peso e aumentarem seu grau de atividade física. Mas todos tinham em comum a motivação para prevenir o diabetes. Todos tentaram integrar as lições aprendidas no DPP em suas rotinas de vida. Veja algumas dessas histórias.

A história de Sandra

No Capítulo 9, ficamos conhecendo Sandra, uma mulher de 52 anos que estava tentando evitar o diabetes. O domínio das habilidades aprendidas na Sessão 3 (Três Maneiras de Comer Menos Gordura, v. Capítulo 12) é um dos fatores mais importantes para o processo de mudança de estilo de vida. Se você revisar as planilhas de hábitos de vida de Sandra (Tabelas 13.1 e 13.2) antes e depois da Sessão 3, verá como é importante manter esses registros, para identificar alimentos gordurosos e muito calóricos que esteja ingerindo, e assim decidir como modificar suas escolhas ao longo do tempo. Se tomarmos como exemplo a primeira planilha de Sandra, veremos que ela consumia alimentos com alto teor de gordura, como sonhos, creme, batatas fritas e pizza. Havia três alternativas para que ela reduzisse seu consumo de gorduras e calorias: (1) comer alimentos gordurosos com menor frequência, (2) comer porções menores dos alimentos gordurosos ou (3) passar a consumir alimentos com baixo teor de gordura. Sandra usou as diretrizes da Tabela 13.2 para avaliar suas opções para redução do consumo de gorduras e calorias.

TABELA 13.1 Primeira planilha de alimentação e exercícios de Sandra

Hora	Alimentação	Porção	Calorias	Gorduras (gramas)	Fome	Local	Comentários
10h	Rosquinhas com açúcar	2 médios	798	42	3	escritório	Acordou tarde – correu para o trabalho, não tomou café da manhã
	Café Creme (meio a meio)	230 ml 60 g	0 80	0		escritório escritório	
				8	7		Pulou o almoço para compensar as rosquinhas
18h	Batatas fritas	90 g	483	33	0	casa	Cansada e faminta
19:30h	Pizza de mussarela (média)	4 fatias	1.068	48	4	casa	Dividiu a pizza com uma amiga
21h					9		Empanzinada!

Totais diários: 2429 calorias, 131 gramas de gordura

Tipo de atividade física	Tempo
Caminhada	30 minutos
☐ Não fiz atividade física hoje.	

Uma vez decidida a ajustar seus hábitos alimentares, Sandra se comprometeu a perseguir as metas. Passou a adicionar à sua lista de compras bolo inglês, leite, ingredientes para salada de frutas, tempero de salada sem gordura, e pacotes pequenos, de 30 g, de batatas fritas, evitando, ao mesmo tempo, ter em casa ou no escritório embalagens grandes de batatas fritas, rosquinhas ou creme. Ao implementar seus novos planos, ela descobriu que não se sentia mal por estar se privando dos alimentos de que gostava, já que eles estavam sendo substituídos por outros, e, além disso, periodicamente ela se permitia comer uma rosquinha. Na semana seguinte, sua planilha de alimentação foi como mostra a Tabela 13.3.

TABELA 13.2 Três maneiras de comer menos gordura - dever de casa

Meus 5 alimentos mais gordurosos	Vou comer com a seguinte frequência	Vou comer apenas esta quantidade	Vou substituir pelo seguinte (menor teor de gordura)
Rosquinhas	Uma vez por semana	Uma rosquinha	Bolo inglês com geleia
Creme	Nunca	Nunca	Leite integral
Batatas fritas	Duas vezes por semana	1 pacote de 30 g	Pipoca com pouca gordura
Pizza	Uma vez por semana	2 fatias	Salada suplementar
Tempero de salada normal	Nunca	2 colheres de sopa	Tempero sem gordura ou vinagre

Sandra descobriu que, se planejasse com antecedência e tivesse sempre os alimentos necessários em casa ou no escritório, poderia reduzir drasticamente seu consumo de gorduras e calorias e, ainda assim, sentir-se satisfeita com sua alimentação. Mesmo se acordasse tarde, teria algo fácil para preparar no escritório, em vez de parar correndo para comer rosquinhas ou sentir-se tentada a comê-las quando oferecidas por colegas de trabalho. Preparando o almoço na noite do dia anterior, ela garantia que teria sempre algo saudável para comer. Como geralmente tinha um intervalo muito longo entre o almoço e o jantar, ela passou a fazer um lanche à tarde, pouco antes de sair do escritório, para não chegar em casa com muita fome. Ela percebeu que, ao complementar a pizza com uma salada de baixa caloria, aumentava sua sensação de plenitude, diminuía a velocidade de ingestão dos alimentos e ficava satisfeita com apenas duas fatias de pizza. Sandra percebeu que havia reduzido bastante seu consumo de gorduras e, quando conseguiu fazer isso com regularidade, pôde então dar mais um passo no sentido de aumentar a quantidade de frutas e de laticínios magros na dieta, a fim de obter um melhor equilíbrio nutricional.

TABELA 13.3 Segunda planilha de alimentação e exercícios de Sandra

Hora	Alimentação	Porção	Calorias	Gorduras (gramas)	Fome	Local	Comentários
9h	Bolo inglês	2 fatias	134	1	3	escritório	Acordou tarde – tomou café da manhã no trabalho
	Geleia sem açúcar	1 colher de sopa	48	0			
	Café	230 ml	0	0			
	Leite integral	90 g	40	2			
					6		
12h	Pão integral	2 fatias	140	2	3	escritório	Preparou o almoço na noite anterior
	Peito de peru	90 g	140	3			
	Mostarda	1 colher de sopa	0	0			
	Batatas fritas	30 g	161	11	7		
16h	Maçã	1	81	0		escritório	Guardou frutas no escritório
19h	Pizza de mussarela (média)	2 fatias	534	24	4	casa	Dividiu a pizza e a salada com uma amiga
	Salada	2 xícaras	28	0			
	Tempero de salada sem gordura	2 colheres de sopa	32	0	7		Satisfeita
21h	Gelatina sem açúcar	1 xícara	0	0	4	casa	

Totais diários: 1338 calorias, 43 gramas de gordura

Tipo de atividade física	Tempo
Caminhada	30 minutos
Não fiz atividade física hoje.	

A história de Kathy

Kathy tinha 62 anos ao entrar no DPP e descobriu que havia sido designada para integrar o grupo que deveria fazer mudanças de estilo de vida. Seu excesso de peso vinha de longa data e ela costumava se alimentar no estilo "iô-iô". Seu trabalho era do tipo sedentário. Ao caminhar pequenas distâncias, sentia falta de ar e não podia andar mais do que dez minutos sem parar para descansar e recobrar o fôlego. Ela media 1,58 m de altura e pesava 122 kg ao entrar no DPP. Seu índice de massa corporal calculado era de 44, o que a classificava na categoria de obesidade grave (ver Tabela 1.4 sobre a estimativa do IMC).

A motivação de Kathy para perder peso não era a aparência mas sim a prevenção do diabetes e os problemas de saúde que ela sabia estarem associados ao diabetes. Portanto, quando Kathy descobriu que tinha intolerância à glicose, ou pré-diabetes, isso serviu como uma forte motivação para que ela fizesse mudanças em seu estilo de vida. Com base no peso inicial, sua meta de perda de peso de 7% significava que ela deveria chegar a 110 kg. Sua meta de consumo de gorduras era de 50 gramas diários. Ele manteve os registros alimentares solicitados, mesmo achando que isso era muito trabalhoso.

Mas, à medida em que registrava sua alimentação, Kathy se surpreendia ao ver que seu consumo de gorduras facilmente ultrapassava 100 gramas diários. Começou a modificar sua dieta, de modo a diminuir essa quantidade. Decidiu preparar seu próprio almoço e levar para o trabalho três vezes por semana, passando a comer na cantina apenas duas vezes por semana, em vez de todos os dias. Preparou sanduíches de atum ou peito de peru e saladas com queijo *cottage* – coisas de que ela gostava. Como morava sozinha, ela passou a comprar refeições congeladas com baixo teor de gordura para comer no jantar, três a quatro dias por semana. Essa foi uma boa maneira que encontrou para controlar o tamanho das porções de alimentos.

Com essas alterações, Kathy descobriu que era capaz de alcançar suas metas de consumo de gorduras em gramas e podia até mesmo comer uma pequena sobremesa. Isso era importante para Kathy, pois com a sobremesa ela se sentia satisfeita e não considerava estar "passando fome". Assim, ela aprendeu a fazer uma dieta mais satisfatória e ainda alcançar suas metas de ingestão de gordura. O peso diminuiu cerca de 450 g por semana; ela marcou a evolução na curva de peso e, na consulta de 6 meses, verificou que estava dentro do previsto para alcançar os 7% de perda de peso planejados. A meta de exercícios físicos estava mais difícil, por isso ela fez sessões de atividades físicas supervisionadas duas vezes por semana, no total de 45 minutos. Durante a 6ª. semana, Kathy conseguiu fazer 75 minutos de atividade, mas na 7ª. e 8ª. semanas ela só conseguiu fazer quinze minutos de atividade física por semana.

Ela foi perseverante, e, gradativamente, sua disposição melhorou, e ela conseguia caminhar 30 minutos, sem parar, e depois 45 minutos e 60 minutos. Quando o tempo permitia, preferia caminhar ao ar livre e chegou a conseguir fazer 250 a 300 minutos de atividade por semana. Ela passou a sentir-se melhor com menos peso, e sua disposição cada vez melhorava mais; em várias ocasiões, durante o DPP, ela participou da caminhada anual da *American Diabetes Association* [Associação Americana de Diabetes].

Kathy teve recaídas e momentos de piora. Ela gostava muito de fazer cruzeiros nas férias e queria continuar aproveitando seu tempo livre. A fim de limitar os possíveis efeitos negativos dessas viagens, planejava com antecedência como iria controlar sua alimentação e fazer atividade física. No passado, em cada um desses cruzeiros, ela costumava ganhar de 3 a 5 kg. Agora, ela fazia caminhadas circulando o convés do navio e estava decidida a não comer tudo o que visse. Em vez disso, ela avaliava o cardápio e escolhia alimentos saudáveis, entre os que mais gostava – eliminava a manteiga no pão, mas, às vezes, comia uma sobremesa. Mantendo o controle da sua atividade e da alimentação durante a viagem de navio, foi capaz de alcançar sua meta de pelo menos 150 minutos de atividade por semana. Escolhia sopas e saladas como entrada, o que já aumentava a sensação de saciedade, e não se obrigava a "raspar o prato" em cada refeição. No primeiro cruzeiro, seu peso aumentou apenas 1 kg – um grande progresso. Kathy também sabia que poderia facilmente retomar o rumo depois das férias e perder novamente esse quilo que havia sido ganho, especialmente porque não havia se sentido privada do prazer de aproveitar a viagem.

Kathy alcançou sua meta de perder 7% do peso, chegando a 113 kg na semana 24, e depois perdeu mais alguns quilos e chegou a 111 kg. Ela aprendeu que, se ultrapassasse a meta de 50 g de gordura por dia, poderia comer menos gordura e calorias nos próximos cinco dias, para garantir uma média semanal em torno de 50 g diários ou menos. Kathy nunca precisou ou nunca quis forçar o balanço calórico um pouco mais contando as calorias. Para ela, contar os gramas de gordura era suficiente.

Ao longo dos anos em que participou do DPP, Kathy descobriu que suas situações de risco eram os cruzeiros, e sensações como depressão e estresse. Nesses momentos, ela usava suas habilidade de resolução de problemas e definição de metas para planejar como lidar com essas situações. Ao se aposentar, ela procurou programar atividades e cursos para se manter ativa, estimulada e longe dos maus hábitos alimentares causados pelo tédio. Até hoje, Kathy vem mantendo seu peso sob controle. No inverno, ela faz hidroginástica aeróbica e, no resto do ano, ela caminha ao ar livre. Preveniu o aparecimento do diabetes e diz, com orgulho: "Mudei meu estilo de vida!"

A história de Bob

Bob tinha 48 anos quando ingressou no Programa de Prevenção do Diabetes e foi designado para o grupo com intervenção no estilo de vida. Ele pesava 100 kg e tinha 1,80 m de altura (IMC de 27). Ele estava motivado para prevenir o diabetes porque seu irmão gêmeo já havia sido diagnosticado como tendo diabetes tipo 2 há vários anos. O médico de Bob havia dito que ele tinha grande probabilidade de desenvolver diabetes dentro de cinco anos a partir do diagnóstico do irmão, porque ambos tinham os mesmos genes. A esposa de Boa apoiava totalmente seus planos de perder peso e decidiu seguir o programa junto com ele.

Bob nunca havia tentado perder peso nem sabia nada, até então, sobre a quantidade de gordura que consumia na dieta. Com base no peso de partida, a meta de perder 7% do peso, no caso de Bob, exigia que ele chegasse a 84 kg. A meta de ingestão de gordura era de 42 g por dia. Ele se interessou em aprender sobre o teor de gordura dos diversos alimentos que consumia e começou a mudar sua dieta para diminuir a quantidade total de gordura. Reduziu a gordura da manteiga e dos molhos usando versões magras dos mesmos produtos. A esposa de Bob era italiana e fazia pratos típicos com quantidades generosas de azeite. Inicialmente, eles ficaram assustados com a quantidade de gordura que comiam em alguns de seus pratos favoritos, mas, depois de algumas tentativas, conseguiram reduzir a gordura de certas receitas italianas usando menos azeite e fazendo esses pratos com menor frequência. Quando uma dessas receitas típicas estava programada para o jantar, Bob já diminuía a gordura do café da manhã e do almoço naquele dia e no dia seguinte e, assim, sua ingestão de gordura da semana ficava dentro da meta de 42 g ou menos.

Bob gostava de jogar basquete e de fazer outras atividades, mas não cumpria rigorosamente 150 minutos por semana. Ele sentiu que precisavam incluir outras atividades em sua rotina, para mudar o estilo de vida, especialmente quando não pudesse ir ao jogo semanal de basquete. Decidiu, então, ir ao trabalho de bicicleta e começou também a correr com um amigo, depois do expediente, várias vezes por semana. Bob perdeu peso, gradativamente, ao longo das próximas dezesseis consultas, mas descobriu que voltava a ganhar peso ocasionalmente, durante as férias, quando jantava fora e sempre que tinham muita comida italiana em casa.

Com o tempo, Bob conseguiu criar uma rotina satisfatória, que incluía seus pratos italianos favoritos e a pizza feita em casa, tudo com menos gordura, usando mussarela e molho de tomate magros. Bob chegou à meta de peso de 84 kg e procurou baixar um pouco mais, para ficar entre 81 e 83 kg, para ter um espaço de manobra que permitisse compensar as férias e jantares. Após o primeiro ano, ele passou a registrar sua rotina alimentar uma semana por mês. Aos poucos, foi diminuindo as consultas, mas, quando seu peso chegava a 84 kg, ele voltava a registrar sua alimentação com mais frequência e marcava consultas para retomar o foco e o controle das metas.

No final do DPP, Bob não apenas havia conseguido evitar o diabetes, como também seu açúcar no sangue havia voltado ao normal. A história de Bob mostra o poder que têm as mudanças de estilo de vida para vencer até mesmo uma predisposição genética, prevenir o diabetes e reverter os níveis anormais de açúcar no sangue.

Lições aprendidas com as experiências de Sandra, Kathy e Bob

Sandra, Kathy e Bob escolheram caminhos diferentes para reduzir sua ingestão de gorduras e calorias, com base em seus próprios estilos de vida. Sandra mudou seu ambiente doméstico e de trabalho de modo a diminuir a quantidade de alimentos gordurosos no almoço e nos lanches. Kathy preferiu comprar alimentos congelados, em refeições prontas, com porções controladas, e escolher refeições fáceis de preparar porque vivia sozinha e não gostava de cozinhar para uma pessoa somente. Ao contrário, a família de Bob gostava de refeições feitas em casa com receitas típicas italianas. Por isso, ele e sua esposa dedicaram algum tempo a aprender como descobrir a quantidade de calorias e de gordura presente em seus pratos favoritos e como substituir os ingredientes por versões magras, a fim de reduzir o teor de gorduras e de calorias de cada porção. No DPP, não há uma receita única a ser seguida. Os participantes aprenderam a diminuir o teor de gorduras e calorias de seus pratos favoritos e ganharam uma lista dos livros de receitas recomendados por apresentarem uma grande variedade de sugestões de pratos saudáveis, com pouca gordura. (Ver no Apêndice D, receitas nutritivas).

Metas de calorias e gorduras

Assim como Sandra, Kathy e Bob, você precisa estabelecer metas diárias de quantidades totais de gorduras, em gramas, e de calorias, além de verificar o teor de gorduras e calorias de seus pratos favoritos, para poder planejar refeições que ajudem a alcançar essas metas. As metas estão resumidas na Tabela 8.1, do Capítulo 8.

Como determinar o teor de gorduras e calorias de suas receitas favoritas

Para verificar a quantidade de gordura, em gramas, e as calorias presentes nos seus pratos favoritos, use a Tabela 13.4.
- Anote o tipo e quantidade de cada ingrediente em uma linha separada.
- Anote a quantidade em gramas de gordura e as calorias de cada porção de cada ingrediente, utilizando o contador de gorduras e calorias (ver Seção 2, Capítulo 12).
- Some o número total de gramas de gordura e de calorias de cada prato.
- Divida o número total de gramas de gordura e de calorias pelo número de porções que cada receita permite fazer. Assim, você terá a quantidade, em gramas, de gordura e a quantidade de calorias por porção.

Para reduzir o teor de gordura e de calorias dos pratos, aplique as mesmas três estratégias de redução da gordura.
- Comer alimentos gordurosos com menor frequência, escolhendo menos vezes aquele prato.

TABELA 13.4 Ficha para medir a quantidade de gorduras e calorias dos pratos

Nome do prato: _____ Tamanho da porção _____

Ingrediente	Quantidade	Gramas de gordura	Calorias
		Totais:	

- Consumir porções menores de alimentos gordurosos omitindo um ingrediente com alto teor de gordura (ex., molho para macarronada sem carne ou linguiça), usando menor quantidade dos ingredientes gordurosos ou consumindo porções menores daquele prato.
- Usar ingredientes menos gordurosos ou recursos de culinária como retirar a gordura da carne, usar panelas não aderentes ou untar a panela com gordura vegetal, cozinhar no vapor ou no micro-ondas, assar sem gordura adicional ou resfriar sopas e caldos retirando a gordura de cima antes de reaquecer e servir.

Depois de verificar as fontes de gorduras e calorias de cada prato, você poderá substituir ingredientes por outros mais magros, reduzindo assim a quantidade de gorduras e calorias por porção e recalculando o teor total, em gramas, de gordura e as calorias, por prato e por porção. Uma vez tendo modificado a receita sem perder o paladar e tornando-a mais saudável, então estará no caminho certo para um estilo de vida mais sadio e gratificante. A Tabela 13.5 mostra algumas substituições comuns que pode fazer nos seus pratos.

Quando você retira de uma receita 1/4 de xícara ou mais de gordura, é importante adicionar algum líquido para compensar, que pode ser água, suco de frutas ou leite desnatado, na mesma quantidade. Nos alimentos assados, você pode reduzir a quantidade de manteiga ou margarina em um terço ou metade, substituindo por uma quantidade igual de suco de maçã, purê de ameixas ou leite desnatado.

Lembre-se de que você também pode lançar mão de algumas estratégias para melhorar o sabor, sem adicionar calorias ou gorduras. Para isso, utilize vinho, suco de limão, vinagre aromatizado, mostardas, alho, cebola, pimenta ou ervas finas e especiarias.

Se preferir, utilize as receitas já modificadas para redução do teor de gorduras e calorias que são apresentadas neste livro ou nos livros de receitas listados no Apêndice D.

Você também poderá encontrar boas receitas nutritivas e com baixo teor de gordura e calorias nas páginas da Internet listadas abaixo.

TABELA 13.5 Sugestões para substituição de ingredientes

Em vez de	Tente
1 xícara de leite integral	1 xícara de leite desnatado ou semidesnatado
1 xícara de nata	1 xícara de leite evaporado desnatado
1 xícara de creme azedo	1 xícara de iogurte magro ou creme azedo desnatado ou semidesnatado ou 1 xícara de queijo *cottage* magro batido
1 xícara de *cheddar* amassado	1 xícara de cheddar magro amassado
1 xícara de ricota integral	1 xícara de ricota desnatada ou queijo *cottage* semidesnatado
100 g de margarina	1/2 xícara de suco de maçã ou margarina semidesnatada
250 g de queijo cremoso	120 g de ricota desnatada e 120 g de tofu ou 250 g de queijo *Neufchatel light*
2 ovos inteiros	4 claras ou 1/2 xícara de substituto de ovo congelado
1 xícara de coco	1/2 xícara de coco
1 xícara de amêndoas	1/2 xícara de amêndoas
1 colher de sopa de óleo	1 colher de sopa de vinho ou caldo
1/2 xícara de óleo	1/2 xícara de suco de maçã ou 1/4 de xícara de suco de maçã e 1/4 de xícara de óleo ou 1/2 xícara de iogurte magro e 2 colheres de sopa de óleo
1/4 xícara de caldo concentrado	1/4 de xícara de caldo ralo
30 g de chocolate em barra	3 colheres de sopa de chocolate em pó com 1 colher de sopa de óleo (ou uma pequena quantidade de margarina magra - ver instruções na caixa do chocolate)
Maionese ou molho de salada integral	Maionese ou molho de salada sem gordura ou com pouca gordura ou iogurte magro
Carne de vaca moída	Peito de peru moído
1 xícara de açúcar	1/2 xícara ou 3/4 de xícara de açúcar

- **Abeso** *(www.abeso.org.br)* – Essa é a página da Associação Brasileira para o Estudo da Obesidade e da Síndrome Metabólica. Ela esclarece as dúvidas mais frequentes sobre obesidade, além de fornecer receitas de baixas calorias.
- **Sociedade Brasileira de Diabetes** *(www.diabetes.org.br)* – Essa página oferece diversas informações para a prevenção e o tratamento do diabetes, receitas e cardápios adequados para os diabéticos e pré-diabéticos.

- *American Diabetes Association (www.diabetes.org)* – Essa página apresenta informações atualizadas sobre prevenção e tratamento do diabetes, pesquisas e educação, além de receitas com baixo teor de gordura, para o dia a dia.
- *Meals for You (www.mealsforyou.com)* – Essa página comercial oferece receitas, cardápios personalizados e listas de compras especialmente criadas para você.
- *5 A Day (www.5aday.org)* – O programa 5 A Day utiliza receitas com frutas e vegetais, com baixo teor de gorduras e colesterol. O programa incentiva o consumo de cereais integrais e de quantidades mínimas de sal e açúcar. Cada receita contém pelo menos uma porção de fruta ou vegetal e não mais de 30% das calorias provenientes de gorduras, 10% de gorduras saturadas, 100 mg de colesterol e 480 mg de sódio por porção.

Se precisar de ajuda para encontrar um nutricionista que ajude você a implementar as mudanças de estilo de vida, pode pedir referências ao seu médico. Ou, então, consulte a American Dietetic Association, no endereço eletrônico eatright.org. Essa página de Internet tem centenas de dicas, assuntos importantes a cada mês e uma base de dados que pode ser consultada para encontrar um profissional da área de nutrição.

Os participantes do DPP recebiam deveres de casa, com metas específicas estabelecidas. Um deles era preencher a tabela "Três maneiras de comer menos gordura", na qual eles deveriam identificar os alimentos gordurosos que consumiam com mais frequência e definir uma nova rotina para inclusão, ou não, daqueles alimentos na dieta.

Os participantes do DPP também aprenderam a importância de planejar as compras de alimentos com antecedência. Aprenderam a não saírem para comprar alimentos quando estivessem com fome e a levarem sempre uma lista e não se afastarem dela. (Ver, no Apêndice C, um exemplo de lista de compras). Quanto mais ingredientes frescos e cereais integrais você escolher, mais fibra estará consumindo em sua dieta. Você ficará muito mais satisfeito ingerindo 1200, 1500 ou 1800 calorias por dia quando a dieta incluir alimentos com alto teor de fibra.

Portanto, sempre que escolher frutas e vegetais frescos ou congelados *in natura*, você estará fazendo uma opção mais saudável que os vegetais ou frutas enlatados; e sempre que escolher cereais, grãos e pães integrais, você irá se sentir mais saciado do que ao comer alimentos processados, com grãos refinados.

O Apêndice B apresenta alguns exemplos de cardápios e refeições semelhantes aos que foram entregues aos participantes do DPP. A estratégia primária para os participantes do DPP não era seguir cardápios definidos para perder peso; entretanto, quando eles queriam ter um rápido progresso na perda de peso ou "virar a balança das calorias" (ver Seção 7, no Capítulo 12), seguiam esses cardápios prontos por várias semanas. Algumas dessas refeições são de preparo rápido e podem ser boas alternativas quando você estiver ocupado ou com pressa, ou quando não quiser cozinhar apenas para você. Outras incorporam ingredientes com baixo teor de gorduras e de calorias, para os que gostam de cozinhar. Você irá perceber que esses cardápios utilizam, com frequência, derivados de leite ricos em cálcio. Isto se deve ao fato de algumas pesquisas recentes terem indicado que a inclusão de três a quatro porções de alimentos ricos em cálcio na alimentação diária pode melhorar seus resultados em termos de perda de peso.

Substitutos de refeições

Outra estratégia utilizada, às vezes, pelos participantes do DPP, a fim de dar um impulso inicial na perda de peso eram os substitutos de refeições. São alimentos prontos, embalados, como por exemplo refeições ligeiras, barras de cereais, sopas prontas ou bebidas com porções calculadas para conterem de 150 a 300 calorias, e que podem ser usados para substituir uma refeição ou lanche, ajudando a reduzir a ingestão de calorias e gorduras e, assim, contribuindo para a perda de peso. Alguns exemplos são as barras de cereais ou os iogurtes batidos, que contêm cerca de 220 calorias, três a nove gramas de gordura, dez gramas de proteína e diversas vitaminas e minerais; há também as barras de 140 a 150 calorias, refeições congeladas que geralmente têm 300 calorias, menos de dez gramas de gordura e dez a vinte gramas de proteína.

Os substitutos de refeições podem ajudar você a perder peso simplificando seu planejamento alimentar. São práticos, fáceis de comprar e de guardar, praticamente não precisam ser preparados, e seu preço, em geral, é razoável, já que custam menos do que a refeição que substituem. O uso desses substitutos diminui a quantidade de decisões que você precisa tomar sobre o que comer e reduz sua exposição a alimentos tentadores, que poderiam levar você a comer demais. A maioria dos programas de emagrecimento que utiliza esses substitutos de refeições recomenda que você substitua duas refeições e um ou dois lanches por dia na fase de maior perda de peso e, depois, troque uma refeição e um lanche por dia, na fase de manutenção do peso. As pesquisas feitas sobre a eficácia desses programas que usam substitutos de refeições mostraram que as pessoas que adotam essa estratégia conseguem perder mais peso no curto prazo e durante até quatro anos de acompanhamento do que as pessoas que fizeram dietas com alimentos escolhidos por elas mesmas.

Se você estiver precisando dar um impulso inicial no seu processo de emagrecimento, pode tentar substituir refeições (mas lembre-se não *adicione* os substitutos às suas refeições!) por uma barra de cereais ou bebida energética, utilizando esses alimentos, por exemplo, no café da manhã (cerca de 220 calorias), no jantar (outras 220 calorias) e em dois lanches (150 calorias cada), somando tudo isso à sua refeição principal, o almoço, por exemplo, de 500 a 600 calorias por dia. Assim, você chegaria a um consumo de 1240 a 1340 calorias por dia e certamente perderia peso. Há um estudo de longo prazo em andamento, sobre a perda de peso em pessoas com diabetes do tipo 2, chamado Look AHEAD (sigla, em inglês, de Ação pela Saúde no Diabetes), que está utilizando substitutos de refeições dessa maneira, como parte de um conjunto de medidas para mudança de estilo de vida.

A maioria das pessoas com diabetes percebe que o uso desses substitutos ajuda a baixar os níveis de açúcar no sangue porque eles fazem você comer menos gorduras, menos carboidratos e menos calorias, e perder peso. Mas, embora os substitutos contenham poucas calorias e gorduras, a quantidade de carboidratos pode variar. Se você utilizar substitutos de refeições que tenham a mesma quantidade de carboidratos todos os dias, seus níveis de açúcar no sangue provavelmente ficarão mais baixos e mais estáveis.

Mas os substitutos não servem para todas as pessoas. Algumas pessoas não gostam deles, outras preferem alimentos feitos em casa. Se você usar substitutos de refeições de modo incorreto, comendo esses produtos além das refeições e lanches habituais, acabará consumindo mais calorias que o habitual e ganhará peso. Se o uso dos substitutos faz você se sentir mal alimentado ou se acha essa dieta monótona, então provavelmente essa não será uma boa estratégia para você perder peso.

Se você tem diabetes, deve consultar o médico antes de usar esses substitutos para perder peso. Se tem risco de hipoglicemia (açúcar baixo no sangue) devido aos medicamentos para diabetes, seu médico poderá querer ajustar a sua dose de insulina ou de antidiabéticos orais, antes de você começar a dieta. O nutricionista também poderá ajudar com ideias criativas para melhorar o paladar, a satisfação com as refeições e para variar sua dieta ao utilizar os substitutos.

Dicas para evitar armadilhas da dieta

A primeira dica para evitar cair em armadilhas é não pensar que você está "fazendo dieta", porque isso significa que, um dia, você vai "deixar de fazer dieta". É melhor passar a mensagem aos outros e a você mesmo de que você está tentando mudar seu estilo de vida para se alimentar de forma mais saudável e para ficar mais ativo.

Alguns dos melhores conselhos sobre como evitar armadilhas alimentares, ou, em termos mais positivos, "como mudar seu estilo de vida para perder peso e manter o peso controlado", são os de Helen McGrane, uma das participantes do DPP. Ela intitulou seu trabalho (escrito na forma de um diário) "Para dizer a verdade (como perder peso e se manter em forma)".

Julho de 1998: Para minha surpresa, fui convidada a participar de um estudo nacional sobre a prevenção do diabetes... A culpa é da minha herança genética, da idade e do aumento gradual do peso.

Minha mãe provavelmente tinha diabetes gestacional, já que seus quatro filhos nasceram com mais de 4 kg. Por volta dos 60 anos, ela ficou sabendo que era diabética e usou medicamentos orais até morrer. Meu tio por parte de mãe também ficou diabético quando já tinha uma certa idade...

Eu já vivi mais do que minha mãe. Meu peso aumentou nos últimos dez anos. A gente fica adiando a questão de emagrecer até que descobre que tem intolerância à glicose.

Setembro de 1998: "Não veja nos insucessos do passado um sinal de que você não pode vencer"*. Quantas vezes já perdi o excesso de peso só para ver todos aqueles quilos voltarem? Meus fracassos passados incluem o regime do Dr. Pritikin, a Dieta Revolucionária do Dr. Atkins, os Vigilantes do Peso, hipnose...Agora posso ter sucesso com o Programa de Prevenção do Diabetes. E, como prêmio antecipado, ganhei um "personal trainer" do DPP. Linda é uma perfeita chefe de torcida.*

Surgem ideias incômodas: "Será que eu consigo alcançar um estágio de uma melhoria perceptível na minha saúde ou devo acreditar na opinião da minha irmã mais velha, de que o emagrecimento é o prenúncio de dias funestos?"

Outubro de 1998: "Não há vitória sem dor"*. A Tufts Letter fala sobre pesquisas com pessoas que tiveram sucesso em emagrecer e conservar o peso sob controle. Segundo o relatório, 60% dessas pessoas tinham tomado medidas rigorosas quanto à dieta, e 80% haviam feito mais exercício físico. O DPP me deu diretrizes sobre metas diárias e semanais de alimentação e exercício físico... Estou mantendo um diário da minha alimentação e fazendo exercícios regularmente; virei uma leitora de rótulos; eliminei os biscoitos da minha lista de compras; escolho substitutos e vou monitorando meu peso na balança. O exercício se tornou uma necessidade para mim, e eu adoro produzir endorfinas. Eu me sinto bem depois do exercício. Tudo bem ser obsessiva.*

Novembro de 1998: Fragmentar as metas de perda de peso em várias metas menores de estilo de vida; trocar o "Vou ficar" (ex. mais magra) por "Vou fazer" (ex. salada com molho à parte)*. É estranho, mas parece que* *está funcionando... Estou me mantendo abaixo da linha de peso projetada e seguindo as metas mínimas de exercício. De tempos em tempos, meu peso fica estagnado, mas logo vem uma queda que me anima novamente. Nesses momentos de estagnação, peso em fazer lipoaspiração, mas o medo da anestesia me desencoraja, e, além do mais, o custo desanima.*

Dezembro de 1998: Fazer certas concessões. *Alcancei minha meta de emagrecimento no DPP. Será que consigo me manter assim?... O Natal é importante demais para não ser celebrado. Como menos antes e depois dessas ocasiões. Funciona.*

Março de 1999. Exercitar. *O exercício físico se tornou uma parte prazerosa da minha rotina diária, e passei a fazer alongamento e um pouco de musculação em uma academia, duas a três vezes por semana. Quando chego lá, encontro Marlene, a professora de ginástica e outras cinquenta pessoas da minha idade. Alguns dos exercícios são feitos sentados. Sinto queimar quando giramos os braços. Walt coloca músicas dos anos 40 para nos distrair. É a "nossa" música, e meus pensamentos voam para os bailes da minha juventude, os rapazes, a dança. Lembro como era bom ouvir música com alguém a quem amei a vida inteira. Quando já penso que meus braços vão se soltar do corpo, Marlene troca o exercício para alongamento de cintura e levantamento das pernas. Exercitamos músculos que parecem perguntar, "Por que você não nos usa com mais frequência?" Interrompemos o esforço depois de 20 minutos e caminhamos por 10 minutos; depois prosseguimos e, durante os últimos quinze minutos, repetimos exercícios para as pernas. Ainda fico para uma seção de musculação de quinze minutos, com pesos de 1 kg.*

Passei a fazer caminhadas e danças de salão, que exigem bastante esforço. Posso até mudar alguma coisa no futuro, mas sei que os exercícios entraram na minha vida para ficar.

Junho de 1999: "Faça o que você quiser para dar certo". *Já se passaram seis meses desde que alcancei minhas metas de peso e exercício do DPP. Continuo aprendendo* *a me manter motivada para prevenir o diabetes e conservar as mudanças de estilo de vida que consegui no DPP. Lembro minha experiência pessoal com os riscos potenciais do diabetes. Minha mãe ficou doente do coração e, em dois anos, morreu lentamente após um derrame que a deixou incapacitada. Eu quero evitar isso, e também o risco de ficar cega, de ter doenças vasculares e outras que acompanham o diabetes.*

Espero que meus esforços continuem por toda a vida. O que pode me ajudar?... Várias refeições pequenas ajudam a manter o peso controlado mais do que duas refeições grandes. Beliscar um pouco pode me afastar da tentação de comer demais. Mantenho sempre frutas em casa; elas ajudam quando a fome aperta... A musculação duas vezes por semana ajuda a fortalecer os músculos e queima gorduras mais do que qualquer outra coisa. E me anima pensar que posso ficar menos flácida.

Julho de 1999: Equilíbrio. *Lembro o equilíbrio que eu sempre quis para minha vida emocional e social: religião, trabalho, amor e diversão. Fisicamente, quero praticar o equilíbrio de boa nutrição e exercício físico. Se eu deixar de cumprir por um ou dois dias, voltarei ao rumo mais adiante.*

15 de junho de 2004: Reflexão. *Continuo sendo grata a Linda, aos seus colegas e ao programa DPP pelo efeito que fizeram sobre a minha saúde... Como consegui me manter no programa? Devo muito aos contatos que continuo mantendo e que lembram por que entrei no programa. Estou me sentindo melhor por conseguir fazer mais atividades diárias por meio dos exercícios físicos e por ver menos de mim, ou seja, menos peso, e a consequência disso nas roupas que agora posso usar. Sou colocada à prova nas ocasiões em que meu peso parece aumentar depois de umas férias; mas, na última temporada, ganhei menos peso porque decidi recusar a maior parte das sobremesas e usar o podômetro. No momento, preciso perder um pouco de peso, mas tenho certeza de que, com atenção aos alimentos e aos exercícios, vou chegar lá.*

O que aconteceu com os participantes do DPP?

Três anos após o encerramento do DPP, cada um dos participantes ainda é capaz de dizer o que funciona no seu caso individual. A chave do sucesso é continuar a fazer exercícios físicos regularmente e encontrar um estilo de alimentação que ajude a alcançar as metas de calorias e gordura sem ficar com fome ou se sentir privado das coisas de que gosta.

Quando perguntamos a vários participantes do DPP como eles estão lidando com a alimentação para não sentirem fome ou sensação de privação, cada um tem uma solução pessoal para essa questão.

Helen diz, "continuo fazendo lanches entre as refeições para não ficar muito tempo sem comer e, com isso, me sentir faminta".

Francine diz que tenta "comer alimentos ricos em fibra com a maior frequência possível, para se sentir saciada com menos alimento e menos calorias".

John diz que come "muito menos carboidratos, e isso me ajuda a controlar a fome".

Todos dizem que continuam monitorando o peso na balança pelo menos uma vez por semana ou mais. Também dizem que, ao notarem que ganharam um pouco de peso, voltam a se concentrar, fazendo diários alimentares para aumentar seu grau de consciência acerca da dieta, e avaliam seus hábitos dos últimos tempos. Cortam calorias e gorduras até que o peso volte ao desejado. Esse processo se transformou em um estilo de vida, especialmente depois das férias, viagens, feriados longos e festas.

Um dos nossos depoimentos favoritos é o de Ronda, uma mulher de mais de sessenta anos que conseguiu manter seu peso controlado por vários anos.

Por que nós, os mais velhos, nos demos bem? É porque sabemos que esta é, de fato, nossa última chance e temos de tentar ficar saudáveis e ativos pelo máximo de tempo possível. Já sentimos a idade chegando e sabemos que estamos "descendo a ladeira".

Muitas vezes penso em como esse programa também está ajudando a evitar outros problemas de saúde, como a osteoporose, as doenças cardiovasculares, problemas do equilíbrio orgânico etc. Geralmente, não penso nisso tudo como sendo mais fácil que a reabilitação após um derrame ou após uma amputação ou cegueira, mas ontem à noite começar a pensar nisso. E achei que o programa é fácil demais.

Tento me lembrar sempre de que estou em um processo de longo prazo e não fazendo uma dieta ou um programa de exercício para já. Também sei, com base em mais de quarenta anos de dietas a cada dois anos, que manter o controle sobre a gordura que comemos (e não sobre as calorias, o que nunca funcionou mais do que alguns meses) e manter o controle do tempo dedicado ao exercício físico me ajuda a não me perder e ganhar, sem me dar conta, alguns quilos a mais, ou simplesmente esquecer os exercícios. Eu não fico particularmente feliz quando tenho de caminhar e está fazendo quatro graus lá fora – meus olhos ficam cheios d'água, e as lágrimas escorrem pelo meu rosto. Preciso ter cuidado com as calçadas escorregadias devido à neve etc. etc. Eu não caminho apenas para o trabalho e de volta para casa, mas também aos sábados e nas folgas, por exemplo, na semana do Natal. Eu sei que é necessário para manter as metas e alcançar os benefícios. Também faço isso para não precisar morrer de fome para perder peso e manter. Não gosto de sentir fome, por isso prefiro comer e sair para andar no frio. É isso, mesmo nós, os velhos, podemos mudar.

Como você vê, o aprendizado pelo qual passaram os participantes do DPP, no sentido de mudarem seu estilo de vida, melhorando seus hábitos alimentares e seu nível de atividade, foi apenas uma parte do programa. Eles também aprenderam que seus pensamentos e sentimentos têm uma influência poderosa em seu comportamento com relação à dieta e à atividade física. Aprenderam que precisavam desenvolver a capacidade de gerenciar seu monólogo interior (seu ambiente cognitivo), descobrir modos alternativos de lidar com o estresse e os sentimentos negativos (ambiente emocional) e assumir o controle dos fatores que desencadeiam a vontade de comer no ambiente em que vivem (em casa, no escritório, nos eventos sociais, nos restaurantes e nas férias). Eles desenvolveram habilidades para definir metas, fazer automonitoramento, e resolver problemas, e vivenciaram a importância de serem responsáveis por seu progresso e de obterem apoio de seus médicos, consultores de saúde, familiares e amigos.

CAPÍTULO 14

Conclusão

Vivemos, atualmente, uma fase de "experimentação" sem precedentes na história da humanidade, e cujos resultados apenas começam a surgir. Nunca antes o alimento foi tão abundante, a vida tão fácil e o tempo de vida tão longo para tantas pessoas. Os primeiros "resultados" dessa experiência são muito assustadores. Embora o homem consiga viver mais tempo – graças, em grande parte, à melhoria das condições de higiene e à capacidade de combater doenças infecciosas que dizimavam populações inteiras nos séculos anteriores – estamos desenvolvendo doenças degenerativas que tornam nossa vida difícil, à medida em que envelhecemos, e que são as principais causas de morte prematura. Os exemplos mais claros das consequências das mudanças em nossa vida e em nosso estilo de vida são as epidemias de obesidade, diabetes e doenças cardiovasculares que atingem pessoas em todo o mundo. Essas três doenças se tornaram as principais ameaças a um envelhecimento saudável e representam os grandes problemas de saúde pública que teremos de enfrentar, nos Estados Unidos e em muitos outros países, no futuro próximo. A maioria da população sofre de obesidade, diabetes ou pré-diabetes, hipertensão ou lipídeos anormais. Cerca de 25% da população adulta apresentam uma combinação desses fatores, que se denomina síndrome metabólica.

Nosso desafio é prevenir e tratar essas doenças do modo mais eficaz possível. Como já descrevemos nos capítulos anteriores, a origem desses problemas reside em nossos hábitos de vida atuais (fortemente influenciados por nosso ambiente) e em nossos genes. Já conseguimos desenvolver medicamentos potentes, capazes de tratarem muitas das alterações de base que levam às doenças cardíacas e à morte – inclusive tratamentos eficazes para a hipertensão, os distúrbios dos lipídeos e o diabetes. No entanto, essas terapias não revertem as doenças. Elas equivalem ao famoso "reforçar a segurança depois que a porta foi arrombada". Podem diminuir o risco de danos adicionais e retardar a morte, mas a maior parte do prejuízo já ocorreu, levando à insuficiência cardíaca, a acidente vascular cerebral e a outras doenças incapacitantes. Nossa meta deveria ser, em primeiro lugar, prevenir as doenças.

Felizmente, já existem estudos convincentes e bem embasados cientificamente que mostram os efeitos das mudanças de estilo de vida sobre as quatro grandes ameaças – obesidade, diabetes, hipertensão e colesterol alterado. Embora as intervenções nos hábitos de vida não seja, de modo geral, tão potentes quanto os medicamentos disponíveis para o tratamento da hipertensão e dos lipídeos alterados, elas trazem como benefício a promessa de corrigir os dois fatores de risco com uma única medida, diminuindo, assim, a necessidade de se utilizarem tantos produtos farmacêuticos. Além disso, as mudanças de estilo de vida podem ser o meio mais eficaz para reduzir o risco de diabetes e para melhorar os níveis de açúcar no sangue depois que o diabetes já se instalou. Assim, para a maioria das pessoas que ainda não têm diabetes ou que têm apenas altera-ções mínimas da pressão arterial e do colesterol, as mudanças de estilo de vida podem ser a solução para reverter esses fatores de risco e melhorar a saúde no longo prazo.

Como já mencionamos, as soluções para nossos problemas ligados aos hábitos de vida não são passes de mágica. A inatividade e os excessos alimentares criaram as condições para os problemas de saúde do século XXI. Mudar o estilo de vida para aumentar a atividade física e diminuir o peso são as soluções lógicas. O truque é saber como incorporar essas mudanças à nossa rotina de vida. A maioria das dietas "de marca" que abordam o problema da obesidade e da inatividade – sejam elas dietas da moda ou equipamentos de ginástica especiais – exigem que você "acrescente" esses elementos à sua rotina habitual, sem mudar essa rotina. Esses "acréscimos" podem funcionar se você utilizá-los regularmente e de modo constante. Infelizmente, a maioria desses programas, artificialmente inseridos na rotina diária, é abandonada após algum tempo. O que é realmente necessário é uma mudança duradoura que se torne parte de você e do seu estilo de vida. Nem sempre são necessárias mudanças dramáticas: em vez disso, pequenos passos na direção certa, com persistência, funcionarão bem para a maioria das pessoas.

Esperamos que, depois de ler esse livro, você tenha percebido que as mudanças de estilo de vida podem evitar o diabetes do tipo 2. O Programa de Prevenção do Diabetes comprovou que, ao perder 7% do peso corporal e aumentar o nível de atividade em 150 minutos por semana, você reduzirá seu risco de ter diabetes em 58% – um resultado mais marcante do que pode ser alcançado com qualquer medicamento. Se você tem risco de desenvolver diabetes tipo 2 (ou seja, se tem excesso de peso, vida sedentária e parentes próximos com diabetes), então as sugestões deste livro poderão ajudar você a prevenir o aparecimento do diabetes e também a corrigir níveis de açúcar que estejam na faixa considerada pré-diabética, trazendo-os de volta ao normal. Tudo isso exige esforço, mas está provado que pode ser feito. Outras pessoas já conseguiram e você poderá conseguir também!

Se você já tem diabetes tipo 2, essas mudanças de estilo de vida poderão ajudar a diminuir a quantidade de medicamentos necessários para manter seus níveis de açúcar o mais próximo possível do normal. Na verdade, algumas pessoas com diabetes tipo 2 já conseguiram controlar o açúcar no sangue sem medicamentos, e outras conseguiram evitar o uso da insulina e controlar o diabetes apenas com as mudanças e alguns comprimidos. Você só poderá saber como serão os seus resultados se tentar.

Se você tem diabetes tipo 1, seus hábitos de vida são fundamentais para manter níveis estáveis de açúcar no sangue, próximos dos níveis normais, sem episódios de hipoglicemia grave. As pessoas com diabetes tipo 1 não precisam aceitar como regra geral uma vida na "montanha-russa", com níveis de açúcar no sangue que sobem e descem constantemente. Se você buscar consistência em seus hábitos de vida (injeções de insulina sempre no mesmo horário do dia, consumo de carboidratos nas refeições e lanches semelhante de um dia para o outro, e rotina de exercícios físicos regulares), seu açúcar no sangue também irá se comportar de modo mais estável e consistente. É importante que você procure atendimento médico especializado, para que possa usufruir da experiência que essas equipes têm no tratamento de todos os fatores que contribuem para um padrão errático de açúcar no sangue e para a hipoglicemia grave.

Se você tem diabetes tipo 1, tipo 2 ou pré-diabetes, poderá utilizar seu estilo de vida para controlar os três fatores básicos para o acompanhamento do diabetes – hemoglobina A1c (ou hemoglobina glicosilada), pressão arterial e perfil de colesterol – e, assim, diminuir o risco de complicações relacionadas ao diabetes, à doença cardíaca e ao acidente vascular cerebral (derrame) e maximizar sua qualidade de vida.

Você precisa aprender a viver com o diabetes, mas não tem de deixar que o diabetes determine a sua qualidade de vida. Está na hora de escolher o estilo de vida que poderá ajudar você a vencer o diabetes, antes que ele vença você!

Apêndice A

Explicação sobre os estudos científicos sobre nutrição e perda de peso

Os avanços da ciência e, particularmente, da medicina nos últimos dois séculos ocorreram, em grande parte, graças à métodos que envolviam a experimentação. Antes, a ciência dependia basicamente do empirismo, ou da mera observação, para gerar conhecimento.

No entanto, no século XIX, os cientistas passaram a usar cada vez mais a experimentação, depois que reconheceram as limitações e o caráter falível do empirismo puro. No método experimental, o cientista provoca uma mudança (uma intervenção), observa o resultado e repete esse processo diversas vezes. O experimento é realizado com e sem a intervenção. Se o mesmo resultado ocorrer repetidamente após a mesma intervenção, comprova-se que aquela intervenção causou o resultado. Tais experimentos ou ensaios clínicos controlados permitem aos cientistas observar os efeitos diretos de uma determinada intervenção. Eles também reduzem o potencial de viézes – entendido como a tendência de influências subjetivas que interferem nos resultados e na interpretação dos resultados.

A medicina moderna se tornou muito mais científica em razão dos estudos clínicos controlados. Embora estudos cuidadosos de observação de casos ajudem a determinar que intervenções devam ser estudadas, os ensaios clínicos são necessários para demonstrar definitivamente se uma intervenção funciona. Com frequência, as conclusões de estudos de observação de boa qualidade são comprovadas por ensaios clínicos subsequentes. No entanto, existem importantes exceções a essa regra, suficientes para enfatizar o papel crítico dos ensaios clínicos. Vamos abordar mais detalhadamente tanto os estudos de observação quanto os ensaios clínicos.

Estudos observacionais:
Diferença entre associação e relação causal

Em um estudo observacional, um grupo de pessoas é analisado uma única vez (estudo transversal) ou várias vezes ao longo de um determinado tempo (estudo longitudinal). Em um estudo sobre hábitos de vida ou medicamentos, por exemplo, os cientistas avaliam duas coisas:
- "Exposição": hábitos de vida ou medicamentos usados ao longo do tempo
- Resultados clínicos, como, por exemplo, doenças que se manifestam

A meta dos estudos observacionais é identificar associações entre exposição e resultados. Por exemplo, o fumo está associado a câncer de pulmão? Se as medidas de exposição e resultados clínicos forem cuidadosas e exatas, e se forem estudados grandes números de pessoas, esses estudos podem gerar novas informações médicas valiosas.

Um dos estudos obsercacionais (ou epidemiológicos) mais famosos, o Estudo de Cardiologia de Framingham, examinou uma população de aproximadamente cinco mil residentes de Framingham, Massa¬chusetts, uma pequena cidade no oeste de Boston, a partir de 1948. Nos 50 anos seguintes, os pesquisadores documentaram a ocorrência de diversas condições, incluindo diabetes, colesterol elevado, hipertensão e doença cardíaca. O Estudo de Framingham mostrou que o risco de desenvolver doença cardíaca foi maior nas pessoas que apresentam pressão arterial elevada, aumento do colesterol e diabetes. Esses achados, por sua vez, levaram à realização de ensaios clínicos randomizados e controlados que comprovaram que a redução da pressão arterial e do colesterol protegem as pessoas da doença cardíaca. Os resultados incentivaram o desenvolvimento de medicamentos mais potentes para baixar a pressão arterial e o colesterol. Os estudos observacionais mostraram uma associação entre a hipertensão arterial ou o colesterol elevado e o maior risco de doença cardíaca. Os ensaios clínicos controlados comprovaram que a redução da pressão arterial e dos níveis de colesterol diminuíram a ocorrência de doença cardíaca. Nesse caso, os estudos observacionais estavam corretos, e milhões de pessoas puderam ser protegidas do risco de doença cardíaca. Mas foi necessário conduzir ensaios clínicos randomizados para provar a relação de causalidade apenas que foi sugerida pelos estudos observacionais.

Outras associações não puderam ser comprovadas como relação causal em ensaios clínicos. Provavelmente, o exemplo recente mais famoso é o papel dos estrogênios na doença cardíaca da mulher. Muitos estudos observacionais haviam demonstrado uma associação entre a terapia de reposição de estrogênios e menores índices de osteoporose e fratura de quadril. Além disso, o risco de doença cardíaca foi menor nas mulheres que haviam sido tratadas com estrogênio. Por isso, a terapia estrogênica foi recomendada para mulheres em pós-menopausa. Entretanto, quando se submeteu a terapia estrogênica a testes científicos mais rigorosos, em um ensaio clínico controlado, os resultados obtidos foram muito diferentes diferente. Não só se verificou que a terapia estrogênica não protegia as mulheres da doença cardíaca, em comparação ao placebo, mas ela parecia aumentar o risco. Os achados dos estudos observacionais se mostraram incorretos no estudo clínico controlado.

Ensaios clínicos: base da medicina moderna

Ensaios clínicos – aplicação de métodos experimentais à medicina clínica – surgiram tardiamente na história da medicina. O primeiro ensaio clínico controlado sobre uma intervenção

médica na era moderna (tratamento da tuberculose com antibióticos) ocorreu no final dos anos 1940. Os tipos mais comuns de ensaios clínicos testam um medicamento específico. Esses ensaios clínicos geralmente têm as seguintes características:
- Um grupo experimental (ou grupo de estudo) e um grupo controle (ou comparativo), são divididos de forma aleatória, no qual o pesquisador não pode influenciar quais indivíduos são alocados em cada um desses grupos. Na verdade, na maioria dos casos, o pesquisador não sabe quem está no grupo da estudo ou no grupo controle até que o estudo tenha sido concluído. A designação aleatória ou randômica faz com que, provavelmente, os dois grupos sejam semelhantes no início da pesquisa, de modo que qualquer diferença entre eles que se observe posteriormente será atribuída à intervenção realizada pelos pesquisadores.
- São registradas informações detalhadas de todos os pacientes do estudo sobre seu estado de saúde prévio e no momento da entrada no estudo, e de como sua saúde evoluiu durante o estudo. Os pacientes do grupo de estudo recebem o medicamento que está sendo testado – ou o procedimento cirúrgico ou mudança de hábitos de vida – enquanto os pacientes do grupo controle recebem um placebo ("pílula de farinha"), que tem a mesma aparência do medicamento que está sendo testado. Às vezes, os pacientes do grupo controle recebem um medicamento ou terapia diferente (em geral, mais antigo), para se comparado com o medicamento que está sendo testado. O ideal é que nem o médico nem os participantes do estudo saibam quem está usando o medicamento testado.
- Os resultados dos pacientes do grupo de estudo são comparados aos do grupo controle utilizando-se métodos padronizados de coleta de dados, aplicados de modo idêntico a ambos os grupos, utilizando como ferramenta análises estatística de dados. Os cientistas avaliam se houve benefícios para a saúde ou efeitos colaterais nos pacientes que receberam a intervenção experimental, comparados aos pacientes do grupo controle.

- Os testes estatísticos são usados para calcular se as aparentes diferenças na saúde dos participantes dos grupos de estudo e de controle estão provavelmente relacionadas à intervenção realizada pelos pesquisadors (e não a obra do acaso).

Não seria exagero dizer que, nos últimos 50 anos, os ensaios clínicos controlados contribuíram mais que qualquer outro avanço da ciência para melhorar nossa compreensão sobre a eficácia e segurança dos tratamentos médicos, incluindo o uso de medicamentos, dispositivos e procedimentos. A FDA (agência de vigilância sanitária dos EUA) e outros órgãos semelhantes em vários países exigem dados de ensaios clínicos controlados para comprovar a eficácia e avaliar a segurança antes de aprovar qualquer medicamento e dispositivos médicos.

Os ensaios clínicos controlados fornecem resultados objetivos e confiáveis, que servem para guiar a medicina moderna. Todos os anos, nos Estados Unidos, são conduzidos mais de dez mil ensaios clínicos. A "medicina baseada em evidências" substituiu o mistério e as bruxarias de séculos passados, quando o uso de sanguessugas, ventosas e outras terapias de valor não comprovado eram aceitas como recursos médicos. Em vez de tentar adivinhar que tratamento seria benéfico para uma determinada doença, temos evidências obtidas através de ensaios clínicos controlados. A medicina baseada em evidências constitui a base do ensino nas faculdades de medicina e hospitais-escola, orientando as escolhas terapêuticas e frequentemente determinado o reembolso de procedimentos ou medicamentos pelas seguradoras de saúde. Embora os ensaios clínicos controlados tenham limitações, eles continuam sendo o método de experimentação mais confiável para determinar a relação de causa e efeito na orientação de modernas terapias.

Ensaios clínicos sobre hábitos de vida que previnem doenças

A maioria dos ensaios clínicos envolve o uso de medicamentos e o tratamento de uma doença que já se desenvolveu no paciente, mas os ensaios clínicos também podem avaliar mudanças de hábitos de vida, em vez de medicamentos, e a prevenção de doenças, em vez do tratamento.

Infelizmente, a aplicação da metodologia de pesquisa clínica a intervenções alimentares e outras relativas a hábitos de vida, não avançou tanto quanto o estudo de medicamentos. Há várias razões para isso. Primeiramente, o estudo de intervenções em hábitos de vida, que envolve a manipulação da dieta ou da atividade física, é muito mais difícil de ser proposto e desenhado e colocado em prática do que o estudo de um medicamento quando comparado a um placebo. Por exemplo, é muito mais fácil pedir a alguém para tomar um comprimido diariamente e contar o número de comprimidos usados, do que pedir a alguém para adotar um determinado estilo de vida e ter certeza do que a pessoa comeu ou que atividade realizou.

Em segundo lugar, um dos principais elementos de um ensaio clínico controlado é o fato de dificultar o conhecimento das intervenções, para que nem o participante nem o pesquisador saibam qual terapia está sendo usada até o final do estudo. A razão para desse sigilo é diminuir a possibilidade de viés em qualquer dos grupos de tratamento. O sigilo é relativamente fácil de ser mantido quando se estuda um medicamento: um grupo recebe o medicamento em estudo, enquanto o outro, o grupo controle, recebe um placebo de aparência idêntica. Entretanto, no caso de uma intervenção nos hábitos de vida, como uma intervenção alimentar, é difícil, se não impossível, mascarar os tratamentos. Todos sabem quem está usando qual terapia. Esse obstáculo às vezes desencoraja os pesquisadores quando do estudo sobre intervenções em hábitos de vida.

A terceira razão para a falta de ensaios clínicos sobre intervenções em hábitos de vida é que não há normas federais que regulem esse tipo de intervenção. Dietas, suplementos e programas de exercícios não exigem um selo de aprovação do governo nem dados científicos irrefutáveis como apoio para que possam ser comercializados. Esse fato levou à proliferação de livros sobre dietas populares, programas de mudança de estilo de vida, suplementos alimentares e preparados vitamínicos especializados, todos anunciando resultados espetaculares sem oferecer evidências que comprovem seus resultados. Ensaios clínicos custam caro e, uma vez não exigidos, as empresas que comercializam os livros de dieta, os vídeos sobre exercícios, os suplementos alimentares e as vitaminas não investem na sua realização.

Nos últimos anos, graças ao maior apoio dos órgãos governamentais, como os *National Institutes of Health*, e algumas fundações, cada vez mais ensaios clínicos vêm se concentrando no papel das intervenções no estilo de vida para tratamento de obesidade, hipertensão, diabetes, doença cardíaca e câncer – todas doenças nas quais certos hábitos de vida são apontados como fatores determinantes ou etiológicos. Finalmente, começam a surgir dados científicos confiáveis que corroboram ou negam o papel de mudanças específicas de hábitos de vida na prevenção ou na melhora de doenças crônicas que se tornaram os principais problemas de saúde dos séculos XX e XXI.

Apêndice B

Exemplo de lista de compras

Frutas

- ☐ Ameixa
- ☐ Banana
- ☐ Melão
- ☐ Cereja
- ☐ Damasco
- ☐ Framboesa
- ☐ Kiwi
- ☐ Laranja
- ☐ Maçã
- ☐ Mamão papaia
- ☐ Manga
- ☐ Melancia
- ☐ Melão
- ☐ Morango
- ☐ Nectarina
- ☐ Pera
- ☐ Pêssego
- ☐ Tangerina
- ☐ Uvas

Proteínas

- ☐ Atum
- ☐ Cação
- ☐ Camarão
- ☐ Carne de porco (lombo, pernil)
- ☐ Carne moída sem gordura
- ☐ Ervilhas e feijão secos
- ☐ Fava
- ☐ Frango
- ☐ Iogurte light
- ☐ Lentilha
- ☐ Pasta de amendoim light
- ☐ Peru
- ☐ Queijo Cottage
- ☐ Queijo magro

Vegetais

- ☐ Alcachofra
- ☐ Alho-poró
- ☐ Aspargo
- ☐ Berinjela
- ☐ Beterraba
- ☐ Brócolis
- ☐ Cebola
- ☐ Cebolinha verde
- ☐ Cenoura
- ☐ Cogumelo
- ☐ Couve de Bruxelas
- ☐ Couve-flor
- ☐ Ervilha de vagem
- ☐ Folhas verdes (couve, repolho, nabo)
- ☐ Grãos (verdes, secos)
- ☐ Pepino
- ☐ Pimenta
- ☐ Quiabo
- ☐ Rabanete
- ☐ Repolho
- ☐ Salada
- ☐ Salsão

Temperos para Salada / Condimentos

- ☐ Ketchup
- ☐ Limão
- ☐ Maionese light
- ☐ Mostarda
- ☐ Raiz forte
- ☐ Taco ou molho de pimenta
- ☐ Tempero light para saladas
- ☐ Temperos
- ☐ Azeite
- ☐ Vinagre

Cereais e Grãos

- ☐ Arroz (integral, branco ou selvagem)
- ☐ Aveia
- ☐ Cereais Bran Flakes
- ☐ Cereais com mel
- ☐ Cornflakes
- ☐ Cuscuz (tipo Marroquino)
- ☐ Farelo de trigo
- ☐ Farinha de aveia
- ☐ Granola light
- ☐ Kasha (mistura de cereais à moda russa)
- ☐ Macarrão (integral, comum)

Pães

- ☐ Bisnaga
- ☐ Bolacha integral
- ☐ Pão de forma (integral, branco)
- ☐ Pão de *hot dog* ou de hambúrguer
- ☐ Pão francês
- ☐ Pão light
- ☐ Pão pita
- ☐ Pipoca light
- ☐ Tortilla
- ☐ Waffle
- ☐ _____
- ☐ _____

Legumes com amido

- ☐ Banana-da-terra
- ☐ Batata
- ☐ Batata-doce, Inhame
- ☐ Ervilha
- ☐ Feijão
- ☐ Milho
- ☐ Moranga

Bebidas

- ☐ Bebidas dietéticas
- ☐ Sucos_____
- ☐ Leite (desnatado ou semidesnatado)
- ☐ Chocolate diet

Adaptado do Programa de Prevenção do Diabetes.
(Obs.: Marcar apenas os ingredientes necessários para seguir seu planejamento alimentar)

Apêndice C

Sugestões de refeição de 1200, 1500, 1800 e 2000 calorias

Exemplos de planos dietéticos de 1200, 1500, 1800 e 2000 calorias

Médias diárias	Plano de 1200 calorias (33 gramas de gordura)	Plano de 1500 calorias (42 gramas de gordura)	Plano de 1800 calorias (50 gramas de gordura)	Plano de 2000 calorias (55 gramas de gordura)
Café da manhã	250 calorias 6 gramas de gordura	300 calorias 6 gramas de gordura	350 calorias 8 gramas de gordura	400 calorias 8 gramas de gordura
Refeição leve	350 calorias 10 gramas de gordura	400 calorias 12 gramas de gordura	450 calorias 15 gramas de gordura	500 calorias 15 gramas de gordura
Refeição principal	500 calorias 15 gramas de gordura	600 calorias 22 gramas de gordura	700 calorias 25 gramas de gordura	800 calorias 30 gramas de gordura
Lanches	100 calorias 2 gramas de gordura	200 calorias 2 gramas de gordura	300 calorias 2 gramas de gordura	300 calorias 2 gramas de gordura

Adaptado do *Manual de Estilo de Vida do DPP*, disponível no endereço eletrônico bsc.gwu.edu/dpp/manualsb.htmlvdoc e do Grupo de Pesquisa do Programa de Prevenção do Diabetes, "The Diabetes Prevention Program (DPP). Description of Lifestyle Intervention", *Diabetes Care* 2002; 25(12): 2165-71.

Sugestões de refeição de 2000 Calorias

Cardápios Combinados para café da manhã, refeição leve, refeição principal e lanche

Café da Manhã **350-400 Calorias**	¾ de xícara de mingau de cereais ou 1 xícara de cereal frio 1 xícara de leite semidesnatado ou iogurte light ½ xícara de suco de frutas ou 1 fruta pequena 2 torradas ou ½ bisnaga 1 colher de sopa de margarina light ou 1 colher de chá de margarina comum	2 torradas de pão integral ou 1 bisnaga ou 1 pãozinho de 30 g 2 colheres de chá de geleia diet ½ xícara de suco de frutas ou 1 fruta pequena 1 ovo ou 2 claras ou 1 colher de sopa de pasta de amendoim light 1 colher de sopa de margarina light ou 1 colher de chá de margarina comum	2 waffles ou ½ xícara de granola light ou 2 torradas 2 colheres de chá de geleia diet 1 xícara de iogurte light ½ xícara de salada de frutas ou 1 fruta pequena ou ½ xícara de suco de frutas	1 ovo ou 1 substituto de ovo 2 torradas ou 1 pão pita ou 1 bisnaga 2 colheres de chá de geleia diet ½ xícara de suco de frutas ou 1 fruta pequena 1 colher de sopa de margarina light ou 1 colher de chá de margarina comum
Refeição Leve **400-500 Calorias**	2 fatias de pão integral 90 g de proteína magra (frango, presunto, peru, atum) Maionese light ou mostarda 1 fruta pequena ou ½ xícara de frutas 1 xícara de leite semidesnatado ou iogurte light	Salada de legumes 90 g de peru, frango, atum, presunto ou queijo magro 2 colheres de sopa de tempero light para saladas 1 pão pita integral pequeno ou 1 tortilha ou 2 grissinis ou 1 xícara de salada fria de cuscuz (ver Apêndice D) 1 xícara de leite semidesnatado ou iogurte light 1 fruta pequena ou ½ xícara de frutas	Frango com legumes refogado (90 g de frango, 1 xícara de legumes, 1 colher de chá de óleo) 2/3 xícara de arroz integral ou ½ xícara de Arroz Festivo (ver apêndice D) ou 1 pão pita integral 1 xícara de leite semidesnatado ou iogurte light 1 fruta pequena ou ½ xícara de frutas	Entrada de baixa caloria ≤ 300 calorias, ≤ 10 g de gordura) Salada com tempero light para saladas ou vinagre balsâmico 1 pãozinho ou 1 fatia de pão integral 1 fruta pequena 1 xícara de leite semidesnatado ou iogurte light

Refeição Principal 700-800 calorias	180 g de frango, peru, peixe ou carne vermelha magra 1 xícara de macarrão ou arroz ou 1 batata assada 1 ½ xícara de legumes 1 colher de sopa de margarina light ou azeite 1 fruta pequena ou ½ xícara de morangos com creme de ricota com laranja (ver Apêndice D) 1 xícara de leite semidesnatado ou iogurte light	2 entradas de baixa caloria (≤ 600 calorias, ≤ 20 g de gordura) Salada com tempero light para saladas ou vinagre balsâmico 1 pãozinho ou 1 fatia de pão integral 1 colher de sopa de margarina light ou azeite 1 xícara de leite semidesnatado ou iogurte light 1 fruta pequena ou ½ xícara de frutas ou ½ xícara sorvete light	2 porções de Lasanha com Queijo (ver Apêndice D) Salada com tempero light para saladas ou vinagrete balsâmico 1 xícara de Primavera de Legumes Frescos (ver Apêndice D) 1 xícara de frutas frescas ½ xícara sorvete light 1 xícara de leite semidesnatado ou iogurte light	1 ½ porções de Filé de Cação com Molho de Abacaxi e Limão (ver Apêndice D) 2/3 xícara de arroz integral ou ½ xícara de Arroz Festivo (ver apêndice D) ½ xícara Sopa Fria de Melões (ver apêndice D) ou ½ xícara de frutas frescas ou 1 fruta pequena 1 xícara de leite semidesnatado ou iogurte light
Lanche 300 calorias	Escolher uma das receitas de lanches do Apêndice D ou fazer a sua	Escolher uma das receitas de lanches do Apêndice D ou fazer a sua	Escolher uma das receitas de lanches do Apêndice D ou fazer a sua	Escolher uma das receitas de lanches do Apêndice D ou fazer a sua

Sugestões de refeição de 1800 Calorias

Cardápios Combinados para café da manhã, refeição leve, refeição principal e lanche 350-400 Calorias

Café da Manhã 350-400 Calorias	¾ de xícara de mingau de cereais ou 1 xícara de cereal frio sem açúcar 1 xícara de leite semidesnatado ou iogurte light ½ xícara de suco de frutas ou 1 fruta pequena 1 torrada ou ½ bisnaga 1 colher de sopa de margarina light ou 1 colher de chá de margarina comum	2 torradas de pão integral ou 1 bisnaga ou 1 pãozinho de 30 g 2 colheres de chá de geleia diet ½ xícara de suco de frutas ou 1 fruta pequena 1 ovo ou 2 claras ou 1 colher de sopa de pasta de amendoim light 1 colher de sopa de margarina light ou 1 colher de chá de margarina comum	2 waffles ou ½ xícara de granola light ou 2 torradas 2 colheres de chá de geleia diet 1 xícara de iogurte light ½ xícara de salada de frutas ou 1 fruta pequena ou ½ xícara de suco de frutas	1 ovo ou 1 substituto de ovo 2 torradas ou 1 pão pita ou 1 bisnaga 2 colheres de chá de geleia diet ½ xícara de suco de frutas ou 1 fruta pequena 1 colher de sopa de margarina light ou 1 colher de chá de margarina comum
Refeição Leve 400-500 Calorias	2 fatias de pão integral 90 g de proteína magra (frango, presunto, peru, atum) Maionese light ou mostarda 1 fruta pequena ou ½ xícara de frutas 1 xícara de leite semidesnatado ou iogurte light	Salada de legumes 90 g de peru, frango, atum, presunto ou queijo magro 2 colheres de sopa de tempero light para saladas 1 pão pita integral pequeno ou 1 tortilha ou 2 grissinis ou 1 xícara de salada fria de cuscuz (ver Apêndice D) 1 xícara de leite semidesnatado ou iogurte light 1 fruta pequena ou ½ xícara de frutas	Frango com legumes refogado (90 g de frango, 1 xícara de legumes, 1 colher de chá de óleo) 2/3 xícara de arroz integral ou ½ xícara de Arroz Festivo (ver apêndice D) ou 1 pão pita integral 1 xícara de leite semidesnatado ou iogurte light 1 fruta pequena ou ½ xícara de frutas	Entrada de baixa caloria (≤ 300 calorias, ≤ 10 g de gordura) Salada com tempero light para saladas ou vinagre balsâmico 1 pãozinho ou 1 fatia de pão integral 1 fruta pequena 1 xícara de leite semidesnatado ou iogurte light

Refeição Principal 600-700 calorias	150 g de frango, peru, peixe ou carne vermelha magra 2/3 xícara de macarrão ou arroz ou 1 xícara de batata ou 1 xícara de ervilhas ou milho 1 ½ xícara de legumes 1 colher de sopa de margarina light ou azeite 1 fruta pequena ou ½ xícara de frutas ou morangos com creme de ricota com laranja (ver Apêndice D) 1 xícara de leite semidesnatado ou iogurte light	Entrada de baixa caloria (≤ 300 calorias, ≤ 10 g de gordura) Salada com tempero light para saladas ou vinagre balsâmico 1 pãozinho ou 1 fatia de pão integral 1 colher de sopa de margarina light ou azeite 1 xícara de leite semidesnatado ou iogurte light 1 fruta pequena ou ½ xícara de frutas ¾ de xícara sorvete light	1 xícara de leite semidesnatado ou iogurte light 1 fruta pequena ou ½ xícara de frutas Lasanha com Queijo (ver Apêndice D) Salada com tempero light para saladas ou vinagrete balsâmico 1 xícara de Primavera de Legumes Frescos (ver Apêndice D) 1 xícara de frutas frescas ½ xícara sorvete light 1 xícara de leite semidesnatado ou iogurte light	1 porção de Filé de Cação com Molho de Abacaxi e Limão (ver Apêndice D) 2/3 xícara de arroz integral ou ½ xícara de Arroz Festivo (ver apêndice D) ½ xícara Sopa Fria de Melões (ver apêndice D) ou ½ xícara de frutas ou 1 fruta pequena 1 xícara de leite semidesnatado ou iogurte light
Lanche 200-300 calorias	Escolher uma das receitas de lanches do Apêndice D ou fazer a sua	Escolher uma das receitas de lanches do Apêndice D ou fazer a sua	Escolher uma das receitas de lanches do Apêndice D ou fazer a sua	Escolher uma das receitas de lanches do Apêndice D ou fazer a sua

Sugestões de refeição de 1500 Calorias

Cardápios Combinados para café da manhã, refeição leve, refeição principal e lanche 350-400 Calorias

Café da Manhã 200-250 Calorias	¾ de xícara de mingau de cereais ou 1 xícara de cereal frio sem açúcar 1 xícara de leite desnatado ½ xícara de suco de frutas ou 1 fruta pequena	2 torradas de pão integral ou 1 bisnaga ou 1 pãozinho de 30 g 2 colheres de chá de margarina light ou 2 colheres de chá de geleia diet ½ xícara de suco de frutas ou 1 fruta pequena	1 xícara de iogurte desnatado ½ xícara de suco de frutas ou 1 fruta pequena 1 torrada 1 colher de chá de geleia diet	1 ovo ou 1 substituto de ovo preparado sem óleo 1 torrada ou ½ pão pita ou ½ bisnaga 2 colheres de chá de geleia diet ½ xícara de suco de frutas ou 1 fruta pequena
Refeição Leve 300-400 Calorias	2 fatias de pão integral 60 g de proteína magra (frango, peru, atum, presunto) Maionese light ou mostarda 1 fruta pequena ou ½ xícara de frutas 1 xícara de leite semidesnatado ou iogurte light	Salada de legumes 60 g de peru, frango, atum, presunto ou carne de siri ½ pão pita integral ou 1 tortilha ou 2 grissinis ou 1 xícara de salada fria de cuscuz (ver Apêndice D) 1 xícara de leite semidesnatado ou iogurte light	Frango com legumes refogado (60 g de frango, 1 xícara de legumes, 1 colher de chá de óleo) 1/3 xícara de arroz integral ou 1/3 xícara de Arroz Festivo (ver apêndice D) ou ½ pão pita integral 1 xícara de leite semidesnatado ou iogurte light 1 fruta pequena ou ½ xícara de frutas	Entrada de baixa caloria (≤ 300 calorias, ≤ 10 g de gordura) Salada com tempero light para saladas ou vinagre balsâmico 1 pãozinho ou 1 fatia de pão integral ou 1 fruta pequena 1 xícara de leite semidesnatado ou iogurte light

Refeição Principal 600-700 calorias	150 g de frango, peru, peixe ou carne vermelha magra 2/3 xícara de macarrão ou arroz ou 1 xícara de batata ou 1 xícara de ervilhas ou milho 1 ½ xícara de legumes 1 colher de sopa de margarina light ou azeite 1 fruta pequena ou ½ xícara de frutas ou morangos com creme de ricota com laranja (ver Apêndice D) 1 xícara de leite semidesnatado ou iogurte light	Entrada de baixa caloria (≤ 300 calorias, ≤ 10 g de gordura) Salada com tempero light para saladas ou vinagre balsâmico 1 pãozinho ou 1 fatia de pão integral 1 colher de sopa de margarina light ou azeite 1 xícara de leite semidesnatado ou iogurte light 1 fruta pequena ou ½ xícara de frutas ¾ de xícara sorvete light	Lasanha com Queijo (ver Apêndice D) Salada com tempero light para saladas ou vinagrete balsâmico 1 xícara de Primavera de Legumes Frescos (ver Apêndice D) 1 xícara de frutas frescas ½ xícara sorvete light 1 xícara de leite semidesnatado ou iogurte light	1 porção de Filé de Cação com Molho de Abacaxi e Limão (ver Apêndice D) 2/3 xícara de arroz integral ou ½ xícara de Arroz Festivo (ver apêndice D) ½ xícara Sopa Fria de Melões (ver apêndice D) ou ½ xícara de frutas ou 1 fruta pequena 1 xícara de leite semidesnatado ou iogurte light
Lanche 200 calorias	Escolher uma das receitas de lanches do Apêndice D ou fazer a sua	Escolher uma das receitas de lanches do Apêndice D ou fazer a sua	Escolher uma das receitas de lanches do Apêndice D ou fazer a sua	Escolher uma das receitas de lanches do Apêndice D ou fazer a sua

Sugestões de refeição de 1200 Calorias

Cardápios Combinados para café da manhã, refeição leve, refeição principal e lanche 350-400 Calorias

Café da Manhã 200-250 Calorias	¾ de xícara de mingau de cereais ou 1 xícara de cereal frio sem açúcar 1 xícara de leite desnatado ½ xícara de suco de frutas ou 1 fruta pequena	2 torradas de pão integral ou 1 bisnaga ou 1 pãozinho de 30 g 2 colheres de chá de margarina light ou 2 colheres de chá de geleia diet ½ xícara de suco de frutas ou 1 fruta pequena	1 xícara de iogurte desnatado ½ xícara de suco de frutas ou 1 fruta pequena 1 torrada 1 colher de chá de geleia diet	1 ovo ou 1 substituto de ovo preparado sem óleo 1 torrada ou ½ pão pita ou ½ bisnaga 2 colheres de chá de geleia diet ½ xícara de suco de frutas ou 1 fruta pequena
Refeição Leve 300-400 Calorias	2 fatias de pão integral 60 g de proteína magra (frango, peru, atum, presunto) Maionese light ou mostarda 1 fruta pequena ou ½ xícara de frutas 1 xícara de leite semidesnatado ou iogurte light	Salada de legumes 60 g de peru, frango, atum, presunto ou carne de siri ½ pão pita integral ou 1 tortilha ou 2 grissinis ou 1 xícara de salada fria de cuscuz (ver Apêndice D) 1 xícara de leite semidesnatado ou iogurte light	½ xícara de queijo cottage 1 xícara de salada de fruas frescas ½ pão pita integral ou 2 grissinis ou 6 biscoitos integrais 1 xícara de leite semidesnatado ou iogurte light	Entrada de baixa caloria (≤ 300 calorias, ≤ 10 g de gordura) Salada com tempero light para saladas ou vinagre balsâmico 1 fruta pequena

Refeição Principal 500-550 calorias	150 g de frango, peru, peixe ou carne vermelha magra ½ xícara de macarrão ou arroz ou batata 1½ xícara de legumes 1 colher de sopa de margarina light ou azeite 1 fruta pequena ou ½ xícara de frutas ou morangos com creme de ricota com laranja (ver Apêndice D) 1 xícara de leite semidesnatado ou iogurte light	Entrada de baixa caloria (≤ 300 calorias, ≤ 10 g de gordura) Salada com tempero light para saladas ou vinagre balsâmico 1 fruta pequena ou ½ xícara de frutas 1 xícara de leite semidesnatado ou iogurte light ¾ de xícara sorvete light	Frango com legumes refogados (90 g de frango, 1½ xícaras de legumes, 1 colher de chá de óleo) ½ xícara de arroz integral 1 fruta pequena ou ½ xícara de frutas ou 1 fruta pequena ou ½ xícara de Sopa Fria de Melões (ver apêndice D) 1 xícara de leite semidesnatado ou iogurte light	Lasanha com Queijo (ver Apêndice D) Salada com tempero light para saladas ou vinagrete balsâmico 1 xícara de Primavera de Legumes Frescos (ver Apêndice D) ½ xícara de frutas frescas 1 xícara de leite semidesnatado ou iogurte light
Lanche 100 calorias	2 porções de Triângulos de Pão Pita com alho e molho vinagrete (ver Apêndice D) ou ½ xícara de frozen iogurte light ou escolher uma das receitas de lanche do Apêndice D	1 Mini Pizza ao estilo Mexicano (ver Apêndice D) ou 3 xícaras de pipoca light ou escolher uma das receitas de lanche do Apêndice D	½ xícara de Pudim de Abóbora com Especiarias (ver Apêndice D) ou ½ xícara de pudim diet ou escolher uma das receitas de lanche do Apêndice D	2/3 de xícara de Pudim de Batata Doce (ver Apêndice D) ou 1 torrada de canela com 1 colher de chá de margarina light ou escolher uma das receitas de lanche do Apêndice D

Apêndice D

Opções e ideias de lanches saudáveis

Opções	Calorias	Gordura (gramas)
1 fruta pequena	60	0
1 fruta fresca média	100	0
¾ de xícara de chá frutas vermelhas	60	0
½ xícara de chá de salada de frutas com canela	60	0
1 xícara de chá de melão	60	0
½ xícara de chá de suco de maçã salpicado com noz moscada	52	0
30 g de pretzels	108	1
3 xícaras de chá de pipoca estourada	92	1
1 xícara de chá de salgadinhos de milho tipo tortilha	78	1
2 grissinis	128	2
8 bolachas (tipo saltines)	101	3
20 biscoitos	84	3
30 salgadinhos de queijo assados	82	2
2 bolinhos de arroz com 2 colheres de chá de geleia de frutas	102	1
1 fatia de torrada de canela com manteiga light	80	1
1 xícara de chá de caldo básico para sopa	83	3
1 xícara de chá de iogurte light	137	0
½ xícara de chá de iogurte light com ½ xícara de chá de frutas	100	0
¼ xícara de chá de queijo cottage com 4 bolachas	92	2
½ xícara de chá de pudim diet com leite desnatado	116	1
½ xícara de chá de frozen iogurte light	100	0

Alimentos liberados (menos de 20 calorias, menos de 5 gramas de carboidratos)

Vegetais crus (até 1 xícara)
Caldo de legumes
Água tônica / *club soda* ou refrigerantes sem açúcar
Picles, endro não adoçado
Gelatina sem açúcar
Sorvetes de fruta sem açúcar
Café/ chá

Apêndice E

Receitas nutritivas

As receitas de entradas, sopas, saladas, pratos principais, sobremesas e lanches que você verá a seguir poderão ser usadas para elaborar cardápios adequados às suas metas de consumo de calorias e gorduras, em refeições leves ou na refeição principal do dia (ver Apêndice B). Todas as receitas de pratos principais contêm menos de 300 calorias e menos de 10 gramas de gordura por porção. Algumas já foram apresentadas nas amostras de cardápios do Apêndice B.

Entradas

Guacamole cremosa

Serve 4 porções (4 pedaços de tortilha e 2 colheres de sopa de recheio cada porção)

- 2 tortilhas de milho de 15 cm de diâmetro, cortadas em 8 pedaços cada uma
- ½ xícara de chá de abacate cortado em cubos
- ¼ xícara de chá de ricota light
- 1/3 xícara de chá de cebola picada grosseiramente
- 2 colheres de sopa de coentro picado grosseiramente

2 colheres de sopa de suco de limão
1 colher de sopa de pimenta jalapeno picada grosseiramente
½ colher de chá sal (não colocar, se estiver em dieta com baixo teor de sal)

Aquecer o forno a 170ºC. Colocar os pedaços de tortilha em uma assadeira e levar ao forno por 10 minutos, ou até ficarem crocantes. Reservar. Bater no processador o abacate e os outros seis ingredientes até ficar uma mistura homogênea. Colocar a mistura numa tigela, cobrir e resfriar. Servir sobre as fatias de tortilha.

Informação nutricional por porção: calorias: 24; gordura: 93 g; gordura saturada: 0,15 g; gordura monoinsaturada: 0,5 g; gordura poli-insaturada: 0,2 g; carboidratos: 3 g; fibras: 0,4 g; colesterol: 0,75 mg; sódio: 49 mg; proteína: 1 g.

Bruschetta de gorgonzola com maçãs crocantes

Serve 4 porções (1 bruschetta e 1 fatia de maçã cada porção)

Óleo para untar
1/3 xícara de chá de queijo gorgonzola (ou outro tipo de blue cheese) esfarelado
1 ½ colher de chá de manteiga a temperatura ambiente
1 colher de chá de brandy ou conhaque
¼ colher de chá de pimenta
4 fatias grossas (aproximadamente 2,5 cm) de pão francês (aprox. 30 g) cortado na diagonal
2 dentes de alho cortados pela metade
1 maçã média, cortada em 8 pedaços

Untar a grelha (ou frigideira). Juntar, numa vasilha pequena, o queijo gorgonzola, a manteiga, o brandy ou o conhaque e a pimenta e misturar bem. Grelhar as fatias de pão por 2 minutos de cada lado ou até ficarem levemente douradas. Retirar o pão da grelha e esfregar o alho cortado em um lado de cada uma das fatias. Espalhar 2 colheres de chá da mistura de queijo sobre cada fatia. Servir com os pedaços de maçã.

Informação nutricional por porção: calorias: 48; gordura: 2 g; gordura saturada: 0,85 g; gordura monoinsaturada: 0,3 g; gordura poli-insaturada: 0,1 g; carboidratos: 7 g; fibras: 0,7 g; colesterol: 4 mg; sódio: 87 mg; proteína: 1,5 g.

Vôngoles recheados

4 porções (2 conchas recheadas por porção)

8 vôngoles nas conchas, bem lavados (0,5 kg)
2 ½ xícara de chá de água fria
½ colher de sopa de fubá
½ colher de sopa de azeite
¼ xícara de chá de cebola picadinha
1/3 xícara de chá de echalotas picadinhas
¼ xícara de chá de salsão picadinho
2 dentes de alho amassados
1/8 xícara de chá salsa picadinha
½ colher de chá de casca de limão ralada
¼ colher de chá de orégano
¼ colher de chá de tomilho
¼ xícara de chá de cubinhos de pão, torrados
¼ colher de chá de sal
1/8 colher de chá de pimenta
uma pitada de pimenta vermelha moída
folhas de salsa frescas (opcional, para enfeitar)

Colocar os vôngoles em uma tigela grande e cobrir com ½ xícara de chá de água fria. Polvilhar com o fubá e deixar descansando por 30 minutos. Escorrer e enxaguar. Colocar 2 xícaras de chá de água para ferver em uma panela grande. Adicionar os vôngoles, tampar e cozinhar por 4 minutos, ou até as conchas abrirem. Escorrer os vôngoles, reservando 1 xícara de chá do líquido do cozimento; descartar as conchas que não abrirem. Deixar esfriar. Retirar a carne das conchas, picar e reservar.

Separar 8 metades de conchas grandes, reservar. Colocar o azeite em uma frigideira grande, não aderente, e aquecer em fogo médio. Acrescentar a cebola, echalotas, salsão, e alho; refogar por 3 minutos. Juntar a carne do vôngole picada, salsa, casca do limão, orégano e tomilho; refogar mais 1 minuto. Tirar do fogo. Acrescentar os cubinhos de pão, o sal, pimenta e pimenta vermelha. Juntar o líquido do cozimento e mexer até que os ingredientes secos fiquem umedecidos.

Aquecer o forno a 170ºC. Dividir a mistura de pão por igual entre as conchas reservadas, pressionando levemente. Colocar as conchas recheadas em uma assadeira e assar por 20 minutos. Enfeitar com a salsa, se quiser. Servir quente.

Informação nutricional por porção: calorias: 47; gordura: 0,86 g; gordura saturada: 0,16 g; gordura monoinsaturada: 0,43 g; gordura poli-insaturada: 0,13 g; carboidratos: 7 g; fibras: 0,53 g; colesterol: 3,3 mg; sódio: 80 mg; proteína: 2,4 g.

Camarões grandes com molho cremoso de blue cheese

Serve 4 porções (6 camarões e 2 colheres de sopa de molho cada porção)

24 camarões frescos grandes, sem casca (0,5 kg)
 1 colher de sopa de açúcar mascavo
 3 colheres de sopa de cebola picada
 1 ½ colheres de sopa de vinagre de maçã
 1 colher de sopa de água
 1 colher de sopa de ketchup
 ½ colher de sopa de molho Worcestershire (molho inglês)
 1 colher de chá de molho de pimenta
 1/8 colher de chá de pimenta
 1 dente de alho picado
 1/3 xícara de chá de queijo cottage light
 1 ½ colheres de sopa de leite desnatado
 1 colher de sopa de blue cheese ou queijo gorgonzola esfarelado
 1/8 colher de chá de pimenta
 Óleo para untar

Limpar os camarões e tirar toda a casca, menos o rabo. Colocar os camarões em um prato raso, cobrir e deixar na geladeira. Bater no processador o açúcar e os oito ingredientes seguintes. Colocar essa mistura em uma caçarola pequena e cozinhar por dez minutos em fogo baixo, mexendo de vez em quando. Deixar a mistura esfriar e derramá-la sobre o camarão.

Tampar e deixar marinando na geladeira por aproximadamente 30 minutos, virando o camarão de vez em quando.

Bater no liquidificador o queijo *cottage*, o leite desnatado, o blue cheese e a pimenta até ficar uma mistura homogênea. Colocar em uma tigela coberta e levar à geladeira.

Retirar os camarões da marinada, reservando-a. Colocar os camarões sobre uma grelha untada e levar ao grill, em uma assadeira, por 3 minutos. Virar os camarões, regar com a marinada reservada. Deixar sob o grill por mais 3 minutos ou até os camarões ficarem rosados e brilhantes. Servir com o molho de queijo.

Informação nutricional por porção: calorias: 120; gordura: 2,2 g; gordura saturada: 0,7 g; gordura monoinsaturada: 0,4 g; gordura poli-insaturada: 0,6 g; carboidratos: 0,2 g; fibras: 0,2 g; colesterol: 120 mg; sódio: 220 mg; proteína: 20 g.

Canapés de batata doce com homus

Serve 4 porções (2 canapés e ½ colher de sopa de homus cada porção)

Para os canapés de batata
2 batatas doces médias
2 colheres de sopa de azeite
½ colher de chá de sal (não colocar se estiver em dieta de baixo teor de sal)
¼ de colher de chá de alho em pó
½ colher de chá de páprica
¼ de colher de chá de cominho em pó
óleo (ou margarina) para untar

Para o homus
2 colheres de sopa de tahini (pasta de semente de gergelim)
1 ½ colher de chá de suco de limão
¼ de colher de chá de coentro em pó
½ colher de chá de pimenta caiena
150 g de grão de bico, cozido e escorrido
1 dente de alho
¼ de colher de chá de cominho em pó
2 colheres de sopa de água

Para os canapés de batata: pré-aqueça o forno a aproximadamente 230ºC. Cortar cada batata no sentido do comprimento, totalizando 8 pedaços, e colocar em uma tigela. Regar os pedaços de batata com o azeite e mexer bem para que fiquem bem cobertas. Em uma vasilha separada, juntar o sal, alho em pó, páprica e cominho e polvilhar esta mistura sobre as batatas de maneira uniforme. Colocar os pedaços de batata em uma forma untada e assar por 20 minutos ou até que fiquem macios.

Para o homus: bater os ingredientes restantes em um processador por aproximadamente 4 minutos ou até ficar uma mistura homogênea. Servir sobre os canapés.

Informação nutricional por porção: calorias: 71; gordura: 2 g; gordura saturada: 0,20 g; gordura monoinsaturada: 0,90 g; gordura poli-insaturada: 0,60 g; carboidratos: 11 g; fibras: 2,5 g; colesterol: 0 mg; sódio: 30 mg; proteína: 2,5 g.

Sopas

Sopa fria de melões

Serve 4 porções de ½ xícara de chá cada uma

3 xícaras de chá de melão cortado em cubos
3 xícaras de chá de cantalupo cortado em cubos
¼ de xícara de chá de vodca
¼ de xícara de chá de açúcar mascavo bem prensado
4 colheres de chá de suco de limão
¾ de xícara de chá de morangos fatiados

Bater o melão no liquidificador; passar para uma tigela. Bater o cantalupo no liquidificador; passar para outra tigela. Em cada tigela de melão já batido, acrescentar 2 colheres de sopa de vodca, 2 colheres de sopa de açúcar mascavo e 2 colheres de chá de suco de limão. Misturar bem. Cobrir e levar à geladeira. Bater os morangos no liquidificador; passar para outra tigela; cobrir e levar à geladeira.

Para servir, dividir a mistura de cantalupo igualmente em quatro porções individuais. Acrescentar, no centro de cada porção, ½ xícara da mistura de melão. Colocar sobre cada porção 2 colheres de sopa do purê de morangos e mexer cuidadosamente com um palito, para enfeitar.

Informação nutricional por porção: calorias: 70; gordura: 0,3 g; gordura saturada: 0 g; gordura monoinsaturada: 0 g; gordura poli-insaturada: 1 g; carboidratos: 17 g; fibras: 1,5 g; colesterol: 0 mg; sódio: 17 mg; proteína: 1 g.

Sopa cremosa de mariscos à moda da Nova Inglaterra

Serve 4 porções de 1 xícara de chá cada uma

1,250 kg de mariscos em conchas cozidos no vapor
óleo ou margarina para untar
2 xícaras de chá de cebola picada
1 xícara de chá de batata holandesa cortada em cubos
¼ xícara de chá de salsão picado em cubos
1 fatia de peito de peru defumado, picada
1 xícara de chá da água do cozimento dos mariscos (ou caldo de frutos do mar)
1 ½ xícaras de chá de água
¼ colher de chá de sal (não colocar se estiver em dieta de baixo teor de sal)
½ colher de chá de tomilho
¼ colher de chá de pimenta moída grossa
2 ramos de salsinha
2 folhas de louro
1 ½ colheres de sopa de farinha de trigo
1 xícara de chá de leite semidesnatado

Escorrer os mariscos. Retirar os mariscos das conchas, descartando-as. Limpar bem os mariscos, jogando fora a parte escura que une o marisco à casca. Reservar.

Levar um caldeirão ao fogo alto e colocar óleo apenas suficiente para untar. Quando estiver bem quente, acrescentar a cebola, batata, salão e peito de peru defumado e refogar por 7 minutos. Adicionar a água do marisco, água, sal, tomilho, pimenta, salsa e louro. Quando abrir fervura, tampar a panela, diminuir o fogo e deixar cozinhar por 20 minutos ou até que as batatas estejam macias. Descartar a salsa e as folhas de louro.

Colocar farinha em uma vasilha e juntar o leite aos poucos, mexendo com um batedor. Acrescentar ao caldo. Cozinhar por 10 minutos ou até que fique espesso, mexendo sem parar. Juntar os mariscos e deixar aquecer por mais dois minutos.

Informação nutricional por porção: calorias: 140; gordura: 2 g; gordura saturada: 0,45 g; gordura monoinsaturada: 0,35 g; gordura poli-insaturada: 0,40 g; carboidratos: 12 g; fibras: 0,95 g; colesterol: 44 mg; sódio: 150 mg; proteína: 17,5 g.

Sopa picante de abóbora

Serve 4 porções de 1 xícara de chá cada uma

1 ¾ xícaras de chá de caldo de galinha (com pouco sal)
¾ de xícara de chá de cebola picada
1/8 colher de chá de pimenta vermelha esmagada
1 ¾ xícaras de chá de abóbora cortada em cubos
1/8 colher de chá de sal (não colocar se estiver em dieta de baixo teor de sal)
1 ¾ xícaras de chá de água
1/8 de xícara de chá de arroz cru
1/8 xícara de chá de pasta de amendoim
Salsa picadinha (para enfeitar)

Colocar ¼ xícara de chá de caldo de galinha em uma panela e levar a ferver. Acrescentar a cebola e a pimenta e cozinhar em fogo alto por 5 minutos até a cebola ficar macia. Acrescentar o caldo de galinha restante, abóbora, sal e água. Quando ferver, tampar, diminuir o fogo e deixar cozinhar por 20 minutos. Acrescentar o arroz e cozinhar por mais 20 minutos ou até que a abóbora e o arroz fiquem macios. Colocar a pasta de amendoim e metade da sopa no liquidificador e bater até ficar homogêneo. Reservar. Bater a sopa restante e juntar ao caldo reservado, mexendo bem. Levar de volta ao fogo para aquecer, por dois minutos. Dividir a sopa em quatro porções individuais. Se quiser, enfeitar com a salsa.

Informação nutricional por porção: calorias: 73 ; gordura: 2,5 g; gordura saturada: 0,51 g; gordura monoinsaturada: 13 g; gordura poli-insaturada: 0,80 g; carboidratos: 11 g; fibras: 0,70 g; colesterol: 40 mg; sódio: 243 mg; proteína: 0 g.

Saladas

Salada de maçã com mix de folhas verdes

Serve 4 porções (1 xícara de mistura de maçã e 1 xícara de folhas por porção)

Para o tempero
¼ de xícara de chá de suco de limão
3 colheres de sopa de mel
1 colher de sopa de azeite
1 pitada de sal
1 pitada de pimenta

Para a salada
¼ de xícara de chá de queijo gorgonzola esfarelado
2 xícaras de chá de maçã verde picadas
2 xícaras de maçã vermelha picadas
2 fatias de peito de peru defumado, fritos (sem óleo) e picados
4 xícaras de chá de verduras variadas (misturar diversos tipos de folhas)

Juntar todos os ingredientes do tempero em uma vasilha pequena e misturar bem. Juntar o queijo, as maçãs e o peito de peru em outra vasilha. Espalhar o tempero sobre a mistura de maçã e mexer delicadamente para envolver bem. Dividir as folhas em quatro porções e colocar uma xícara da mistura de maçã sobre cada porção.

Informação nutricional por porção: calorias: 153; gordura: 4 g; gordura saturada: 1,5 g; gordura monoinsaturada: 2 g; gordura poli-insaturada: 0,5 g; carboidratos: 28,5 g; fibras: 4 g; colesterol: 7 mg; sódio: 190 mg; proteína: 3,5 g.

Mix de folhas verdes com maçãs grelhadas e cebola com queijo gruyère

Serve 4 porções (1 ½ xícara de salada e 2 fatias de cebola cada porção)

8 fatias grossas (1 cm) de cebola
1 colher de sopa de açúcar
6 xícaras de chá de verduras variadas (misturar vários tipos de folhas)
2 xícaras de chá de maçã Fuji ou Gala, fatiadas
¼ de xícara (30 g) de queijo Gruyère ralado
1 colher de sopa de água
1 colher de sopa de vinagre branco
1 colher de chá de azeite
¼ colher de chá de sal (não colocar se estiver em dieta de baixo teor de sal)
¼ colher de chá de pimenta

Levar uma frigideira ao fogo médio com óleo apenas o suficiente para untar. Quando estiver quente, cobrir o fundo com as fatias de cebola e salpicar com ½ colher de chá de açúcar. Refogar 4 minutos de cada lado ou até ficarem douradas. Retirar as cebolas, limpar a frigideira e repetir o processo com as fatias restantes de cebola e ½ colher de chá de açúcar. Misturar as folhas de salada, maçã e queijo em uma travessa. Reservar. Em uma vasilha pequena, juntar a água com vinagre, azeite, sal e pimenta. Regar a salada com esta mistura; mexer bem. Dividir a salada igualmente em quatro porções e cobrir cada porção com duas fatias de cebola.

Informação nutricional por porção: calorias: 86; gordura: 3,5 g; gordura saturada: 1,5 g; gordura monoinsaturada: 1,5 g; gordura poli-insaturada: 0,4 g; carboidratos: 9,5 g; fibras: 2,5 g; colesterol: 8 mg; sódio: 178 mg; proteína: 3,5 g.

Acompanhamentos

Batatas recheadas com queijo

Serve 4 porções (1 batata cada porção)

4 batatas médias (mais ou menos 1,200 kg)
½ xícara de chá de queijo cheddar light, ralado
1 xícara de chá de creme azedo light
1 xícara de chá de cebolinhas verdes picadas fino
¼ colher de chá de sal (não colocar se estiver em dieta de baixo teor de sal)
Páprica

No forno convencional, aquecer até 200°C. Assar as batatas por 1 hora ou até ficarem prontas (espetar com um garfo); deixar esfriar um pouco. Apoiar cada batata sobre uma superfície lisa e cortar uma fatia fina (1 cm) do topo; cavar cuidadosamente cada batata e colocar a polpa em uma tigela, deixando as cascas intactas. Acrescentar o queijo e o creme azedo à polpa e amassar. Salpicar as cebolinhas e sal. Pré-aquecer o forno a 230°C. Rechear as cascas com a mistura de batatas e polvilhar páprica. Levar a assar por 15 minutos ou até ficarem totalmente aquecidas.

No micro-ondas: furar as batatas com um garfo e arranjá-las em círculo no micro-ondas, sobre um papel toalha. Assar em potência alta por 16 minutos ou até ficarem prontas, virando as batatas na metade do tempo. Deixar descansar por 5 minutos. Cortar uma fatia fina (1 cm) do topo; cavar cuidadosamente cada batata, deixando as cascas intactas, colocando a polpa em uma tigela. Acrescentar o queijo e o creme azedo à polpa e amassar. Salpicar as cebolinhas e sal. Pré-aquecer o forno a 230°C. Rechear as cascas com a mistura de batatas e polvilhar páprica. Levar de volta ao micro-ondas em potência alta por 5 minutos ou até ficarem completamente aquecidas.

Informação nutricional por porção: calorias: 130; gordura: 0,85 g; gordura saturada: 0,50 g; gordura monoinsaturada: 0,25 g; gordura poli-insaturada: 0,07 g; carboidratos: 20 g; fibras:1 g; colesterol: 9 mg; sódio: 186 mg; proteína: 5,5 g.

Salada fria de cuscuz

Serve 4 porções (1 xícara de chá cada porção)

1 ½ xícara de chá de caldo de galinha sem sal
½ xícara de chá de cuscuz cru
½ xícara de chá de tomate sem pele, picado
¾ xícara de chá de pimentão vermelho, picado
1/3 xícara de chá de salsão picado
½ xícara de chá de pepino descascado, picado
¼ xícara de chá de cebolinha verde picada
¼ xícara de chá de salsa picada
2 colheres de sopa de vinagre balsâmico
1 colher de sopa de azeite
1 colher de sopa de mostarda
½ colher de chá de casca de limão ralada
¼ colher de chá de pimenta

Colocar para ferver o caldo de frango em uma panela grande, em fogo alto. Acrescentar o cuscuz. Retirar do fogo. Deixar descansar, coberto, por 5 minutos. Mexer com um garfo até ficar macio. Descobrir e deixar esfriar por 10 minutos. Em uma tigela grande, misturar o cuscuz cozido com tomate, pimentão, salsão, pepino, cebolinha e salsa e mexer devagar. Em uma vasilha pequena, misturar o vinagre, azeite, mostarda, casca de limão e pimenta. Mexer com um batedor. Acrescentar à mistura de cuscuz, mexendo bem para incorporar. Servir frio ou em temperatura ambiente.

Informação nutricional por porção: calorias: 89; gordura: 1,5 g; gordura saturada: 0,25 g; gordura monoinsaturada: 1 g; gordura poli-insaturada: 0,25 g; carboidratos: 15,5 g; fibras: 1,5 g; colesterol: 0 mg; sódio: 98,5 mg; proteína: 4 g.

Arroz festivo

Serve 4 porções (½ xícara de chá cada porção)

1 colher de chá de azeite
1 xícara de chá de cebola picada
4 dentes de alho amassados
½ xícara de chá de arroz
1 xícara de chá de água
3 tomates picados e 1 pimenta verde pequena, picada
½ xícara de chá de coentro fresco

Aquecer o azeite em fogo médio. Colocar a cebola e o alho; refogar por 4 minutos. Acrescentar o arroz, água, tomate e pimenta. Deixar ferver. Tampar, abaixar o fogo e deixar cozinhar por 20 minutos ou até secar o líquido. Tirar do fogo, adicionar o coentro e servir.

Informação nutricional por porção: calorias: 173; gordura: 1,4 g; gordura saturada: 0,2 g; gordura monoinsaturada: 0,8 g; gordura poli--insaturada: 0,2 g; carboidratos: 28 g; fibras: 1,5 g; colesterol: 0 mg; sódio: 11 mg; proteína: 1,5 g.

Primavera de legumes frescos

Serve 4 porções (1 xícara de chá cada porção)

1 ½ colher de chá de óleo
1 ½ xícara de chá de cebola em rodelas
1 xícara de chá de pimentão vermelho em tiras
2 dentes de alho amassados
1 ¾ xícara de chá de abóbora amarela em tiras
1 ¾ xícara de chá de abobrinha em tiras
1 xícara de chá de tomates cereja sem pele
1 colher de sopa de manjericão fresco cortado em tiras
½ colher de chá de pimenta-limão
¼ colher de chá de sal (não colocar se estiver em dieta de baixo teor de sal)
1 colher de sopa de queijo parmesão ralado

Aquecer o óleo em uma frigideira antiaderente. Colocar a cebola, o pimentão e o alho; refogar por 2 minutos. Acrescentar a abóbora e a abobrinha; refogar mais 3 minutos ou até que os vegetais estejam crocantes e macios. Acrescentar os tomates, o manjericão, a pimenta-limão e o sal; cozinhar 1 minuto ou até ficar aquecido. Retirar do fogo e polvilhar o queijo.

Informação nutricional por porção: calorias: 67; gordura: 2,8 g; gordura saturada: 0,7 g; gordura monoinsaturada: 1,3 g; gordura poli-insaturada: 0,5 g; carboidratos: 9 g; fibras: 2,5 g; colesterol: 2 mg; sódio: 184 mg; proteína: 2,5 g.

Beterraba com batata gratinada

Serve 4 porções (1 xícara de chá cada porção)

Óleo (ou manteiga) para untar
2 dentes de alho amassados
1 xícara de chá (aprox. 250 g) de batata cortada em fatias grossas (1 cm)
½ beterraba cortada em fatias grossas (1 cm)
1 ½ colheres de sopa de sal (não colocar se estiver em dieta de baixo teor de sal)
1 ½ colheres de sopa de pimenta
1 ¼ xícara de chá de leite evaporado desnatado
½ xícara de chá de queijo minas ralado

Pré-aquecer o forno a 180°C. Untar uma assadeira média e espalhar o alho esmagado no fundo. Alternar camadas de batata e beterraba, temperando cada camada com sal e pimenta e derramando um pouco do leite evaporado sobre cada camada (o suficiente para cobrir levemente as batatas e beterrabas). Cobrir e assar por 40 minutos ou até que as beterrabas e batatas estejam macias. Espalhar uma camada de queijo por cima e assar descoberto por mais dez minutos ou até o queijo derreter e ficar dourado.

Informação nutricional por porção: calorias: 68; gordura: 2 g; gordura saturada: 0,85 g; gordura monoinsaturada: 0,3 g; gordura poli-insaturada: 0,1 g; carboidratos: 2,5 g; fibras: 2 g; colesterol: 6,5 mg; sódio: 119 mg; proteína: 4 g.

Lentilhas com alho e alecrim

Serve 4 porções (1 xícara de chá cada porção)

1 ½ xícara de chá de água
¾ xícara de chá de cebola picada
½ xícara de chá de presunto em cubos
1/3 xícara de chá de cenoura em cubos
1 colher de chá de alecrim seco, esmagado
¾ colher de chá de sálvia seca
¼ colher de chá de pimenta
140 g de lentilhas
120 g de caldo de carne desengordurado
2 dentes de alho picados
1 folha de louro
Salsa fresca picada (opcional)

Cozinhar todos os ingredientes, menos a salsa, em fogo bem baixo até que as lentilhas estejam macias. Descartar a folha de louro, guarnecer com a salsa e servir.

Informação nutricional por porção: calorias: 76; gordura: 1,5 g; gordura saturada: 0,30 g; gordura monoinsaturada: 0,45 g; gordura poli-insaturada: 0,15 g; carboidratos: 4 g; fibras: 1,5 g; colesterol: 5 mg; sódio: 152 mg; proteína: 6,5 g.

Pratos Principais

Macarrão com frango e amendoim à moda oriental

Serve 4 porções (1 ¼ xícaras de chá cada porção)

- 1 colher de chá de açúcar
- 1 colher de chá de amido de milho
- 1 colher de chá de gengibre descascado e picado
- 2 colheres de sopa mais 1 colher de chá de molho de soja light
- 1 colher de chá de vinagre branco
- 1/8 colher de chá de molho de pimenta
- 1/2 xícara de chá de água
- 2 a 3 dentes de alho picados
- 250 g de filé de frango cortado em tiras
- 1 colher de chá de óleo
- 1 xícara de chá de cebolinha verde picada
- 1 xícara de chá de ervilhas tortas cortadas ao meio
- 2 ½ xícaras de chá de fusili (macarrão parafuso) cozido sem sal nem óleo
- 1 colher de chá de óleo de gergelim
- 1/4 xícara de chá de amendoim torrado sem sal

Em uma tigela grande, colocar o açúcar, amido de milho, gengibre, 2 colheres de sopa do molho de soja, vinagre, molho de pimenta, água e alho e mexer bem. Acrescentar o frango e misturar bem. Cobrir e levar à geladeira por 1 hora.

Tirar o frango da marinada e reservar o molho. Aquecer o óleo em uma frigideira grande, adicionar o frango e refogar por mais ou menos 5 minutos até o frango ficar completamente cozido. Adicionar o molho da marinada, cebolinha e ervilha; refogar por 2 minutos ou até engrossar levemente. Apagar o fogo. Em uma tigela grande, colocar o macarrão, óleo de gergelim e a colher de chá de molho de soja; mexer bem para envolver todo o macarrão. Adicionar o frango e as ervilhas, mexendo delicadamente.

Informação nutricional por porção: calorias: 284; gordura: 5 g; gordura saturada: 0,80 g; gordura monoinsaturada: 2 g; gordura poli-insaturada: 1,5 g; carboidratos: 41 g; fibras: 2,5 g; colesterol: 23 mg; sódio: 272 mg; proteína: 18 g.

Lasanha com queijo

Serve 4 porções (1 ¾ xícaras de chá cada porção)

12 folhas de lasanha
150 g de carne moída
óleo (ou margarina)
1/2 xícara de chá de cebola picada
3 dentes de alho picados
1/4 xícara de chá de salsa fresca picada
1 lata (500 g) de tomates pelados com o molho
½ lata (250 g) de molho de tomate pronto refogado
1/3 lata (200 g) de molho de tomate sem sal
½ lata pequena (50 g) de massa de tomate
2 colheres de chá de orégano
1 colher de chá de manjericão seco
1/4 colher de chá de pimenta
1 xícara de chá de queijo cottage light
1/2 xícara de chá de queijo parmesão ralado fino
300 g de ricota light
1 clara de ovo levemente batida

Preparar a lasanha conforme as instruções da embalagem. Reservar em água fria para que não grude. Fritar a carne em fogo médio, até dourar, mexendo bem para ficar soltinha; escorrer e reservar. Limpar a panela com papel toalha. Colocar um pouco de óleo na panela (apenas para untar), juntar a cebola e o alho e refogar por 5 minutos. Voltar a carne para a panela. Adicionar 2 colheres de sopa da salsinha, os tomates pelados, molho pronto, molho e extrato de tomate, orégano, manjericão e pimenta e, quando abrir fervura, tampar, baixar o fogo e deixar cozinhar por 15 minutos. Destampar e cozinhar por mais 20 minutos. Apagar o fogo.

Em uma vasilha separada juntar a salsa que sobrou com o queijo cottage, parmesão, ricota e a clara. Mexer bem e reservar.

Espalhar ¾ de xícara de chá da mistura de tomate com carne no fundo de uma travessa refratária média (30 cm), previamente untada. Colocar três folhas de lasanha sobre o molho de tomate. Cobrir com metade da mistura de queijo e 2 ¼ xícaras de chá da mistura de tomate com carne. Repetir as camadas, terminando com a massa. Espalhar o restante da mistura de tomate sobre o macarrão.

Cobrir. Assar em fogo baixo (180°C) por 1 hora. Deixar descansar 10 minutos antes de servir.

Informação nutricional por porção: calorias: 234; gordura: 6,5 g; gordura saturada: 3 g; gordura monoinsaturada: 2 g; gordura poli-insaturada: 0,45 g; carboidratos: 26 g; fibras: 1,5 g; colesterol: 24 mg; sódio: 260 mg; proteína: 17,5 g.

Coxa de frango com maçãs assadas e alho

Serve 4 porções (2 coxas e mais ou menos 2/3 de xícara de chá do acompanhamento de maçã cada porção)

4½ xícaras de chá de maçãs descascadas e picadas (700 g)
1 colher de chá de sálvia fresca, picada
½ colher de chá de canela em pó
½ colher de chá de noz-moscada em pó
4 dentes de alho picados
½ colher de chá de sal (não colocar se estiver em dieta de baixo teor de sal)
óleo (ou margarina) para untar
8 coxas de frango (1 kg), sem pele
¼ colher de chá de pimenta

Pré-aquecer o forno a 280°C. Em uma vasilha, juntar as maçãs, a sálvia, a canela, a noz moscada e o alho. Acrescentar ¼ de colher de chá do sal e misturar bem. Untar uma assadeira e espalhar no fundo a mistura de maçã. Temperar o frango com o restante do sal e a pimenta e arrumar sobre a mistura de maçã. Assar por 25 minutos ou até que o frango esteja completamente cozido e as maçãs, macias. Retirar o frango da assadeira e manter aquecido. Amassar um pouco a mistura de maçã e servir com o frango.

Informação nutricional por porção: calorias: 257; gordura: 5,5 g; gordura saturada: 1 g; gordura monoinsaturada: 1,5 g; gordura poli-insaturada: 1 g; carboidratos: 26,5 g; fibras: 3,5 g ; colesterol: 107 mg; sódio: 405 mg; proteína: 25,5 g.

Frango com cogumelos e molho cremoso de amêndoas

Serve 4 porções (½ xícara de chá de macarrão, 1 metade de peito de frango e 1/3 xícara de chá cada porção)

1/2 xícara de chá de amêndoas torradas picadas grosseiramente
1/2 xícara de chá de água
1 colher de chá de sal (não colocar se estiver em dieta de baixo teor de sal)
4 peitos de frango sem pele e desossados, cortados pela metade
1 colher de chá de pimenta moída na hora
óleo (ou margarina) para untar
1/4 xícara de chá de alho picado fino
250 g de cogumelos, fatiados
3 xícaras de chá de macarrão oriental cozido
salsa picada (para enfeitar)

Moer as amêndoas no processador (1 minuto), raspando os lados da tigela pelo menos 1 vez. Com o processador ligado, acrescentar a água e ¾ de colher de chá de sal. Processar até ficar uma mistura homogênea, continuando a raspar os lados da tigela.

Polvilhar o frango com o restante do sal e a pimenta. Aquecer em fogo alto uma frigideira antiaderente untada com um pouco de óleo e colocar o frango; fritar 3 minutos de cada lado até ficarem completamente cozidos. Tirar o frango da frigideira e manter aquecido. Colocar o alho e os cogumelos na frigideira e refogar por 3 minutos ou até que os cogumelos estejam macios. Acrescentar a mistura de amêndoas e deixar ferver. Cozinhar por 1 ½ minutos.

Colocar 1 xícara de chá do macarrão em cada um dos quatro pratos e, por cima, colocar uma metade do peito de frango e ¼ de xícara de chá do molho. Enfeitar com a salsa.

Informação nutricional por porção: calorias: 255; gordura: 8,5 g; gordura saturada: 1 g; gordura monoinsaturada: 4,5 g; gordura poli--insaturada: 2,5 g; carboidratos: 21 g; fibras: 2,5 g; colesterol: 67,5 mg; sódio: 385 mg; proteína: 22,5 g.

Filés com gengibre e abacaxi frito

Serve 4 porções (1 xícara de chá da mistura de bife e 1 xícara de chá de macarrão cada porção)

250 g de alcatra ou contra-filé magro, sem gordura
1 colher de sopa de gengibre descascado e picado
2 colheres de chá de açúcar
1 ½ colheres de sopa de molho de soja light
2 dentes de alho picados
2 colheres de chá de amido de milho
4 colheres de chá de vinagre de arroz
óleo (ou margarina) para untar
2 colheres de chá de óleo de gengibre
1½ xícaras de chá de abacaxi fresco cortado em cubos
½ xícara de chá de cebolinha verde cortada ao comprido
½ xícara de chá de cogumelos frescos cortados finos
½ xícara de chá de (100 g) de ervilhas tortas
½ xícara de chá de pimentão vermelho cortado em tiras
4 xícaras de chá de macarrão japonês (somen) ou macarrão cabelo de anjo, cozido sem sal ou óleo

Tirar toda a gordura do bife e cortar no sentido das fibras em tiras de 1 cm. Cortar estas tiras pela metade. Colocar o bife, gengibre, açúcar, molho de soja e alho em um saco de plástico. Fechar e deixar marinando na geladeira por 2 horas, virando de vez em quando. Retirar o bife do plástico e descartar a marinada.

Em uma vasilha pequena, juntar o vinagre com o amido de milho. Misturar bem e reservar. Untar uma frigideira grande, colocar o óleo de gergelim e levar ao fogo alto. Colocar a carne e fritar por 4 minutos. Acrescentar a mistura de amido de milho, abacaxi, cebolinha, cogumelos, ervilhas tortas e tiras de pimentão; fritar por 3 minutos ou até que os vegetais estejam macios e crocantes. Servir sobre o macarrão.

Informação nutricional por porção: calorias: 272; gordura: 6,5 g; gordura saturada: 2,5 g; gordura monoinsaturada: 2,5 g; gordura poli-insaturada: 0,87 g; carboidratos: 36 g; fibras: 3 g; colesterol: 36 mg; sódio: 780 mg; proteína: 15 g.

Filé de cação com molho de abacaxi e limão

Serve 4 porções (1 filé de cação e ¼ xícara de chá de molho cada porção)

Para o molho
1/3 xícara de chá de calda de abacaxi
¼ xícara de chá de pimentão vermelho picadinho
2 colheres de sopa de cebola roxa picadinha
1 colher de sopa de pimenta jalapeno picadinha
1 colher de chá de hortelã seco
1/8 colher de chá de sal (não colocar se estiver em dieta de baixo teor de sal)
2 colheres de sopa de suco de limão
250 g de abacaxi em calda em pedaços, cozido, sem açúcar, escorrido

Para o peixe
1 colher de chá de óleo
1 dente grande de alho picado
4 filés de cação (2 cm de altura)
¼ colher de chá de sal (não colocar se estiver em dieta de baixo teor de sal)
óleo para untar
fatias de limão (opcional)
grãos de coentro (opcional)

Juntar os ingredientes do molho em uma vasilha e mexer bem. Reservar o molho. Em outra vasilha, juntar o óleo e alho e pincelar o peixe. Salgar o peixe e reservar. Aquecer uma frigideira ou grelha untada e colocar o peixe. Cozinhar por 3 minutos de cada lado ou até o peixe desmanchar quando espetado com um garfo. Colocar o molho sobre o peixe. Servir com fatias de limão e guarnecer com as sementes de coentro, se quiser.

Informação nutricional por porção: calorias: 283; gordura: 5 g; gordura saturada: 0,7 g; gordura monoinsaturada: 1,8 g; gordura poli-insaturada: 1,7 g; carboidratos: 22,5 g; fibras: 9 g; colesterol: 0 mg; sódio: 303 mg; proteína: 35,5 g.

Frango fatiado empanado com pistache e limão sobre salada verde

Serve 4 porções (1½ xícaras de chá de salada e 100 g de frango cada porção)

3/4 xícara de chá de flocos de milho
2 colheres de sopa de pistache torrado
2 colheres de chá de casca de limão ralada
½ colher de chá de sal (não colocar, se estiver em dieta de baixo teor de sal)
½ colher de chá de pimenta
4 peitos de frango sem pele e desossados, cortados pela metade
1 colher de sopa de mel
óleo (ou manteiga) para untar
6 xícaras de chá de salada
1 colher de sopa de suco de limão
1 colher de chá de azeite
Fatias de limão (opcional, para guarnecer)

Colocar os flocos de milho, o pistache, a casca de limão, ¼ colher de chá do sal e ¼ colher de chá da pimenta no processador e bater até virar uma farinha grossa. Colocar a mistura em um prato raso.

Colocar cada pedaço de peito de frango entre duas folhas de plástico e martelar até ficar um bife fino de mais ou menos 0,5 cm. Pincelar o frango com mel e empanar na mistura.

Levar uma frigideira antiaderente grande untada com um pouco de óleo ao fogo médio. Colocar o frango e fritar 5 minutos de cada lado ou até ficar bem cozido. Cortar o frango em tiras de 1 cm e reservar.

Colocar as folhas de verdura em uma tigela grande. Em uma vasilha pequena, juntar o restante do sal e da pimenta, o suco de limão e o azeite. Pouco antes de servir, colocar este tempero sobre a salada, mexendo para envolver bem as folhas. Dividir a salada e o frango em quatro pratos. Guarnecer com as fatias de limão, se quiser.

Informação nutricional por porção: calorias: 217; gordura: 5,5 g; gordura saturada: 0,9 g; gordura monoinsaturada: 3 g; gordura poli-insaturada: 0,9 g; carboidratos: 12 g; fibras: 2 g; colesterol: 66 mg; sódio: 427 mg; proteína: 29 g.

Filé de atum sobre salada mediterrânea

Serve 4 porções (100 g de atum e 1½ xícaras de chá de salada cada porção)

- 1/3 xícara de chá de pimentão verde picadinho
- 1/3 xícara de chá de pimentão vermelho picadinho
- ½ xícara de chá de cebola roxa picadinha
- 1 colher de sopa de folhas de erva-doce picadinhas
- 2 colheres de sopa mais 1 colher de chá de vinagre de vinho tinto
- 1 colher de sopa de azeite extravirgem
- 1/3 colher de chá de açúcar
- 1/4 colher de chá de sal (não colocar se estiver em dieta de baixo teor de sal)
- 150 g de vagens frescas
- 1 xícara de chá de batata cortada em cubinhos
- ¾ xícara de chá de erva-doce (bulbo) fatiada
- 2 tomates grandes, maduros, cada um cortado em 12 gomos
- 4 (400 g) de filé de atum (de mais ou menos 2 cm)
- 12 azeitonas kalamata

Misturar bem os oito primeiros ingredientes em uma vasilha e reservar. Lavar as vagens, cortar as pontas e tirar os fios. Reservar. Colocar as batatas em uma panela de cozinhar a vapor, cobrir e cozinhar por 8 minutos. Adicionar as vagens, cobrir e cozinhar mais 8 minutos. Juntar as batatas, vagens, erva-doce e tomate em uma tigela grande. Adicionar à mistura de pimentão e mexer bem. Levar uma frigideira grande ao fogo alto até esquentar bem. Se quiser, untar com um pouco de óleo e colocar o atum; cozinhar por 4 minutos de cada lado ou até ficar ao ponto.

Para servir, colocar 1 1/3 xícaras de chá da mistura de vegetais, 1 filé de atum e 3 azeitonas em cada um dos quatro pratos.

Informação nutricional por porção: calorias: 233; gordura: 8 g; gordura saturada: 1,5 g; gordura monoinsaturada: 3 g; gordura poli-insaturada: 2 g; carboidratos: 11 g; fibras: 2 g; colesterol: 44 mg; sódio: 191 mg; proteína: 28 g.

Peru, filé e carne de porco à bolonhesa com fetuccine

Serve 4 porções (1½ xícaras de chá cada porção)

½ colher de sopa de azeite
3/4 xícara de chá de cebola cortada grosseiramente
1/2 xícara de chá de salsão cortado grosseiramente
½ xícara de chá de cenoura cortada grosseiramente
¼ xícara de chá carne de porco moída
   (mais ou menos 50 g)
1/4 xícara de chá de carne de peru moída (mais ou menos 50 g)
1/4 xícara de chá de carne de vaca,sem gordura, moída
   (mais ou menos 50 g)
½ xícara de chá de vinho branco seco
1/4 colher de chá de sal (não colocar se estiver em dieta
   de baixo teor de sal)
1/4 colher de chá de pimenta
1 folha de louro
1/4 colher de chá de noz-moscada em pó
½ litro de caldo de galinha sem sal e sem gordura
½ lata (300 ml) de purê de tomate
½ xícara de chá de leite semidesnatado
1 colher de sopa de salsinha picada
250 g de fetuccine fresco, cozido e escorrido
1 colher de sopa de queijo parmesão ralado

Levar uma panela grande com azeite ao fogo. Picar a cebola, salsão e cenoura no processador ou liquidificador por 15 segundos ou até ficar uma mistura grossa. Colocar essa mistura na panela e cozinhar por 8 minutos, mexendo de vez em quando. Tirar a mistura da panela e reservar.

Colocar as carnes moídas e refogar em fogo médio até dourar, mexendo para ficar soltinho. Tirar a panela do fogo, adicionar o vinho branco e retornar a panela ao fogo. Colocar o sal, a pimenta, a folha de louro e a noz-moscada; deixar ferver. Cozinhar por 5 minutos. Adicionar a mistura de cebola, o caldo de galinha e o purê de tomate. Diminuir o fogo e deixar cozinhando por 1 hora, mexendo de vez em quando. Aumentar o fogo, adicionar o leite e a salsinha deixar ferver. Abaixar o fogo e cozinhar por 40 minutos. Retirar a folha de louro. Juntar ao macarrão e mexer bem para envolver a massa. Polvilhar o queijo ralado.

Informação nutricional por porção: calorias: 175 ; gordura: 4,5 g; gordura saturada: 1,5 g; gordura monoinsaturada: 2,5 g; gordura poli-insaturada: 0,7 g; carboidratos: 21,5 g; fibras: 2,0 g; colesterol: 41 mg; sódio: 275 mg; proteína: 10,5 g.

Sobremesas

Abacaxi caramelizado com mel

Serve 4 porções (3 pedaços de abacaxi cada porção)

   1 abacaxi (1 kg) de abacaxi sem casca e sem o miolo
   1 colher de sopa mais 1 colher de chá de mel
   1 ½ colheres de chá de margarina light
   Hortelã fresca, picada (opcional)

Cortar o abacaxi em 12 pedaços, no sentido do comprimento. Colocar os pedaços em uma grelha e reservar. Juntar o mel e a margarina e levar ao fogo baixo até derreter a margarina. Dividir a mistura de mel em dois. Passar uma parte da mistura sobre um lado de cada um dos pedaços de abacaxi. Manter o abacaxi a uns 7 cm do fogo e grelhar por 7 minutos. Virar os pedaços e espalhar a mistura de mel restante. Grelhar por mais 7 minutos. Para guarnecer, polvilhar com a hortelã picada.

Informação nutricional por porção: calorias: 70; gordura: 1,5 g; gordura saturada: 0,27g; gordura monoinsaturada: 0,67 g; gordura poli-insaturada: 0,54 g; carboidratos: 15 g; fibras: 1 g; colesterol: 0 mg; sódio: 16 mg; proteína: 0,40 g.

Morangos com creme de ricota e laranja

Serve 4 porções (½ xícara de chá de morangos com 4 colheres de sopa de mistura de queijo cada porção)

½ xícara de chá de ricota semidesnatada
½ xícara de chá de iogurte light de baunilha
1 colher de sopa de açúcar
1 colher de chá de casca de laranja ralada
1 colher de chá de extrato de baunilha
2 xícaras de chá de morangos cortados em quatro

Colocar os cinco primeiros ingredientes no processador e bater até ficar uma mistura homogênea. Passar esta mistura de queijo para uma vasilha e levar para gelar por 3 horas. Dividir o morango em quatro porções e cobrir cada uma com 4 colheres de sopa da mistura de queijo.

Informação nutricional por porção: calorias:76; gordura: 2 g; gordura saturada: 1 g; gordura monoinsaturada: 0,6 g; gordura poli-insaturada: 0,2 g; carboidratos: 11 g; fibras: 1,5 g; colesterol: 7 mg; sódio: 39 mg; proteína: 3,5 g.

Pudim de batata-doce

Serve 4 porções (2/3 xícara de chá pudim cada porção)

1 1/3 xícaras de chá de purê de batata-doce
½ xícara de chá de açúcar
2 colheres de chá de canela em pó
2 colheres de chá de casca de laranja ralada
1 colher de chá de sal (não utilizar se estiver em dieta de baixo teor de sal)
1 colher de chá de gengibre em pó
½ colher de chá de cravo-da-índia em pó
1/3 xícara de chá de substituto de ovo
450 g de leite evaporado desnatado
óleo (ou margarina) para untar

Colocar a batata-doce e os sete ingredientes seguintes na tigela grande da batedeira e bater em velocidade média até ficar uma massa homogênea. Acrescentar o leite e bater bem. Colocar a mistura em uma forma untada e levar para assar em fogo baixo (190ºC) por 1 hora ou até que, ao espetar o centro com uma faca, esta saia limpa. (Para porções individuais, colocar 2/3 de xícara de chá da mistura em 4 forminhas. Assar a 190ºC por 40 minutos ou até que uma faca espetada no centro saia limpa). Deixar o pudim esfriar. Cobrir e levar à geladeira por 2 horas.

Informação nutricional por porção: calorias: 83; gordura: 0,86 g; gordura saturada: 0,20 g; gordura monoinsaturada: 0,20 g; gordura poli-insaturada: 0,43 g; carboidratos: 15 g; fibras: 0,40 g; colesterol: 1 mg; sódio: 116 mg; proteína: 3,5 g.

Crocante tropical

Serve 4 porções (½ xícara de chá cada porção)

½ xícara de chá de coco em flocos adoçado
1 colher de sopa de farinha de trigo
1/4 colher de chá de extrato de baunilha
1 pitada de sal
1 clara
8 colheres de chá de açúcar
Óleo (ou margarina) para untar
1 pacote de bolacha triturada
1 colher de sopa mais 1 colher de chá de margarina derretida
300 g de abacaxi em calda sem açúcar, esmagado, com a calda
1/8 xícara de chá de damasco seco fatiado fino
½ xícara de chá de manga picada
2 colheres de sopa de maisena
2 colheres de sopa de água

Pré-aquecer o forno a 190ºC. Em uma tigela, juntar o coco, farinha, baunilha, sal, clara e 4 colheres de chá do açúcar e mexer bem. Espalhar esta mistura em uma assadeira untada, formando uma camada fina, e levar para assar por 20 minutos ou até que as bordas estejam levemente douradas. Deixar esfriar completamente.

Quebrar a mistura de coco em pedaços pequenos. Passar os pedaços da mistura de coco e os biscoitos pelo processador até misturar bem. Com o processador ligado, juntar a margarina aos poucos até ficar uma mistura homogênea. Reservar.

Aquecer o forno a 190ºC. Escorrer o abacaxi, reservando 1/2 xícara de chá do suco. Juntar 1/4 de xícara de chá do suco de abacaxi com os damascos e levar ao micro-ondas na potência alta por 2 1/2 minutos. Reservar, coberto, por 15 minutos. Escorrer. Juntar a mistura de damasco, o restante do suco de abacaxi e do açúcar com o abacaxi, a manga, a maisena e a água. Misturar bem. Colocar esta mistura de frutas em um refratário, espalhar, por cima, a mistura de coco e bolacha e assar por 35 minutos ou até ficar dourada.

Informação nutricional por porção: calorias: 113; gordura: 4 g; gordura saturada: 1,5 g; gordura monoinsaturada: 1 g; gordura poli-insaturada: 0,80 g; carboidratos: 15 g; fibras: 1,14 g; colesterol: 0 mg; sódio: 84 mg; proteína: 1,14 g.

Pudim de abóbora com especiarias

Serve 4 porções (½ xícara de chá cada porção)

1/8 xícara de chá de açúcar
1 colher de sopa de mel
¾ colher de chá de canela em pó
½ colher de chá de pimenta em pó
1 ovo
180 g de leite evaporado desnatado
240 g de abóbora em pedaços, cozida
1/4 xícara de chá de chantilly light

Pré-aquecer o forno a 150ºC. Colocar os sete primeiros ingredientes na tigela grande da batedeira bater em velocidade baixa até ficar homogêneo. Dividir esta mistura em 4 forminhas individuais de suflê ou de pudim e assar em banho-maria por 1 hora ou até ficar firme. Desenformar os pudins e deixar esfriar. Para servir, colocar 1 colher de sopa de chantilly sobre cada porção.

Informação nutricional por porção: 77 calorias:; gordura: 2,5 g; gordura saturada: 1,5 g; gordura monoinsaturada: 0,9 g; gordura poli-insaturada: 0,15 g; carboidratos: 11 g; fibras: 0,5 g; colesterol: 32 mg; sódio: 34 mg; proteína: 2,5 g.

Lanches

Muffins recheados com maçã e nozes pecã

Serve 12 porções (1 muffin cada porção)

Para o recheio
1 xícara de chá de maçãs sem casca, picadinhas
1¾ xícaras de chá de noz pecã torrada
2 colheres de sopa de açúcar
¾ colher de chá de noz moscada em pó
1 colher de sopa de margarina derretida

Para a massa
1½ xícaras de chá de farinha de trigo
1 xícara de chá de cereal de trigo com passas
2/3 xícara de chá de açúcar
1/3 xícara de chá de bolacha triturada
1 1/4 colheres de chá de fermento em pó
1/4 colher de chá de sal (não colocar se estiver em dieta de baixo teor de sal)
1 xícara de chá de leitelho
2 colheres de sopa de margarina derretida
1 ovo (ou, se preferir, 60 g de substituto de ovo)
óleo (ou margarina) para untar
Para a cobertura:
1 colher de sopa de açúcar

Juntar os ingredientes do recheio, mexer bem e reservar.

Para a massa, colocar em uma tigela a farinha, cereal, açúcar, bolachas, fermento e sal e fazer um furo no meio. Em uma vasilha separada, juntar o leitelho, a margarina derretida e o ovo e misturar bem. Colocar esta mistura na mistura de farinha, mexendo bem até unir.

Dividir a massa em 12 forminhas de *muffin* previamente untadas (2 colheres de sopa por forminha). Dividir igualmente o recheio de maçã entre os *muffins*. Cobrir o recheio com o restante da massa, dividindo por igual (a segunda camada de massa não cobrirá o recheio completamente, mas dará uma aparência texturizada depois de assado). Polvilhar 1 colher de sopa de açúcar sobre os *muffins*. Assar em fogo baixo (180ºC) por 25 minutos. Desenformar imediatamente.

Informação nutricional por porção: calorias:90; gordura: 2 g; gordura saturada: 0,25 g; gordura monoinsaturada: 0,75 g; gordura poli-insaturada: 0,40 g; carboidratos: 15 g; fibras: 0,30 g; colesterol: 5 mg; sódio: 85 mg; proteína: 1 g (se usar substituto de ovo, os níveis de colesterol, gordura saturada e gordura serão levemente mais baixos).

Salada de frutas gelada

Serve 4 porções (3/4 de xícara de chá cada porção)

- ¾ xícara de chá de uvas vermelhas sem semente cortadas ao meio
- ¾ xícara de chá de banana fatiada (1 1/2 bananas médias)
- ¾ xícara de chá de gomos de *grapefruit* (toranja) (1 grande)
- ¾ xícara de chá de abacaxi fresco cortado em cubos
- ¾ xícara de chá de suco de abacaxi sem açúcar
- 1/8 xícara de chá de suco de laranja concentrado, sem diluir
- 1/8 xícara de chá de água

Em uma tigela grande, misturar bem todos os ingredientes. Colocar a mistura em uma travessa média. Cobrir e congelar por 8 horas ou até ficar firme. Deixar em temperatura ambiente 1 hora antes de servir ou até ficar ligeiramente derretido.

Informação nutricional por porção: calorias: 55; gordura: 0,2 g; gordura saturada: 0,05 g; gordura monoinsaturada: 0 g; gordura poli-insaturada: 0,05 g; carboidratos: 14 g; fibras: 0,9 g; colesterol: 0 mg; sódio: 1 mg; proteína: 0,6 g.

Minipizzas ao estilo mexicano

Serve 4 porções (1 pizza cada porção)

1 1/3 xícaras de chá de tomates sem pele, picados
1 ½ colheres de chá de coentro fresco, picado
1 ½ colheres de chá de cebolinhas verdes picadinhas
½ colher de chá de cominho em pó
1/8 colher de chá de alho em pó
1 colher de sopa de suco de limão
4 tortilhas de farinha de trigo
1 xícara de chá de feijão refogado light
½ xícara de chá de queijo tipo Monterey light, ralado

Pré-aquecer o forno a 200ºC. Colocar os seis primeiros ingredientes em uma tigela, mexer bem e reservar. Assar as tortilhas por 2 minutos, virar e assar mais um minuto. Espalhar 1/4 xícara de chá de feijão sobre cada tortilha, cobrir com 1/3 de xícara de chá da mistura de tomate e 2 colheres de sopa de queijo. Assar a 200ºC por 6 minutos ou até que as tortilhas estejam crocantes e o queijo derreta. Cortar em triângulos.

Informação nutricional por porção: calorias:120; gordura: 4,5 g; gordura saturada: 2 g; gordura monoinsaturada: 1,5 g; gordura poli-insaturada: 0,80 g; carboidratos: 17 g; fibras: 3 g; colesterol: 6,5 mg; sódio: 166 mg; proteína: 8 g.

Triângulos de pão pita com alho e molho vinagrete

Serve 4 porções (3 triângulos de pita e 4 colheres de sopa de molho cada porção)

Para o molho
1 ½ xícaras de chá de tomate picado
¼ xícara de chá de cebola picada
2 colheres de sopa de coentro fresco picado
1 colher de sopa de pimenta vermelha picadinha
Para os triângulos de pão
½ colher de sopa de margarina light
1 dente de alho esmagado
1 pão pita (tipo árabe) pequeno (± 15 cm)
1½ colheres de chá de queijo parmesão ralado
½ colher de chá de páprica

Pré-aquecer o grill. Juntar os ingredientes do molho em uma tigela e mexer bem. Reservar. Para fazer os triângulos, começar misturando a margarina e o alho e levar ao micro-ondas em potência alta por 30 segundos ou até a margarina derreter. Abrir o pão ao meio e passar a mistura de margarina pelas duas metades. Cortar cada metade em seis triângulos e polvilhar com o queijo e a páprica. Ajeitar os triângulos em uma assadeira e levar ao grill por 1 minuto ou até dourar. Servir com o molho enquanto os triângulos ainda estiverem quentes.

Informação nutricional por porção: calorias: 44; gordura: 0,57 g; gordura saturada: 0,15 g; gordura monoinsaturada: 0,15 g; gordura poli-insaturada: 0,3 g; carboidratos: 8 g; fibras: 3,5 g; colesterol: 0 mg; sódio: 61 mg; proteína: 1,5 g.